# 激動のアフリカ農民

## 農村の変容から見える国際政治

DYNAMICS OF AFRICAN PEASANTS
Historical Acculturation of Rural Community under the International Politics

*Takako Nabeshima*

## 鍋島孝子

明石書店

アフリカ研究をお認め下さった故鴨武彦先生のお教えを常に心に

# まえがき

　本書の構成と学術的意義については、序文にて確認願いたい。ここでは、本書の書き方の特徴を指摘して、読み進める要領を提示する。

　3章で構成され、各章は3節で、各節は3項目で成立している（項目の中の小見出しは、あえてバラバラにそれぞれに必要な数にした）。これは、構成は均衡にしなければならないという、筆者が身につけたフランスの学術論文の様式である。当初は、「型にはまった無意味な因習」と捉え、「もっと自由に書かせてくれなければ、学問的発展はない」と考えていたが、これが意外にも偏りなく、多面的かつ複眼的な構成になると、経験上納得している。一方、各章の関連性が不明で、分散していると指摘されることもある。本書の場合、第1章で農民の特徴を理論的に解明し、第2章にてマダガスカルの農村の歴史的変容の事例を示し、そしてその理論と事例を基にアフリカ農民のアイデンティティーの変化を第3章にて検証したと理解いただきたい。その間、既存の理論を批判したり、国際政治社会学という分野の構築を試み、開発を推し進める国民国家による農業政策や農地改革と齟齬を起こしたアフリカの農民の事例が出てくる。どうぞ、大きな流れと、それに注ぐ幾多の流れを捉えて、お読みいただきたい。

　本書は国際政治学の中で、異質な位置づけを得るだろう。異質で反主流ということは、主流の政治学や国際関係論、社会科学全般を知った上で、それとの比較ができる専門家を対象としていることは否定しない。一方で、北海道大学や他大学でも開講してきた「アフリカ学入門」などの授業で、日本人の大学生にも、アフリカからみた世界史と国際政治の展開が見えるように、平易な言葉で説明した経験を生かしているつもりである。どうぞ、歴史が好きな読者には、周辺からの視点の歴史を体験していただきたい。また、現地調査については、人類学者のように数ヶ月単位で村に入り、住民と寝食をともにしたり、経済学者や統計学者のように数値化できるデータを得たわけではない。故に、論

拠として物足りなく思われる専門家もおられるかと考えるが、政治学としては社会組織の構成と運営、起こった紛争や混乱の経緯の証言を得るものであると考えていただきたい。

　そして本書は、文献分析や現地調査には英語とフランス語を駆使している。故に、翻訳を本文に、原文の引用を注に書いており、原文の比較と出典の確認ができるようになっている。さらに、アフリカの現地特有の概念や文化様式を現地語の呼称で表現しており、言語的に交錯しているが、それはアフリカ研究の宿命である。植民地とそれに対する反発から、地名にも、ヨーロッパ言語の呼称と現地語の呼称がある。本文では統一して表記しているが、注で両方の呼称を挙げている。人名については、日本語で名字表記したあと、姓名のアルファベット表記をしている。ミドルネームはイニシャル表記にした。登場する団体や政党の名称は、本文中に日本語翻訳を表記し、略称イニシャルを加えた。特に重要な団体・組織で、ヒエラルキーを明らかにする必要がある場合、英語かフランス語の正式名称を表記した。

　以上、技術的に読みにくいところもあるかと思うが、現実から目をそらさず、アフリカの農民の実態を知っていただきたいと思う。

# 激動のアフリカ農民

## 農村の変容から見える国際政治

\*

目　次

# 第2章　マダガスカル

# 第3章　アフリカ政治社会学

# 序　論

　今日でもアフリカは激しい暴力の状況にある。日常の犯罪のみならず、暴動や内戦、そして民族紛争に虐殺と、なぜこれほど峻烈なのか。これが本書の最大のテーマである。

　この危機的状況をアフリカの地域的特徴としてよいのだろうか。その際、次のことに留意しなければならない。まず、「アフリカ人は野蛮だから殺し合う」という議論に陥る危険性を指摘する。これは、「暗黒大陸」アフリカにヨーロッパ人が遭遇した 19 世紀以来の偏見であり、当時は植民地支配の大義名分となり、今日では非人道的状況を国際社会が放置する口実を与えてしまう[1]。一方、確かに暴力の特徴がアフリカにはみられるのであって、偏見を取り除き、暴力の構造を見据える必要があるということだ。

　アフリカの暴力の拡大は、古典的な国家間戦争とは異なる。政権側と対立勢力が権力闘争を展開すると、国家機能は麻痺するだけでなく、破壊と殺戮をもたらす。対立勢力がアイデンティティーや文化的価値を掲げると、「普通の人達」が動員され、武装集団や民兵となる。こういった国家の頂点から社会の末端までが闘争に駆り立てられる構造を解明しなければ、暴力の根源は分からない。

## 問題の所在

　本書は、国際政治社会学（International Political Sociology）という学問分野の創設を試みたものである。政治社会学という領域と方法論については第 1 章で詳しく述べるが、序論の段階では簡単に、政治アクターの分析を試みる接近法と定義する。いわゆる国家システムや権力体制を論じる一般的政治学には馴染まない。さらに「国際」という領域にまで議論を展開し、研究対象となるアクターが国際社会の様々な動向に連動する実態を検証することになる。本書では、このような国際政治社会学を通じてこそ、普通の人達が暴力によって、政

治の動向を左右するような「アクター」に発展していく過程を検証し、アフリカにおける暴力の根源がどこにあるのかを探すことができると考える。

　「普通の人達」とは誰か。アフリカの人口の多くは農民であり、基本的な社会組織は農村コミュニティーであった。そこで生まれ、共同体の構成員となる社会的プロセスがある。故に、絶対多数の普通の人達とはアフリカの場合、農民である[2]。実際に1990年代には、農民は反グローバリゼーションとしての民主化運動の暴動に動員され、それに呼応したように台頭してくる民族紛争で暴力に走った。では、アフリカの農民は、なぜ暴力的な民族中心主義のアクターとなったのか。それは、国内外の圧力で農村の存在理由が変容し、農民は国民国家にも伝統的権威にも正統性を失い、疎外と周縁化の中で生き残りを賭けた排他的な民族に煽動されたから、と考える。これが、本書が一貫して検証している仮説である。即ち本書は、農村の歴史的変容に民族紛争の根源を探し、アフリカにおける暴力の構造を解明しようとするものである。

　農村共同体は、植民地時代から始まる近代化、国民国家建設、そしてグローバリゼーションの国際政治経済の秩序の影響を受けた。こうした秩序である「中心」によって共同体の基盤が覆され、農民は自身の文化的価値観の喪失や経済的困窮、コミュニティーや国家の正統性失墜などに直面した。これがアフリカにおける「周縁化」である。周縁化する条件は政治だけに留まらず、地理や経済、社会の中の集団心理にまで及ぶ。確かに、周縁化と民族紛争との因果関係は一律ではなく、周縁化が必ずしも民族中心主義を引き起こすとは限らない。しかしながら、農村の周縁化の条件と農民の暴力化と政治化、そして民族中心主義に駆り立てられて行くプロセスは、アフリカのいくつかのケースに見ることができ、アフリカ各国に共通する特徴として抽出できると考える。かくして農村は、国内外の「外圧」に対して内部変動を起こし、国家や国際秩序とは乖離したダイナミズムを形成するに至る。歴史の中でアフリカ農民は流動的に自らの社会組織を再編成し、「民族」への偏重を強めていったのではないか。ここに暴力の拡大と浸透を促す機能とシステムがあると考える。

　経済学が説明しようとしている社会階層が、民族やアイデンティティーといった人類学や社会学が扱う領域でも論じられる[3]。それだけアフリカでは、「階級」という概念が発展しておらず、あくまで農民は文化的存在なのである。ま

た、これまで政治学が顧みなかった農民というアクターの特徴が描き出される
のは画期的である。そして、既存の概念では説明できないアフリカの国家と政
治の理論構築にも寄与することになるだろう。

## 方法論

　本書のテーマは、国家統制から外れた社会勢力が中央政府や国際秩序に反逆
する暴力のダイナミズムであると述べた。伝統的に政治学とは、権力機構や政
策決定過程の分析が主な作業であり、国家から逸脱したアクターを追っても意
味がなかった。権力に対して追従か反逆かのぎりぎりの判断や、自分達の利害
を主張して紛争に加わっていく政治化過程、このようなアウトサイダーの存在
を無視しては今日の暴力の構造は説明できないので、従来の政治学ではない本
書のような政治社会学が必要と考える。しかし、社会グループの行為を追うだ
けでは、どのような構造でその集団が国家から阻害されるのかは説明できない。
また、農村で起こった社会現象が、実は国際的な動向と繋がっているのではな
いかという問題提起がなければ、暴力の本質は見つけられない。そこで、研究
対象とする政治的アクターを分析し、特徴を描き出すために、以下のような4
つの方法論を確立する。

　まず、アフリカの農民のようなアクターは、様々な要因と環境によって台頭
してきており、多分野にまたがる複合領域から学際的アプローチを試みなけれ
ば論じ得ない。そこで政治学のみならず、経済学や人類学、社会学、文化論な
どの議論も用いる。また、アクターに影響を及ぼす「外圧」理解には、国際政
治や国際経済の知識も用いなければならない。様々な社会科学の理論を紹介し、
それがアフリカの農村に通用するか検証する。通用しないとしたら、それは何
が原因かを突き止めれば、一般理論で説明できないアフリカ特有の事情が明ら
かになる。

　次に本書では、筆者がこれまで学んできたアメリカとフランス、両方の学術
的傾向が用いられる。国家を論じる政治学、あるいは国際政治学についてはア
メリカの手法を、社会学や人類学についてはフランスの現地調査の手法を取り
入れる。アメリカの国際政治理論は第二次世界大戦以降、超大国、あるいは覇

権国としてアメリカ中心の国際秩序や安全保障を論じることを主としてきた。しかし、冷戦の終焉や軍拡競争の非合理を説明できなかった。また、国民国家や国際政治の主流から逸脱したアクターの存在にも、理論が追いついていない。フランスでは、いわゆる直接統治によってフランスの統治機構をアジア・アフリカに導入するのに、本国フランスから植民地政府の役人、貿易商人、教育者までの官民一体となった体制が必要であり、探検家やキリスト教宣教師が調査した現地の社会システムや文化的価値観の情報は組織的に蓄積され、共有されていった。両国の学問の傾向についての詳細は第1章に譲るが、全編を通じて両社会科学の折衷・応用が駆使される。

　第3に、アフリカ農村の実態を描く方法として、メディア報道のルポルタージュを引用するとともに、筆者自身の現地調査も紹介する。「天下国家」といった上からの政治学だけでなく、「下」から政治を動かしていくアクターのリアリティがなければ、アフリカの現実は分からない。著者は1994年から1997年の滞在と、その後の度重なる現地調査によって、マダガスカルの農村に実際に入った。文献調査や住民へのインタビューを繰り返し、農村の中に、伝統的農村の形態や植民地政策の名残、農民の労働形態の変化、価値観や文化の喪失の実態、社会的フラストレーションによる集団暴動発生の原因などを探してきた。今までのせいぜい50人ほどのインタビューから果たして客観的なデータが得られるのか。そういった批判はもっともであり、筆者自身も自問してきたところであった。こういった個々のインタビューや取材の内容を客観化し、抽象化しなければならない。しかし、行政担当者から村の有力者、民族の伝統的首長、女性や若者達と話をしていくうちに、彼らは自らの生き甲斐や苦悩を語り始めた。すると、生きるための狡猾さと憂いの両義性が見えてくる。本来、研究対象に肩入れし、感情移入するような研究は客観的・科学的ではない。また、暴力に加担し、人道に反する罪を犯した人々に同情するようで、道義上、容認できず、自己嫌悪に陥りそうになる。しかし本書では、研究対象のアクター、即ちアフリカ農民が抱えている困難や精神的荒廃の生々しさを、敢えて隠すべきではないと考える。

　そして最後に、このような具体化と抽象化、あるいは個別化と一般化といった複眼的視点の記述であることを強調する。一農村に特有の一貫した現象なの

か。それとも、農村より上位に位置する行政単位や国家による政策で惹起されたことなのか。その国全土に同じ問題が起こっているのか。そうでなければ、その農村が特殊だということになる。また、大国や国際秩序、国際社会など「外」との関係において議論すべきものかを識別しなければならない。農村の現場のリアリティー、階級や民族など社会グループ単位のこと、国民国家のレベル、アフリカの共通要素、外交など国家間関係、国際社会の動向、というように、国際政治社会学はアクターを描き出すのに、重層的な検証をする。副題の「農村の変容から見える国際政治」とは、その意である。

## 構　成

　以上のような研究目的と研究方法に適合するように、本書の構成を次のように示す。

　まず第1章では、農村を取り巻く理論について検証する。農村という社会をどう捉えればよいのか、政治学・経済学・人類学・社会学などのアプローチから論じていく。その間に国際政治社会学という学問領域が確立していくことになる。そうすることで、アフリカの農村、あるいはアクターとしての農民は、国際的にも国内的にも周縁化していることが理論上、示されるだろう。

　第2章では、マダガスカルの現地調査を紹介する。マダガスカルの歴史を検証することで、農民というアクターが近代化と国民国家建設、グローバリゼーションに飲み込まれ、もがき、反発する様子が見えよう。その際、注目すべきは、今日の民族紛争の根源となる概念が歴史的に形成され、政治的抗争の焦点となる危険に晒されていることである。

　第3章では、第2章の事例検証を受けて、帰納法的にアフリカ地域研究としての確立を試みる。国際秩序と国内政治から周縁化し、歴史的に変容した農村と、暴力の拡大と浸透化、そして民族紛争への発展という現象との因果関係を、アフリカ各国の事例を示しながら、地域の全体像として検証する。最終的には、農村の内部に民族中心主義が形成される条件と環境について、一定の結論を導く。このような議論と検証がアフリカの暴力の構造をえぐり出し、偏見を取り除くことに少しでも貢献できればと思う。

　恐らく読者は、読み進めていくうちに、アフリカの状況に暗澹たる気持ちに
なっていくかもしれない。実際に筆者は、アフリカ研究を専門とする者として、
「普通の人達」が暴力化していく様にやり場のない気持ちをかかえている。そ
れでも、悲惨な中にも生命力の逞しさや人間性の回復、自治への動きが見える
と、励まされる。アフリカ研究とは常に、人間性への疑念と信頼との間で揺れ
動く学問である。読者諸氏には是非、現実から目を背けず、希望を探しながら
読み進めていただきたい。

## 【注】

1　1994 年ルワンダのジェノサイドへの国際社会の対応の遅れについて、第 3 章 p.211 参照。
2　国連の統計によると、アフリカ全体における農村人口（Population in rural areas）は、
　　2005 年には 62.1％で、2010 年は推定で 60.0％となっている。尚、世界全体では 2005 年
　　に 51.4％、2010 年に 49.5％である。国際連合統計局（2011 年）、p.37。
3　農民について、近代以前には身分制として、また近代資本主義社会においては、農業を
　　担う階層と限定していることが多い。

## 【参考文献】

国際連合統計局『平成 23 年日本語版　国際連合世界統計年鑑 2009（Vol.54）』原書房、2011 年。

# 第 1 章

# 農村をめぐる理論

小林二男は「記録映画『毛主席は我々の心の中の太陽』のポスター。赤い太陽と毛沢東が
重ねられ、その光を受ける労働者、農民、兵士、各族民衆、紅衛兵は手に『毛主席語録』。」
と解説。出典：小林（2014）。

　本章では、農村の中に抵抗と暴力の要素を探すに当たって、農村という社会組織を説明する様々な理論を紹介する。そうすることによって、一般的な農村の存在を浮き彫りにすることが目的である。そして、第2章にてマダガスカルの実態と照らし合わせる。本章で扱う理論は欧米発祥の一般的なものである。第3章において、アフリカ地域研究として農村に発生する民族紛争の構造を明らかにするには、これらの理論を批判することとなる。

　農村をどのように理解すればよいのか。農村は、伝統を維持しようとしつつも、近代化の中で自らを再編しようとする。頑固でありながら柔軟、脆弱なのにしぶとい。牧歌的生活も最先端の農業生産技術も並存する。この多様性と流動性こそ、植民地も国家も、さらには大国が主導する国際政治経済の秩序でも制御できなかった農村共同体のダイナミズムの源であると考える。ダイナミズムとは、既存の制度や秩序を壊し、刷新していくパワーの構造、力学のことである。ところが、これまでの国際政治経済のシステムでは、農民は最も発言力がなく、無力だと考えられ無視されてきた。アフリカの現状を見るに、破壊的な力を発揮する勢力でもある実態を軽視していると言わざるを得ない。

　その力の源を知る接近方法として、以下のような各学問領域の理論を使う。まず、農村共同体を人類学と社会学の視点から分析する。構成員たる農民が、どのような意思と信条を持って、農村への愛着と実際の運営を図るかが分かるであろう。政治・経済学的には、社会主義もしくは共産主義が農村共同体をどのようにとらえてきたかを示す。資本主義の中ではアクターになれないとされ、社会主義は体制の中に取り込もうとしたが、これも失敗に終わった。そして、国民国家を主体とする国際秩序の中で、農村共同体が国家の機能を阻害する要因になったことを説明する。


# 第1節　人類学・社会学的側面


　人類学とは、例えば食文化や宗教儀式、結婚制度など、人間としての生活行動を探求・分析する学問である。その際、どうしても人間生活は「社会」とは

切り離すことができず、社会学の領域にも踏み込む。社会学は、社会グループの実態調査などを通じて、社会の組織や構造上の特徴を描き出す学問である。こういったアプローチから、農村に所属する農民個人がどのような価値観をもって社会生活を営んでいるかが分かる。今日では、こういった社会グループの意思が国際社会において、国家を介さずに発揮されることがあると思われる。

## 1　農民の文化

　「農村」とは、日本語では農業を営む村のことを意味することが多い。しかし、本書ではもっと広義に、rural community と理解する。業種としては、農業だけを生業とせず、漁業や狩猟採集で生計を立てている人々の集団をも含む。地理的条件からは都市の反対語であり、都市機能としてのインフラ、通信や運輸などの機能も持たない。専ら、山林や原野、海、川などの自然環境に位置している。農村共同体は、自然環境と密接に形成された社会単位である。生産形態を共にし、文化を共有している。では、農村はどのような文化を育んだのか。
　文化とは、人間の諸活動が生み出す領域全般を指す。それには、言語から生活習慣、価値・道徳観、宗教、芸術、さらには社会制度をも含む[1]。物質的繁栄を示す文明に対して、文化は抽象的な概念である。スミス（Anthony D. Smith）は、同じ文化の構成要素、即ち出自や血統に関する神話や同じ歴史に関する記憶、象徴、価値を共有するグループを民族共同体、エトニ（ethnie）と呼ぶ。そしてその集団は貴族による水平的エトニと平民的な垂直的エトニに分類できるという。前者では、王族や貴族のような特権階層の人達が、自らの権威の維持のために文化観念を実践する。後者は、農民など民衆の生活観念や愛着から派生しているため、文化の境界線を画定し、排他的になりやすい。前者より後者の方が、文化が社会の底辺まで浸透しているので、大衆を巻き込んでの社会変動が起こる可能性がある[2]。
　この文化共同体は、今日、国際社会で猛威を振るっている攻撃的な「民族」ではない。今日的な民族が形成される以前、文化を実践・共有するエトニは農村であった。人類学の領域では、近代化される以前の生活習慣や社会組織の原形を検証することが多い。国家制度や経済システムが入る以前のアフリカには、

多様な農村形態が存在しており、全部は紹介できないものの、第3章にてある程度の分類・類型化することで、特徴的共通点は抽出できるであろう。このような近代化以前の社会を「伝統」と呼ぶことにする。それでは伝統的農村共同体の形態とその文化の様式について、以下に述べる。

　農業が始まったのは、メソポタミア地域で約1万年前と言われている[3]。それ以前、人類は自然の恵みを享受するのみの狩猟採集の生活を行っていた。野生の動物を狩り、自然に生えた植物の果実を食糧にしていた。獲得した動物の骨や石を加工して道具を作った。動物の毛皮や植物の繊維から衣類を纏った。つまり、その日その日の収穫しだいで生計を成しているのであって、自ら生産を行わなかった。小規模グループの村では猟師や、採集する人手が必要となり、多産形の社会が形成されたが、備蓄された食糧もなく、寿命は短命であったため、多産や豊潤が尊重された。川田順造は西アフリカに詳しい文化人類学者である。同氏は農耕牧畜文化と比較して、次のように狩猟採集文化の特徴を挙げた[4]。

　　(1) 食糧は備蓄されず、私有財産の概念もない。
　　(2) 移動可能な小集団を形成する。従って、階級化された社会組織は作りにくく、世襲による首長をもつ。
　　(3) 備蓄の量や、生産量の計画を立てることもないので、数や時間の概念が発達しない。

　ところが、土地を耕し、種を使って栽培をするようになると、人々の価値観も社会形態も変わった。生産性を上げるために灌漑を敷くには、階級的社会構造により命令やルールで作業を進めた方が効率がよかった。農作業を監督し、備蓄する農産物を管理する者は村の中で信用と権威を与えられた。命令する者とされる者の格差・階級ができるようになったのである。伝統的首長を頂点に農村は階級化する。首長とその側近である長老達は農村で起きる紛争の調停に当たり、成人男性はその決定を支持しなければならない。川田は、農耕文化の権力が狩猟採集民を同化・併合し、制圧し得た歴史を指摘している。

　さて、農村では人々の価値体系に根を下ろした社会組織を形成する。農作業

には組織的な役割分担、つまり分業が必要となり、協力体制と隣人どうしの連帯感や相互扶助の精神が生まれる。さらに農村では婚礼や葬式が執り行われ、農村社会の中で家系集団を形成することで、他所者を区別する。かくして人々は、共同体への帰属意識とアイデンティティーを確認する。それは、文化人類学用語であるいわゆる「ハレの日」に発揮される。成人式や収穫を神に感謝する儀式、先祖から受け継いだ世界創造を再現するとき、勇壮さや伝統美を競い、村の経済的繁栄と福祉の向上を体現する。首長は共同体の祭祀行事を運営する責任があり、宗教的権威を用いて行政権を執行する。文化様式が権威を形成し、農民は権威信仰を頑なに守る。このように成立した農村は、土着の権威と閉鎖性に終始してしまう傾向にある。農村のルールとは、首長や長老達が習慣や因習に則って取り決めたに過ぎない。すると、周りを取り巻く環境が変化したり、外部から圧力がかかった場合、権威者達の政策決定は場当たり的、流動的になることがある。それに対して、権威の決定を覆すには、狂信的で破壊的な反逆手段がしばしば執られることになる。

　クロッキー（Paul Cloke）とリトル（Jo Little）は、イギリスやアメリカの農村のケーススタディーから、狂信性や集団心理などをまとめあげた[5]。それによると、農村の文化的基礎を成しているのは、「他者同一性」である。クロッキーとリトルが用いる「他者性」という用語は、ジェンダーや年齢集団、階級、村八分の落伍者集団などに所属することにより、他者を識別することを指す。そして、自分のアイデンティティーを中心に村の中の他者グループを二次的とみなし、「周縁化」させる。しかし実際には、自己と他者の区別は曖昧で、精神構造のうえで自己は確立せず、他者との依存と共生の力関係ができる。集団意識は他者同一性に基づき、根深く人々の心理に働き、人間関係と社会集団を結束させることになる。

　また、自己と他者を峻別する「他者性」あるいは「他者同一性」は、農村の土地の厳格な領有制と密接な関係を持つ。土地とアイデンティティーの関係は、旗田巍の中国農村研究が興味深い[6]。旗田は戦前、旧満州鉄道建設の現地調査団の一員であり、当時の研究が植民地政策の一環であったことに限界を認め、戦後、科学的・客観的研究としてこれを発表した。中国の農村では、農民には土地の所有権はあるが、村の公の境界を決める目印はなく、基本的に人々

の意識の上で認識されている土地勘によって村の領有を決めている。当時、国民党支配、もしくは日本の侵出によって、税徴収のため農村の区画整理をしようとしたが、入り組んで曖昧な村の境界によって困難を極めた。結局、村の構成員を認識している村の首長が税金を徴収するしかなかった。しかし、国民党と日本の植民地下、税金の負担が重圧となったり、国民党とそれに対抗する軍閥との権力争いにより労働力を搾取されるようになると、農民は村を離れ、日本人に雇われる労働者が続出した。従来、中国農村の世帯や家系は家産奴隷と主人の関係で成り立っていた。家産奴隷は、賃金はもらえない一方で主人と同じ家で寝食を共にし、農具を借りて主人の農業生産と家計のやりくりに携わる。このような関係を断って土地から離れるというのは、近代化に追い込まれた末の選択であったと旗田は指摘する。こうして、脱落農民は工場やその他の村を渡り歩く。旗田の調査によると、村の領域が厳格で明確な所は、人の出入りが自由で、流れて来た農民の同化が比較的容易であった。一方、村の境界線が曖昧で農民の所属意識だけで村組織が成立している場合、村の構成員になるには、厳格な資格審査を通過しなければならなかった。これは、土地の所有概念によって村への所属意識を調整し、押し付けられた近代化の中で、農村をどうにか維持して行く方法であった。

　生活の基盤であり、祖先から受け継ぐ土地において芽生え、発展してきた農村の価値観や文化は農民の意識に根付くと同時に、その地に終始一貫する傾向がある。それが閉鎖性や狂信的傾向、権威的組織などとして展開する場合もある。地方の権力構造について、クラーク（Terry N. Clark）の理論で確認しよう。クラークは地方自治行政の専門家である。通常の権力構造は、エリート論や制度論、政治体制論などで論じる。権力構造に誰が関与または介入するか、あるいはそれができるような体制にあるかを分析すると、政策決定集団が一元的か多元的かの基準が出てくる。クラークは地方行政の特質について、人口の増加と工業化が見られ、社会運動が活発な地域では多元化する傾向にあると述べている。それに対して、過疎地で近代化が及ばない農村では一元化する。市民団体の組織力や影響力は、地元の有力者といった因習的一元的な権力によって弱められてしまうのである[7]。世襲制の名家や上流社会の一元的権威に対する反発として、一般農民はしばしばファナティックな方法で村の秩序を変えよ

うとする。もちろん、村の会合によって問題が話し合われ、解決が図られると
いった制度はあるが、その会合においても長老や名家が発言権を持ち、その意
見が重視され、優先されるのである。特に、新しい動きに敏感で憧れる若者達
は、村の刷新を図ろうとしてもこのような壁に阻止され、不満を持つことが多
い。ヘイゲン（Everett E. Hagen）は、伝統的社会において、近代化など「不安」
をもたらすような問題は秩序を攪乱するものと異議申し立てが起こるが、宗教
など伝統的価値観や身分制と長老制、権威的なパーソナリティーで支配を維持
すると説明している。人々の不安と権威主義的構造との攻防と相互作用が結局、
新たな状況に対応した社会の安定をもたらすとしている[8]。

　かくして、農村文化の独特な特徴として、伝統に対して保守的であると同時
に、過激なダイナミズムを備えていることが明らかになった。他者識別の論法
と他者同一性は、閉鎖性と同時に農村内部の変動力学を生むものと考えられる。
このパラドックスこそ、農村共同体の多様性と流動性であり、独自の論理で離
合集散するのである。識別や差別は、共同体内部では変革を生む力学となり得
るし、部外者には排他性に結びつく。しかしこれは今日の民族ではない。文化
を共有する共同体、エトニに過ぎない。筆者は、排他的民族形成には外部との
折衝による政治的圧力と農村の変容の過程を検証しなければ、アフリカの暴力
は説明できないと考えている。このような根深い価値観・文化が外来勢力に反
発して先鋭化した場合、いかなる力学を生み出すのか。人類学や社会学を駆使
して伝統的農村文化を検証し、何が今日の民族問題と異なり、どんな要素が民
族紛争に起因したかを認識しなければならない。

## 2　農村の経済活動

　人間の諸活動が文化であり、農村の文化には生産と衣食住を支える経済活動
をも含む。ここでは、農村文化から生まれた経済活動を追う。経済理論と対比
して、農村の価値観・文化と密接な経済形態と経済システムを描き出す。
　伝統的農村の経済システムは元来、基本的には自給自足である。自分達の生
活は自分達で生産し、消費していく。そういった経済生活は、社会的・文化的
生活に必要なモノの欲求に応えることであった。農業や鍛冶屋、機織り、工芸

職人などは生活物資を作る仕事であるが、祭りや教育、芸術、そして宗教的儀式といった農村文化から発する精神性を体現する作業でもあった。これは、資本主義を動かす歯車ではなく、市場の需要によって強制された分業でもない。生産形態と生産能力としては、農村の構成員の生活を充足させればよいのだから、小規模で、特に技術革新は必要ではなかった。ともに農村を運営し、生活向上に貢献する連帯感を共有する人々に、道具を提供したり生産物を共有することが経済活動であった。伝統的生活様式に合った物品を生産するには、大量生産ではなく、手作業で使い手に合うように工夫する職人技が必要であった。隣人の頼み事に快く、時には渋々答え、顔の見える人間のコミュニケーションが土台となった経済活動であり、社会的・文化的組織としての農村社会を機能させる経済的基盤であった。つまり、「外」の市場には開かなくとも、一農村で完結できる自律的・閉鎖的経済システムであった[9]。

　一方、同時に農村は市場経済に巻き込まれている。市場原理とは、特定の生産物を商品として流通機構に参入させ、需要と供給の均衡点で価値が決まる仕組みであり、資本主義の基盤を成す。生産物は市場に運ばれ、求める人に買われるので、市場では、顔の見えない購買者を相手にしなければならなくなった。元来、自己完結型で自給自足的な農村経済が「外」の経済システムに巻き込まれるとき、国家の経済政策と世界経済のシステムの中で、どのように変化を来すのかについて、コックス（Robert W. Cox）[10]の理論を批判しながら論じよう。

　コックスは、生産関係とは権力を生むものであり、経済活動を行う社会勢力は国家や国際秩序が制定した制度や環境に影響をもたらすと考える。これら経済アクターと国家、国際経済の枠組は、歴史の変遷によって変化する。コックスはこの3つの枠組の連動として、19世紀の帝国主義から20世紀の世界大戦へ、そして冷戦や石油危機、国際通貨基金（IMF）・国際復興開発銀行（以下、世銀）主導のグローバル化までを記述していく。歴史的変遷から出現した現象として、市場原理で自由経済を世界的に拡張しようとする一派と、それに反する人々がいる。後者は国家の統制によって国家経済を防衛しようと、特に旧宗主国の外資を敬遠し、民族資本による国家コーポラティズムの体制を執る。国家コーポラティズムは国民の福祉増進を唱えるが、国民煽動のポピュリズム政権となることが多い。国家による統制は国家権力に近いエリート階層を養成し、

これにおもねり、庇護関係（パトロン・クライアント関係）を結んだ人々は特別な恩恵を得られるが、これから脱落した大衆をかかえる不均衡な国家となってしまっている。

　コックスの説明は、アフリカの経済と国家体制、国際経済との関係を考えるうえでも示唆的である。コックスは経済勢力のダイナミズムにより、国家の経済政策も国際経済も変革し得るとの理論を打ち立てている。しかもダイナミズムは庶民の落伍者から発するという。先進国では、フォード式の画一的大量生産から脱却する現象に注目している。企業側が労働者の意識を統一し、規格を一方的に決め、供給された製品を購買するように仕向ける生産体系はもはや時代遅れだという[11]。一方、途上国ではインフォーマル・セクターに注目している。インフォーマル・セクターとは、自給自足で身近に生えていたり穫れたりするモノや、時には盗品を売り、市場にはとりこまれず、徴税からも抜け落ちている社会層の経済活動である。コックスはこれを、家族を食べさせ、生き残りを賭けた知恵や価値観の源泉とみなしている。

　つまり、大量生産の画一的な資本主義は通用しなくなり、個々のニーズや規格に合うよう柔軟に対応しなければ、商品は売れない時代となった。これは農村の人間関係に基づいた生産・経済システムに転換したということなのか。コックスが言うように、いわゆる「落ちこぼれ」の経済活動が革命的インパクトを国家と世界経済にもたらすというのは、アフリカ農村を変動的ダイナミズムの温床として扱う本書には心強い理論である[12]。しかし、市場から乖離した農村がグローバル経済において、いかに適応した生産を行うようになるかの具体的な段階が見えない。農村がコックスの言う「脱資本主義」の段階かどうかも断言できない。というのは、実に様々な段階と様式の農村が存在するからである。自給自足型もあれば、消費者に販売する市場型もある。大量生産型の農薬の大量散布から、堆肥や自然のサイクルを利用した無農薬野菜の栽培もある。また、かつて社会主義政権時代に補助金を受け、市場原理による価格競争に晒されていなかった国の農村は、IMFと世銀の構造調整によって自由化と競争の波にもまれた。グローバルな農業政策では、ウルグアイ・ラウンド農業交渉において1993年、農業分野の関税化が合意されたが、国家による農業補助金の撤廃は、その後の世界貿易機関（WTO）でも依然、南北対立の焦点となっている。

　伝統的農村経済は国民国家が促進する経済政策にも、グローバル経済にも不向きな特徴を備えている。それにもかかわらず、国家も世界市場も農村の生産力を市場の利益のために利用しようとしており、矛盾と不具合が生じている。本書で注目するのは、資本主義に巻き込まれながらも伝統を捨てきれず、構成員の貧困を目の当たりにして憤懣やるせない一方で、生き残りのためには隣人をも踏み台にするような、経済競争の矛盾に苛まれた農村である。農村の文化と経済的自治を維持しようとすれば、国家の農業・経済政策に対して反発が生まれる。その際、反体制の闘争は単純に農村対国家ではない。アフリカの農村文化が生き残りのために変容した結果、新たな拠り所に結集していくことを後に検証する。その核になるのは「民族」だ。

## 3　「外」と関わる社会組織：ヨーロッパ封建制との比較

　農村それ自体は、一貫した閉鎖的な文化形態と経済システムを持つ社会である。しかし、内部を見ているだけでは農村研究として不十分である。そこで、農村がいかに社会的・政治的に自己完結型では終わらないかを説明する。つまり「外」の世界、即ち他の共同体や国家行政、さらには国際社会と接触し、折衝を通して反発したり、あるいは服従して取り込まれる。外界と孤立無援な農村共同体など存在しない。社会組織の「内」と「外」との相互関係として考えると、前述した保守性と狂信性の両義性から、農村は外圧に対して流動的に反応する。農村とは外部から断絶した世界ではなく、再編可能だということが分かる。伝統文化を巡る保守派と改革派の対立の間に農村のアイデンティティーは屈折し、変容し、新たな社会勢力が台頭してくるのではないだろうか。

　伝統的農村共同体を取り巻く「外」の制度の歴史を、ヨーロッパを参考に振り返ろう。国民国家と資本主義体制を確立させる以前のヨーロッパの姿であり、本書の研究対象であるアフリカの伝統的農村との比較に役立つ。

　紀元前のギリシャ時代において、農村はポリス社会を支える食糧を生産するところに過ぎなかった。大土地所有の貴族階級が専らポリスの政治や軍備を担当し、哲学的・学問的思索と議論に携わっていた。それに対し、被征服民や売買された奴隷が耕作を行っていた。ローマ時代には平民階級に小土地所有が認

められ、彼らが農業に従事するようになると同時に、重装歩兵の戦力として
ローマ拡大の原動力となった。しかし、度重なる戦争に自前で駆り立てられる
平民は没落し、土地を離れ浮浪化した。一方、被征服地の住民が奴隷となって
大土地所有の富裕層の下で農業に酷使され、奴隷はしばしば反乱の要因となっ
た。2世紀、専制的な軍人皇帝の時代になると、農業生産も兵役もシステムが
変わってしまった。戦力は傭兵が占めるようになった。また、大土地所有が加
速すると、その所有地で農業労働を担うのは奴隷ではなく、小作人としての農
奴、コロヌスが生産関係を構成していた。コロヌスは婚姻が認められている解
放奴隷を含み、戦費がかさむ中で、労働力を確保する方法だった。こういった
パックス・ロマーナの矛盾、即ち、帝国拡大の裏でその屋台骨である生産体制
が実は脆弱であったという事実を、農業労働者の酷使によって隠していた。そ
のようなとき、苦しむ人々に希望をもたらし、反ローマの感情に駆り立てたの
がキリスト教であった。これまでも検証し、今後もしばしば登場することにな
るが、困窮する農民は、自らの精神に深く根ざす信念によってファナティック
に反逆する傾向にある。

　3世紀にローマ帝国が分裂し、4世紀にはゲルマン民族が西ヨーロッパに移
動してきた。ゲルマン系の王朝はカトリックに改宗し、ローマ教皇の権威の下
に王国を建設していった。カトリック教会による大規模な行政組織が世俗諸侯
達を脅かしていた。各教区にある教会は司教が統括し、教会領と領民を所有し
ていた。ドイツでは軍隊をも持っていた。また、王国内では、王から諸侯に封
土が与えられ、農奴が地主から土地を借りて生産労働を担って領主に税金を支
払っていた。土地を巡る契約は主従関係と身分社会を形成するようになった。
これを封建社会、あるいは封建制度という。貴族たる騎士達は、農民から獲得
した富を使って王国に軍事力を提供した。武勇と忠誠といった道徳観は、「騎
士道」として尊重された。農村共同体は領主との相互関係を作り上げ、諸侯は
戦火から農民を守り、農民は年貢を収めて領主の財政を支えていた。

　通常、農民は常に重税と戦争の犠牲者であり、戦火を逃れて土地を手放して
没落する歴史的事実は世界各国に見られる。ところが、ヨーロッパの農民は変
貌を遂げていく。農業生産の増大によって、市が開かれ、現物経済は貨幣経済
へと移行した。さらに農産物は、イスラム勢力の侵入を阻止しようとする十字

軍の拡大とともに自治都市による貿易の商品となった。貨幣経済の発展により、領主は貨幣を得ることに奔走して、富を得た農民に依存し、農民から貨幣地代として取り立てるしかなかった。しだいに封建的人間関係は変化し始め、身分的制約から解かれ、「自由農民」や「独立自営農民」として経済力を背景に、封建領主の支配や重税に反乱を起こすようになった。

　ところで宗教改革は、農民にとって革命的で急進的な精神的支えとなった。1524年のドイツ農民戦争は重税に喘ぐ農民をルター派が支持したことから発し、組織化された農民反乱はドイツの3分の2を占拠した。また、イングランドのピューリタン（清教徒）を支持したのも自由農民やジェントリ（郷紳）であった。しかし、新教徒プロテスタントに対する旧教カトリック派の弾圧は激しく、各国の貴族や王族を二分して展開される宗教戦争に発展した。カトリックの権威が問われる中、民衆は「魔女狩り」と称して異端者を見つけ出すべく、密告や拷問、果ては火あぶりを繰り返し、社会は不信感と猜疑心に満ちて秩序を保てない危機的状況に陥った。この中世の独特な雰囲気や集団心理を知りたいならば、エーコ（Umberto Eco）の『薔薇の名前』やダーントン（Robert Darnton）『猫の大虐殺』を読むことを勧める[13]。

　ドイツの三十年戦争では新旧両宗派の諸侯が介入する国際紛争となり、30年にも及ぶ戦火の中、人々の精神も国土も荒廃したが、1648年ウェストファリア条約により、ヨーロッパの秩序は一変した。ローマ教皇といった宗教権威ではなく、世俗権威たる王が国を治める絶対王制が成立した。この統治体制は国の領土を限定し、統治する国民も囲い込んだ。こうして、他国の内政干渉を阻む絶対不可侵の主権国家と、統治権力と被支配の国民の関係を制度上保障する国民国家が成立した。

　絶対王政とは近代国家の初期段階であったが、経済政策の自由化を計り、資本主義が発展をみるのは19世紀になってからである。実際に早期に資本主義の促進が可能だったのは、独立自営農民が経済力と政治的発言力を持つようになっていたイギリスだけであった。ブローデル（Fernand P. Braudel）によると、フランス絶対王政の下でも、農民は昔の領主や地方の名士を慕い、国家財政よりも領主に生産物の利をもたらし、近代国家を支える官僚が決めたことには従わなかった[14]。地方の特産物も地方色も維持され、画一的な統一国家にはなら

なかった。即ち、農民の頑固さ、土地と風土への執着、昔ながらの人間関係を重視する態度など、農業国家フランスの特徴をよく示している。

　ここで強調すべきは、ヨーロッパの農村が封建制度や国家の成立という外界に直面し、魔女狩りのような混乱をおこしながらも、また宗教戦争によって農地の荒廃を被りながらも、変貌を遂げ、近代化に適応し始めたことである。封建制から発展した、土地所有と貨幣経済の発展、身分制度の下克上は、ヨーロッパにおける資本主義の発展に決定的な要因となる。ヨーロッパの農村が封建制度下にあったという歴史的条件と比較すると、本書で取り扱うアフリカには示唆的である。アフリカの伝統的農村は全く違う経済システム、生産体系であったことが後に明らかになろう。

　しかし一方で、近代化とは農民を土地への執着から強制的に制度として引き離す過程でもあった。大半の中小農村共同体の存在意義や価値観は、近代化で決定的に打ちのめされた。土地問題に鑑みて、農村の近代化は難しい問題である。大土地所有がなされて、はじめて産業化が生じるからである。これまでに見てきた農民の精神構造や習慣に照らすと、合理性や理性を重んじる近代国家の中では、中小農民は自律的な社会勢力として不満や権利を主張することはできなかった。資本主義経済の発展と市民社会の発展の中で、農村がどのような位置づけにあったのかは、次の農地改革と市民革命の説明に譲る。


# 第 2 節　政治理論から


　農民は、近代化の経済システムと政治権力から疎外されていくのだが、それはなぜか。中心から周辺に押しやられた者は、落伍者となった我が身をただ嘆き、恨めしく思っているだけなのか。筆者はそうは考えていない。周辺に巣くう反抗心は、変動する社会の中で人心を惹き付け、権力を脅かす政治的勢力となることがある。農民という、これまで顧みられなかった社会階級を巡る政治学理論を展開しようとするのが、第 2 節の趣旨である。

# 1　権力構造と市民社会

　農民を政治学で扱うことは、非常に稀であった。政治学とは、ギリシャ時代に哲学から派生し、統治の規範やモラルを探る学問分野であった。ギリシャ・ローマ時代には貴族階級がその対象であったし、中世にはキリスト教の政治思想が浸透していた。しかし 17 世紀以後、政治学の主要な研究対象は国民国家の権力機構になった。その構成要素としての領土、国民、統治制度は不可侵の「主権」として保障されなければならなくなった。これがいわゆる国民国家、近代国家の成立である。

　国民国家は 1648 年のウェストファリア条約締結後に成立した。ヨーロッパを疲弊せしめた三十年戦争が終了し、ローマ教皇を頂点としたキリスト教の権威が失墜した。世俗の国王による統治が始まると、中世封建社会の荘園制度は終わり、領土が確定した。専門的職業集団である官僚制も発展し、統治機構が確立した。そして国王は、キリスト教の唯一絶対神から権限を与えられたとする「王権神授説」を掲げた。この頃の王制は、神聖性に基づくキリスト教的支配と、官僚制など近代行政による合理的支配の折衷にあった。

　17 世紀のイギリスでは、王制の恣意的政策や横暴さに異議を唱える者が現れた。それは産業資本家や独立自営農民であった。彼らは経済活動の自由を求めて独自に合理的な決定ができる「市民」であった。このような社会勢力の台頭から、当時の思想は自然法に依拠するようになった。自然法とは、人間は生まれながらにして権利を持つとの思想である。これから表現の自由や私有財産の権利などの概念が派生した。

　ホッブズ（Thomas Hobbes）、ロック（John Locke）、ルソー（Jean-Jacques Rousseau）の 3 人の啓蒙思想家は、等しく自然権を論じたにもかかわらず、その自然権を実際の国家体制に取り入れるとなると、三人三様、支持する政治体制が全く異なってしまった。ホッブズは、自然権を行使すれば、人間社会は自由と自由のぶつかり合いによって「万人の万人による闘争」、即ち「リバイアサン」[15] と化してしまうと考えた。故に、それを統制するには、身分制度と強力な権力が必要であるとの結論に達し、絶対王制を正当化した。一方、ロック

はピューリタン革命を目の当たりにして、個人の国家に対する権利、圧政への抵抗権を認めた。国家は個人の対立や紛争を公平に仲裁・裁判する役割を担った。即ち、立憲君主制である。さて、この両者に対してルソーはさらに過激であった。ルソーは、一握りの権力者が統治する文明社会は人間性の喪失を招いていると非難し、人間が自由に要求できる「自然状態」が理想の社会とした。そして国家制度としては、国家の構成員が自由意志で決定できる人民主権を提唱した[16]。

　18世紀から19世紀にかけて自由主義の風潮がヨーロッパに高まり、王制への疑念から、萌芽期資本主義の担い手であった中産階級ブルジョワジーが、自由経済や封建制の廃止、さらには政治体制の変換までも要求するようになった。そして市民革命を経て、国王ではなく、市民が国政や経済政策の決定権を持つことになった。こうして主権が市民に移ると、政治学が扱う範囲は一握りの集団ではなく、広範になった。政治学にとって最も関心があるのは権力の実態である。誰がどのように実権を持ち、誰に国の命運を左右する決定権があるのか。王制では、王と官僚制、時には王個人の公私混同の政策決定、あるいは組織としての公私分離の過程などを論じ、批判していればよかった。ところが、中産階級が促進する資本主義経済の発展によって生産システムと社会が変革した。そして、その中で社会制度と政治的決定を担う「アクター」は多様になった。三権分立による共和制と民主主義の中で、社会の様々な利害や価値観、世論を政党が吸収して議会で討論し、議決されるようになった。

　市民社会とは、国家とは異なる自律した論理で機能する社会である。誰がその担い手であったか。合理的判断ができる「市民」であった。具体的には、中世封建時代より農地から生まれた富を使って、または交易で得た経済力によって、政治的発言力を得た中産階級であった。この社会勢力は、資金力を背景に権力を得たのであって、国家に対して自由という権利を主張した。啓蒙思想家ロックは、絶対王制による恣意的で専制的な統治から個人の自由を守る意識が市民に生まれたことを評価した。つまり、イギリスの無血革命を行ったのは理性的で生産的な人々であって、決して既存の慣習や価値観に固執して社会の動向を見誤る人々ではなかった。

　前節にて論じたが、農業は人々の生活基盤であり、精神性に深く根ざした文

化や価値観と密接な生活様式であった。つまり、農民は合理的判断が下せる素質も土壌もなく、「市民」には加わることができないと考えられた。1789年にフランス革命が勃発した際、フランスは中世以来の農業国家で、実は国民の大半は農民で構成されていた。無血革命を達成したイギリスに比べて、フランス革命は農民を巻き込まざるを得なかった。市民といってもフランスの場合、重税と飢餓に喘ぐ貧困層を抱えていた。市民革命としては混迷を来し、国王一家を処刑するに至るなど、イギリスに比べて「市民社会」が発展していないとの批判を浴びる所以となってしまった[17]。

　革命精神の先鋭化に対して、農民は革命支持と反対の間で流動的になった。7月14日のバスティーユ牢獄襲撃は各地の農民反乱を惹起した。これに対して8月、封建的身分の撤廃や地代の条件付き廃止が宣言されると、反乱は急速に鎮静していった。また10月、地方の農民が政情不安を理由に穀物を売らなかったため、パリでは食糧価格が高騰した。不満を抱えた主婦らがヴェルサイユ宮殿に乱入、国王一家をパリに連行する事件が起こったが、政局が収拾すると、穀物は出荷され、価格も下がった。革命推進派の中で最も過激なジャコバン派最左翼の山岳派は、貧困農民の救済を掲げ、農民の利益を打ち出した革命を遂行しようとした。山岳派は男子普通選挙など徹底した共和制を実施しようと恐怖政治を敷いた。山岳派の国民公会による反教会・反領主政策に反発し、貧困地帯の北西部ヴァンデー県にて1793年、王党派の農民反乱が起こった。同年、山岳派が施行した封建特権の無償廃止によって土地を所有できた農民達は、それ以上革命を推進しようとはしなかった。ジャコバン派が内紛とテロ行為、クーデターによって自滅し、1795年に経済自由化のブルジョワ共和派が政権を握ると、貧困層や農民の支持が離れた。この脆弱な総裁政府をクーデターによって掌握したのが、ナポレオン1世（Napoléon 1）であった[18]。

　このように、市民が権力を握る社会・経済情勢の中で、農民は「市民」に入れてもらえず、市民社会に対して支持と反逆、ときには無関心を示す。市民に入ろうとしても入れない葛藤は、既に農民がアウトローとしての政治勢力になりつつあることを示している。ヨーロッパの市民社会の発展は、生産システムの変化と政治体制の変換の歴史と重なった。ブルジョワ、即ち資本を持った企業家達は経済活動の自由を国家に要求し始めた。そして自由競争の市場主義、

自然淘汰の作用を信奉した。国家は「小さな国家」あるいは夜警国家として国防と司法、初等教育などの最小限の役割しか担わないとした。これが、スミス（Adam Smith）が主張した、裕福な商人を外国の侵略と無知蒙昧の大衆から守り、経済的自由を確保する方法であった。ベンサム（Jeremy Bentham）は「最大多数の最大幸福」を掲げ、多数派を占める新興ブルジョワジーの幸福が善であり、正義であるとした。一方、ミル（John Stuart Mill）は功利主義を説き、自由経済を担う理性的な人格の成長を促した。いずれにせよ、ロックの系譜から派生・発展した自由権の享受者は、合理的な人間と見なされる資本家しか当てはまらなかった。

さて政治学では、アクターの範囲や数が増えるにつれ、アクター達がどのような力関係を持って、制度の中で交渉をするのかに研究の対象が移ってきたと言える。即ち政治学は、政治過程論、もしくは政治機構論をも範疇に入れるようになった。このような政治参加の理論として、ポリアーキーを取り上げる。

ポリアーキーという概念はダール（Robert A. Dahl）が確立した[19]。自由も政治参加もない閉鎖的抑圧体制や、自由はないが、当局に煽動・動員されて参加度は高い包括的抑圧体制、あるいは一握りのグループしか参加していない競争的寡頭体制に対して、ポリアーキーにおける参加民主主義では圧力団体が自由に政治参加できるのである。しかし、ダールが想定していたのは企業と労働団体でしかなかった。つまり相変わらず、自由で理性的に国政に参加できるのは自由主義経済を理解する資格がなければならなかった[20]。ダールにとって農村とは、自給自足経済で伝統的信仰や不平等な身分に執着し、閉鎖的な政策決定しかできない社会組織であった。歴史上でも、農民は政治的に流動的になり易く、国家に取り込まれもするが、国家に正当に要求できず、非合法的な方法で反逆する傾向がある。農民は政治参加の政治過程論においても認められず、疎外されてしまった。

では、政治参加は先進国の有力団体の特権なのか。しかし、政治経済の体制が変わる中、社会階層は多様化し、政治的アクターとなり得る者は増えていった。そして次にみるように、社会主義はイデオロギーの解釈でその中に農民をも認めたのであった。にもかかわらず、資本主義である限り、理性的な政治を担えるのは資本家しかあり得ないとの固定概念が根強かった。これは政治の現

状を見極めているのか。

## 2　産業革命から社会主義まで

　ここでは、産業革命の意義と、資本主義の経済システムから生じた社会問題を論じるようになった社会主義を扱う。結論から言うと、社会主義は農民という階層を、本来とは違った解釈をして取り込もうとしたのである。そこで、社会主義の思想家達がどのように農民を位置付けたかを振り返ってみようと思う。

　農業とは、富と価値の初歩的な備蓄形態であったはずだ。それが莫大な資産規模に至るには、18世紀イギリスの農業革命と産業革命を経なければならなかった。それ以前では、中世の諸侯の領地で耕し、年貢を諸侯と教会に収めるだけであった。産業革命とは、18世紀後半にイギリスで始まった技術革新によって始まる生産体系と社会階層の変革のことを示す。産業革命の推進者、即ち自由主義経済を信奉する資本家と、その支持がほしい政権にとって、農村は邪魔な存在であった。狭い土地で自給自足のような生産をされても利益は上がらない。利潤を上げるには、土地と労働力が必要となる。そこでイギリスでは「囲い込み（エンクロージャー）」が行われ、中小農家は当局から土地を収用された。土地を奪われた小作人は生活の基盤を失って途方に暮れた。彼らは労働力を提供する階層に転身するしか生きる手段はなくなり、労働と引き換えに賃金を得る階級、プロレタリアートとなった。これが大規模農場を成立させるための農業革命であった[21]。

　産業革命から始まる資本主義体制下、資本家と労働者という階級の成立と階級間の格差、特にプロレタリアートの劣悪な労働条件と生活水準が明らかになってきた。こういった社会問題を解明して解決しようとしたのが社会主義の諸派であった。当初、人道主義的立場から資本主義を批判し、理想社会を実現しようとしたため、「空想的社会主義」と呼ばれた。私有財産の制限、もしくは廃止を提唱したり、専ら労働者の福祉の向上を計ったり、協同組合の成立に尽力した。イギリスのオーウェン（Robert Owen）やフランスのサン＝シモン（Claude-Henri de Rouvroy Saint-Simon）、フーリエ（Charles Fourier）などが挙げられる。こういったユートピア社会主義とは一線を画し、マルクス（Karl H.

Marx）とエンゲルス（Friedrich Engels）は 1848 年、「共産党宣言」を発表した。マルクスの考えについては以下に簡単に要約する。

　マルクスの世界観は弁証法的唯物論である。物質や生産物などのモノを巡って人間社会は動いている。そして、正という力学に対して反という反対力学が働くことにより、第三の合という別の方向性が生まれるという。この哲学的思考を経済学や歴史学に応用したと考えられる。上部構造（国家機構や法、イデオロギーなど）と下部構造（労働や知識、技術などの生産力）の上下から作用が働くと、生産関係（労働の分担や生産手段の所有など、生産を行うときの人間関係）は、矛盾が生じて階級が生まれる。資本主義経済が最高潮に達して、ブルジョワジー（正）とプロレタリアート（反）の階級格差が著しく、均衡がとれなくなると、革命（合）が起こってプロレタリア社会が実現するという。

　マルクスの理論は、資本主義について多くの知識を駆使して検証した結果、未来の社会変革まで予言してしまった。これが「科学的社会主義」の本来の考え方であったが、経験的実証に基づくものと言えるのか。また、マルクスは 19 世紀の混乱したフランス社会をよく観察しているが、当人が関心を持っているのは常にブルジョワジーとプロレタリアのみである。マルクスにとって、生産手段獲得の闘争に加われるものだけが社会の変革を引き起こす能力のあるものであった。当時のフランスには社会主義に参入し損ねた多くの弱小農民が存在していた。マルクスはこれらの人々のことを社会的に不良であり、政治的に危険とみなしていた。ナポレオン 3 世（Louis Napoléon）がこれら「不良」を集め、パンと食事を与え、「12 月 10 日協会」と称する自らの民兵を編成した。マルクスは著書『ルイ・ボナパルト　ブリュメール 18 日』の中で、これらの人々を「ルンペン・プロレタリアート」と呼んでいる[22]。残念なことに、マルクスはこういった「不良」の人々を分析することに政治学的価値があるとは気が付かなかった。彼らは政治的にとても不安定で、生活のためならなんでもする。政権に対して常に反対というわけではなく、しばしば政権寄りになる。彼らを侮ってはならず、筆者は、科学的・学術的に彼らの動向を観察するのが重要だと思っている。

　フランスの情勢からして明らかなように、実はヨーロッパの経済システムは中小農民や保守的な地方領主を抱えており、イギリスのように大規模農場には

転換できなかった。一方、近代化と資本主義化は各国にとって切実な問題であった。農民という社会階級をどう理解し、社会経済の変動の中で落ちこぼれ、貧困から脱することのできない農民をどう救済するか。これが社会主義にとって急務の命題となった。こうして、科学的社会主義の創設者の意図に反し、社会主義もしくは共産主義はその思想体系と政治体制の発展過程において農民問題に取り組まざるを得なくなった。そこで、農民の社会的・政治的位置付けについて考察した共産主義者としてイタリア人グラムシ（Antonio Gramsci）を取り上げる。

　第二次世界大戦以前、グラムシは農民問題をイタリア国内の地政学的問題だと考えていた。政治経済のヘゲモニーを独占しようとする北部と、北部に搾取される南部との紛争の中で、農民は犠牲者であり、社会の中で従属的階級におとしめられていた。南部の農民はもはや近代化の手段を失っていた。イタリアでは知識階級と農民を仲介するブルジョワジーが存在しない。プロレタリア社会をもたらすブルジョワジーがいないのであるから、プロレタリアが知識階級と農民に直接同盟を結ばせる必要があると考えた。

　そして、グラムシは農民の性質についてもよく理解している。当時のイタリア政権は、農民の反政権運動を「山賊行為」とみなしていた[23]。農民の運動はしばしば土着の伝統や神秘的伝説に着想を得る。グラムシはこれを「フォークロア」の現象と呼んでいる。グラムシは以下のように土着勢力について述べている。

　　「教権派が政治的棄権主義をとった結果、農民たちのあいだにどのような転覆的―民衆的―原始的傾向が生じえたかということ、また、農村の大衆は、正規の政党が存在しないなかで、大衆自身から出現してくる土地の指導者たちを探し求め、農村に原始的な形態で醸成されている要求の総体に宗教とファナティシズムを混ぜ合わせるのだという事実を政府に明らかにしてみせたことにも留意しなければならないのである[24]。」

　　「というのも、民衆（中略）は、定義からして、練成された体系的な観念、矛盾した発展のなかにあってもそれなりに政治的に組織され、集中化して

いるような観念をもつことができないからである。それのみでなく、その世界観は多様である——異種的なものが雑多に並存しているという意味においてだけでなく、もっと粗野なものからさほどそうでないものまでが層を成しているという意味においても[25]。」

　グラムシは農民の精神性や文化から来る爆発的政治力を認識していたと考えられる。そして農民の威力を制御・駆使してファシズムのムッソリーニ（Benito Mussolini）政権を倒そうとしたのであった。同政権はグラムシにとって権力を独占する「覇権」そのものであった。グラムシはこのような考えを獄中日記にて発表した。イタリア共産党は第二次世界大戦中、レジスタンスの中心となり、戦後、拡大した。しかし、ファシズム政権が連合軍に敗北して失脚すると、農民はまたしても流動的に、資本家とともにキリスト教民主党を支持したのであった。このように、イタリアにおいても社会主義もしくは共産主義勢力が、農民の力と支持によって政治体制変換を実現した史実はない。

　それに対してソ連のスターリン（Iosif V. Stalin）体制は、農民の力を利用して社会主義を実現した。農民は伝統的象徴の下に結集して政治体制に対抗する。土着の熱狂が政治化する。現代の社会主義はこのような農民の土着性と対峙しなければならなくなった。スターリン体制は、農民の土着要素に合わせて社会主義の理念を変容させてしまった異例であった。

　1917年のボリシェビキ革命以降、ソビエト（評議会あるいは権力機関）はレーニン（Vladimir I. Lenin）の指導の下、マルクス主義を忠実に実現しようとした。ボリシェビキによる独裁は、最終目標であるプロレタリア革命を実現するための一時的、過渡的なものとレーニンは考えていた[26]。しかし現実には、ボリシェビキ政権は人口の過半数を占める農民の反動に脅かされた。レーニンの死後、時代はもはや独創性に富む革命の寵児は必要としなかった。平凡な「官僚」スターリンは土着の伝統から発想を得て、国内事情で政策を取り決め、農民の反動を沈静化した[27]。ソ連のような後進の資本主義社会、非工業国は経済資源を農業に見出さなければならないと考えた。スターリン体制にとって重要なのは、農村共同体を国家に動員し、政治・経済の発展を促進することであった[28]。実際には中央政府が「全権代表」公務員を農村に派遣し、ソビエトのキャ

ンペーンを行った。派遣された公務員はソホーズ（soukhoz）という農民の集会を利用し、やがて農村共同体全体の運営を取り仕切り、作物の収穫高のノルマを決め、富農クラークの摘発・撲滅を担うようになった。こうして、この公務員派遣システムは反動勢力を中央に告発・粛正する諜報機関となった。

　スターリンの社会主義体制に共鳴し、中国共産党は農村の集団化を急進的に進めた。元々、中共は対日抗戦や国民党との内戦の間、農村にゲリラとして潜伏しており、農民を共産主義国家に取り込むことに違和感はなかった。そして、国家建設と「人民民主主義独裁」を実践するのは、プロレタリアと土地を持たない貧しい農民と考えた[29]。但し中共の主張は、伝統や土着性の否定と破壊であり、革命を実行する前衛的で新しい農村を作ることであった。故に、人民公社はまったく伝統を引きずっておらず、中央と地方幹部の命令に沿って、農民の土地や農機具は全て国有化され、鶏一羽、鍬一本でさえ、個人では自由に処理できなかった。その結果、大躍進政策の後に大飢饉が起き、百花斉放・百花争鳴の後や文化大革命では伝統的文芸の知識人の迫害が行われた。文化大革命の実行者である紅衛兵は農民出身である。「紅五類」の若者達は増長し、大土地所有者や反動の親を持つ者を「黒五類」と差別し、また四人組に煽動されて、実権派と呼ばれる劉少奇や鄧小平らを資本主義促進派とみなして迫害した。その猛威は、伝統的文化財の破壊や、実権派を公衆の面前に晒して断罪する集団リンチとなって現れた。国分良正は、いまだ文化大革命の歴史的構造や背景には謎が多く、農民大衆の圧倒的な狂信性を説明する必要性を説いている[30]。国家でさえ統制がとれず、結局は四人組断罪へ農民は傾いて行った。

　前述したように、スターリン体制は社会主義をロシア社会特有の現実に合わせて、マルクス・レーニン主義の普遍性を捨て、マルクス・レーニン主義が階級と認めていない農民を、国家の政治経済体制に動員した。国家は、農村共同体の集団化と「全権代表」公務員の派遣により、伝統的共同体ミールの生活様式を暴力的に歪め、破壊した。後述するが、スターリンの農村政策は、伝統・土着性の文化を再解釈して開発・国家建設を行おうとした点で、アフリカ的社会主義のそれと似ている。アフリカにおいても、マルクスが定義したようなブルジョワジーもプロレタリアも存在しない。では、アフリカの農民はどうやって近代化され、社会主義国家に動員されたのか、第3章に明らかにする。

## 3　政治社会学

　政治行為とは、国家の権力機構だけを追っていれば事足りるものではない。市民革命以降、政策決定権は選挙権を持った市民にまで拡大した。19世紀後半には農民も漸く選挙権を得たが[31]、農民は、市民社会と資本主義の発展過程から脱落する要因を備えており、歴史の中で常に社会の底辺で踏ん張って生きてきた。文化的・精神的な動機により、この階層の破壊的な力学が国家体制を脅かすことは、歴史上も起こり、そして今日、顕著になってきている。かくして、この社会階層を扱う学問分野として、政治行為に至る過程を政治学として確立したい。

　ところで、政治行為とは果たしてどのように形成されるのか。平野健一郎は、「非政治的基盤」、例えば文化や自然環境などが人間社会の考え方に影響をもたらし、社会集団を政治活動に駆り立てると述べる[32]。つまり、ライフスタイルがその社会の規範となって政治行為を形成するという。この形成過程で、各アクターは過去の体験やイメージ、価値観、行動様式や思想を共有している。一方、外部、即ち多くの場合、国家、あるいは国際社会が制度を通じてこれらを統制・制御しようとする。国家は、一方的な情報を伝えることで偏見やイメージを植え付け、対外的な敵を作っていくことが多い。市民による理性的な判断に基づく政治とは異なり、泥臭い土着文化に基づいた政治に巻き込まれやすいのが農民である。これを従来とは違う政治学として打ち出すべきだと考える。

　そこで、政治社会学という学問領域を活用しようと思う。政治社会学とは、政治哲学や政治史、政治機構論などの伝統的な政治学とは異なり、社会の文脈において権力を論じ、社会集団間の相互関係を明らかにする学問である。近代化以降、市民社会や大衆など、緊張や矛盾といった集団間の多様な関係、政治権力者とは異なるサブ・システムを明らかにしようとして展開された[33]。本書の序論において、政治社会学とはアクターから分析する政治学のことであるとしたのは、その所以である。人間学的になるので、社会学や地理、経済学、人類学などと政治学の融合となるとも書いた。以下に、社会集団の政治行為を検証した学者を参照することとする。

　社会政治学の開拓者として、ヴェーバー（Max Weber）は外せない。19 世紀第二帝政下のドイツで時代の潮流を捕らえ、当時の社会情勢や国家権力の中で、政治的アクターは何を為すべきかを描き出した社会学者であった。ヴェーバーは、近代国家における専門家集団としての官僚制の変遷や、資本主義経済におけるプロテスタントの資本家としての資質を分析した。1919 年の講演『職業としての政治』の中では、第二帝政崩壊後のワイマール共和国において、地方の郷士ユンカーと結託して肥大化する官僚を批判した。この講演には、ヴェーバーが確立した支配権力の正統性の理論が集大成されている。今日でもしばしば引用される伝統的支配とカリスマ的支配、そして合法的支配である。共和制の下、大衆の民主主義に対してカリスマ的な指導者の倫理性の必要を説いた。このようにヴェーバーは、政治を構成するアクターの役割と資質を議論することで、国家機構や権力論に深く切り込んだ [34]。

　ヴェーバーは、経験的接近方法を社会科学に導入することによって、ギリシャ・ローマ以来の規範的政治学を超えた。そして、フロイト（Sigmund Freud）の心理学的方法論とともに、1950 ないし 60 年代のアメリカ「行動主義革命」に影響を与えたと言われている。行動主義革命では、仮説の導入とその立証という手法が用いられるようになった。また、統計や数量分析も駆使されるようになり、社会科学が科学足り得たとされた。しかし、あまりに数値的なデーターに頼り、生身の人間、あるいは人間の組織に対する取り組みが希薄になったと、行動主義は批判を受けるようになった [35]。そこで行動主義は、原点であるヴェーバーの接近方法に回帰した。

　ヴェーバーは決して歴史の事実や道徳的価値を否定してもいないし、社会や権力についての認識論を捨て去ってもいない。アクターの政治行為を経験的に認識することにより、歴史上の社会現象や政治の変動を説明したのである [36]。これが、各国・各地域のアクターがなぜ特徴的な政治行為に及んだかを説明するようになると、比較研究となり、地域研究となるのであるが、その詳細は後述する。

　マン（Michael Mann）の社会学の立場は、ヴェーバーの懐疑的経験主義に従いつつも、近代史以前から「ソーシャル・パワー」を基軸として歴史の変遷をまとめあげた [37]。人間が目標を達成しようと組織化するときに、社会は「力」

が生じるとしている。マンにとって社会は、マルクスが考えるように一元的ではなく、基本単位のない様々なネットワークから構成される混然多層的関係にある。「力」、パワーには、イデオロギー的、経済的、軍事的、政治的なものがある。特に経済的パワーは統制されず、小さな経済活動を取り込んでいく力があるが、階級が生まれることで敵対的になる特徴を持つ。また、政治的パワーに関しては、中央集権制やエリートの権力、周辺諸国を征服する帝国や複数民族から成る国家について問題提起をしている。マンの言うソーシャル・パワーは歴史上、変幻自在に形を変える力であり、近代以降においては国民国家に権力として結集する。そして今日、国家の支配下から漏れだす農民の流動的なソーシャル・パワーを追わなければ、国民国家が脆弱になった原因も解明できない。これは、マンが指摘している「隙間をつく出現」、即ち、周縁から中央権力を脅かす力に相当し、このような社会勢力が国家を突き動かす政治の実体を説明すべきである[38]。

　また、フランスの社会学者で人類学者のバランディエ（Georges Balandier）の理論は、深遠で範囲が広く、感銘を受ける。現実の社会は人間の行為、さらには人間の政治行為から生じるとして社会の中に変動の要因を探し出し、社会構造と連動する政治体制との関係を描き出した。これがバランディエの確立した「政治人類学」という領域である[39]。

　バランディエのアフリカ研究者としての圧巻は、植民地体制下の社会変動の理論である。近代化がアフリカの伝統社会に導入されたとき、人々の意識変化や社会集団の再編、利害闘争がどのように生まれたかを説明した。アフリカにおいては、階級の多層化と新しいイデオロギーの捏造が始まったとした。当時のヨーロッパ諸国は、アフリカの反発を「原始的」や「野蛮」とみなし、アフリカ独自の価値観や社会形態を理解せず、アフリカ社会は無気力で不動で、政治経済の発展に及ぶことはないと思い込んだ。しかしバランディエは、このヨーロッパの既成概念や偏見を覆した。アフリカの伝統社会はむしろ、動的で変容する力学とエネルギーにあふれていると言う。そのとき、バランディエが注目したのは、伝統的農村共同体の存在であった[40]。独特なダイナミズムを備えたアフリカ農村が外部の影響で変容を起こしていく過程、こういったアフリカ社会の力学を説明するために、バランディエは人類学、歴史学、社会学、経済学、

政治学などを学際的に駆使した。アフリカ農村の変容から時代の国際情勢や、近代化の大きな動向を描いていくのであった。このようにバランディエの手法は、農民が社会と政治システムの変容の中で、どのようにアクターとなっていったかを記す理論となったのであり、本書の政治社会学に参考になると考える。

　しかし、政治社会学は万能ではない。モムゼン（Wolfgang J. Mommsen）は、ヴェーバーの議会民主制への志向はその後の大衆動員とナチス台頭を阻止することができなかったと批判している[41]。またビーサム（David Beetham）は、ヴェーバーが社会システムにおける集団間の対立や調停については説明しておらず、ドイツのためのナショナリスト的ブルジョワ政治理論に陥ったと批判している[42]。大衆動員型の政治において重要な位置を占めてくるのが農民という階級であり、農民という大衆を社会主義体制に動員しようとしたのがスターリン主義であった。前述したように、農民とは流動的で体制側にも反体制側にも付く。本書は、アクターを扱ったヴェーバーが試みなかった農民と政治体制の相互関係を描き出す。言わば、ヴェーバーが残した宿題を肩代わりしようというのである。

　さらに現代の国際社会においては、グローバル経済が拡張する中で、ネットワークを縦横無尽に張り巡らす周辺の農村からの抵抗は、実際起きているのであり、マンのソーシャル・パワーの考え方に近いものとなる。グローバリゼーションの中で生きている人達は、投資家やIT企業だけではない。むしろ周縁化され、虐げられた位置にある人々をも巻き込んだ世界であることを認識しなければならない。そしてバランディエのように、農村から国際社会の動向が見えてくることが、本書の理想なのである。では次に、国際政治に視野を広げ、国際社会にとって農民はどのようなアクターで、どのような位置付けにあるかを論じる。

# 第 3 節　国際秩序の中の農村共同体

　国際秩序とは、伝統的農村共同体に新たな価値観と制度を持ち込み、破壊と混乱、そして再編をもたらす。農民は、こういった外部勢力にどのように対峙しているのか。国際社会に対して反逆する農民を、秩序側はどのように制御しようとするのか。本節では、ひとつの社会階層が権力に与える影響を描く政治社会学を、国際政治の領域に展開してみる。

## 1　最周辺からの反逆

　農民は、国民国家の論理や市民社会の概念、経済の効率性に鑑みると非合理的であり、国際政治経済にも参加できない存在である。これは国際社会の中で最周辺にいるということである。

　従属論は、第三世界が資本主義体制の中でいかに不利な位置にいるかを描いたが、それでも合理性を秩序とみなした。ウォーラステイン（Immanuel M. Wallerstein）によると、世界近代システムは合理的な国民国家から成り立ち、国際社会はナショナリズムと国際主義、あるいは個別主義と普遍主義の間で葛藤を繰り返してきた。レーニン主義やウィルソン主義は普遍主義的、超国家的であり、合理的決定を下すことができた[43]。ウォーラステインは、国際経済の推移と国際政治権力の因果関係を説明し、それによると、国際社会は中心国、準中心国、周辺国に分類され、繁栄から停滞までの 50 年周期のコンドラチェフの循環を使って、中心国が新興準周辺国に覇権を譲り渡す歴史の覇権循環を理論化した。この覇権循環論では、国際社会の権力とは生産、流通、金融、そして軍事力である。中心国は主導権を握り、これを謳歌・独占しているが、準中心国にはその技能・方法が伝わり、元々開発力がある準中心国は中心国を凌ぐ力を持つようになる。つまり、覇権国が衰退し、旧政治経済システムが崩壊すると、新興国が前覇権システムを転覆させる力を備えるようになる。一方、

周辺国は国際秩序の中で情報も伝わらず、参加もできず、常に蚊帳の外に置かれることになってしまう[44]。ウォーラステインは、国際政治の権力構造を適確に説明したものの、周辺国については静的で、周辺国が国際社会でダイナミックな動きを見せる可能性を否定してしまう。これは現実を説明しているだろうか。

ウォーラステインは、国家開発のためロシアの土着的伝統を政策に取り入れたスターリン体制を「反秩序的、反システム的」とみなしている。土着の伝統は国民国家にはふさわしくなく、スターリンは世界システムからすると非合理的である。ウォーラステインは、1968年の五月革命の学生運動についても、フォークロアの価値観を求め、政権転覆を狙った狂気的で暴力的な運動と考えている[45]。トロツキー（Lev D. Trotskii）との権力闘争の結果、スターリンは一国社会主義論を打ち立てた。ソ連のような豊富な資源を有する国は、農民の支持を受ければ、他の先進工業国とは関係なく独自に社会主義革命を実践する能力があると考えた。マルクス・レーニン主義によると社会主義の実現は資本主義の発展がもたらす結果である。この古典的なマルクス・レーニン主義に反して、スターリンは国家開発を目標に掲げ、人々を動員する手段として社会主義体制を確立した。社会主義とナショナリズムが表裏一体となった国民国家の成立である[46]。そして農村共同体を国家建設と開発経済の基礎単位としたスターリン体制は開発モデルとして新興国に採用された。

しかしスターリン・モデルは、実は途上国の実情に適応できなかった。国際政治経済システムの中に取り込まれた農民の現実は、スターリンが想定するよりもはるかに複雑であった。植民地は帝国主義システムの一部であり、本国に一次産品を輸出していた。アフリカ新興諸国にとって独立当時、農業か鉱業しか経済発展の方法はなく、農民を使って財源を得るスターリン型一国社会主義体制は実用的なモデルに見えたが、一国社会主義論は自給自足体制である。現実問題として、発展途上国の農民は国際経済の底辺に位置付けられている。ガルトゥング（Johan Gultung）は、周辺国のエリートが中心国のエリートと繋がり、自らの富みを蓄積していると検証した[47]。貧しい国の農民が自分達の取り分もなく、豊かな国に輸出するために農業生産をするとは、矛盾した話である。これが構造的暴力であり、帝国主義、あるいは新帝国主義の変わらない構

造であると従属論者はいう。

　スターリン主義によって農村は国家体制に巻き込まれ、冷戦期には超大国を支える経済とナショナリズムの基盤として国際秩序に躍り出た。慣習や文化を存在意義とする農村が国際社会に登場してきてからは、秩序側にしてみると、こういった非合理で流動的な輩に苦慮するようになった。今日の国際社会の動向を理解する上で、国家を合理的なアクターとして追っていても実態は解明できない。宗教やアイデンティティー、伝統への回帰など自らの信条を狂信的に発揮する勢力を見なければ、何も理解していないことになってしまう。ホフマン（Stanley Hoffman）は、冷戦時代からのアメリカの地政学的政策の分析の甘さを指摘し、アクターの政治的動向を見なければ、国際政治の現象の複雑な原因を理解できないと主張している[48]。

　グローバリゼーションにおけるアメリカの外交政策について、ホフマンは「例外主義」とみなして批判している。例外主義とは、アメリカの価値観を守るために、「唯一の超大国」としての力の行使を認める立場をいう。それに対して、国際経済の潮流から脱落した人々がいる。こういった人々は共通の信条を持ち、グローバリゼーションによるネットワークに結集し、集団心理によって共通の敵に対する憎悪を増長させていく。さらには、この集団が暴力的になり、テロリズムを背後で支援することもあるし、犯罪を隠蔽する国家さえ存在している。世界経済の拡張だけではなく、このようなネガティブな局面をも持つグローバリゼーションの中で、ブッシュ（George W. Bush）政権は新例外主義を突き進んだとホフマンは論説している。冷戦時代からリアリズムはパワーを重視してきたが、ソ連との実際の対立を避ける状況判断力があった。ところが今日、アメリカはテロの質について何も検討せず、自らの価値基準で武力を行使している。暴力による政治的意思の表明が、排他的民族中心主義なのか、反体制運動なのか、自治を求めたものなのか。テロが起こっている国がどのような政治体制で、その国の政治文化をどのように反映しているかを洞察する力を備えていない。パワーの追求とバーチャルな敵性国家というイメージにしがみつき、国際状況と構造を理解し得ないでいる。結局ホフマンは、アメリカ一国では他国の体制変換も国家建設も達成できず、国連を中心とした国際的な協調の下で国際秩序を牽引していくしか、アメリカの外交政策の方向はないとの見解に達し

ている[49]。

　ネグリ（Antonio Negri）とハート（Michael Hardt）は、アメリカが主導権を
握る現在のグローバリゼーションの国際秩序を「帝国」と呼び、ネオ・リベラ
ル勢力が他国の経済システムの機能や決定権を奪う状況を示している。それは
19世紀の帝国主義とは異なり、暴力手段や貨幣、コミュニケーションを通じ
てのネットワークとして国境を超えて入り込み、現地特有の紛争の要因や経過
を容認せず、一方的且つ画一的に現地を統治する主権的権力である。こういっ
た帝国的権力に対して、国内外の境界を超えた自律的で再生構築できる市民社
会の連帯が顕著になってきている。これを「マルチチュード」と呼んでいる[50]。
ネグリとハートによると、この世界的市民社会の構成には農民も含まれ、さら
にはマルクスが度外視してきたルンペン・プロレタリアートも入る。従来の理
性的で資本主義経済を担う「市民」よりも、広い概念となっている。それ故、
アフリカの農民も理論上は世界市民社会に参加する余地がある。また、マルチ
チュードは領土を超えるポスト・モダンな資本主義であり、そのネットワーク
によって中心国と周辺国といった南北問題も解決したと述べている。ところが
実際には、農民は国際政治経済に参加できずに周縁化しており、格差の現状を
無視している。グローバリゼーションは相互依存の不均衡な発展・増長をもた
らしてはいないだろうか。

　本書は、周縁化された農民から民族中心主義が形成された構造と経緯を検証
しようとしているのである。世界システムを論じたウォーラステインにとって
民族問題は世界システムに反するものである[51]。ところが、なぜどのように民
族中心主義が台頭してきたかの説明がない。世界システム論は各国各地域の地
政学的特徴について説明していない。重要となるのは、民族中心主義の現象を
追うことではなく、民族中心主義の根源を知ることである。民族中心主義は国
民国家や国際秩序からすると、反システム、非合理的である。しかし、この無
秩序な民族中心主義者の研究を放棄すれば、我々はマルクスと同じ過ちを侵す
ことにならないか。農民は国際政治経済システムの中でいつも大国のエリート
に従属しているばかりではない。秩序に反するアクターを説明せずに、もはや
現実を追求するリアリズム足り得ない。

## 2　内政と国際政治の狭間から生まれるナショナリズム

　一介の農民の生活と国際社会の動向との因果関係など、これまでどのくらい考えられてきただろうか。国際政治の理論はその変遷において、農民というアクター分析にまで及ばなかった。その変遷を紹介して、批判を試みる。すると、農民が内政と外交の狭間で、国家によるナショナリズムにも組みせず、独自のサブ・ナショナリズム形成に走った理由を説明する理論と方法が改めて必要だと分かる。

　新興国家の独立、特に 1960 年代のアフリカ諸国の独立によって、アメリカでは新しい社会科学の方向性が模索されるようになった。イーストン（David Easton）の政治システム論によると、ある政治システムにそれぞれの社会勢力から政治的要請がもたらされると、このシステムの中で何らかの折衝や作用が起り、実施されるべき政策が抽出される。さらに社会環境の変化を受けて、新しい要求や利害としてそのシステムにフィードバックするという過程を描き出した [52]。このシステム・モデルは、どの国にも共通するような、政治機構の普遍的規範を提示するものであった。大嶽秀夫は、当時の新興国が伝統的システムから脱却する過程を、この政治システム論の環境・構造変化で説明できると考えている [53]。そしてアーモンド（Gabriel A. Almond）は、イーストンの政治システムの中身、即ちアクターの働きかけと政治構造との関係を明らかにし、いかなる社会も独自の構造と機構を持っていて機能しているのだから、それを比較することは可能であると考えた。アクターとして圧力団体や政党、議会などが挙げられるが、民主主義か全体主義かの国家体制下によって、その機能は変化してくる。そしてアーモンドは、政治発展に伴ってアクターの機能は分化・自立するようになると考えた。これが近代化である。アーモンドのこういった理論を構造的機能論という [54]。

　これらの理論は政治体制の変動を説明できる。イーストンの言うところの環境変化として、国際秩序や大国といった外部の政策転換が一国の政治体制変換をもたらす要因にもなる。国内のアクター、即ちアーモンドの言うところの機能構造が外圧に対応するのは、国際的動向と国内との相互関係による。筆者は

この機能に、農民が機能未分化の周縁化したアクターとして作用している事実を指摘する。では、国際社会の環境変化とは何か。

　国民国家の概念が変わり、主権国家としての厳格さや敷居の高さが揺らぎ始めている。国民国家の脆弱化に伴って、国際社会が国内問題に介入するようになった。これを国際政治の構造変化として説明したのが、リベラリズムの理論である。アメリカの国際政治理論は伝統的に、国民国家のみを国際社会の構成要素とするか、それともそれ以外のアクターをも認めるかで論争を展開してきた。前者がリアリズムであり、後者をリベラリズムという。前者は国家を整合された統一体として考え、アクターとしてはせいぜい外交エリートである。リベラリズムではコヘイン（Robert O. Keohane）が、1970年代のアラブ諸国の石油輸出機構（OPEC）への結束と共通政策に注目し、覇権国なしの国際フォーラムの可能性を描き出した[55]。またナイ（Joseph S. Nye）とともに、国家が経済力を追求するようになると軍事紛争を避け、経済発展のための環境作りを国家間で合理的に選択すると検証した[56]。その後、リベラリズムは人権や環境問題、安全保障といった国境を超えた問題を扱う国際機関や非政府組織（NGO）、市民社会をも国際社会を担うアクターとして認めている。かくして主権国家の国境は低くなり、一国内の政治的弾圧や人権問題などにも国際社会が介入する機会が増えてきた。

　国内の政治体制と国際秩序の動向、それに経済の動向について坂本義和は巧みに論じている。坂本は、経済体制を資本主義か社会主義、国内の体制を民主主義か権威主義、外交政策についてはナショナリズムになるか国際主義になるかの組み合わせで、各時代の国際政治の構造と国内政治との因果関係を解明している。例えば19世紀には、ヨーロッパ諸国は資本主義と民主主義、そしてナショナリズムの勢力均衡体制であったが、20世紀、資本主義・民主主義・ナショナリズムの西側陣営と、社会主義・権威主義・ナショナリズムの東側陣営との対立といった冷戦時代に移った。社会主義政権は独自の経済システムでは経済成長を実現できず、権威主義体制はシステム自体の瓦解に陥って失敗した。ソ連の崩壊と東欧の民主化について、民主主義と人権尊重の実施をナショナリズムではなく、国際主義への移行によって達成できたと坂本は論じる[57]。このように、国内社会の民主化や人権擁護の運動に国際社会の「介入」が関与

するという、今日の内政と国際政治の連動を描き出している。

　内政と国際政治の連動に関して、ナショナリズムが国の対外政策を決める大きな要因となる。ナショナリズムとは、国民国家の規範的・精神的基盤となる。国民が国家に帰属意識を持ち、熱烈な忠誠を表明することである。その成立の歴史的経緯は、必然的に国民国家の変遷と関連している。猪口邦子によると、フランス革命により主権が市民に移り、ナポレオンが既存の絶対王制と勢力均衡の国際秩序を壊し、市民が国を守る制度を敷いた。即ち国民皆兵により、国民国家とナショナリズムが合致した。国民の意思決定にはナショナリズムが反映されることを考慮しなければならなくなった。そして、ナショナリズムは対外的な排他性へと変化することがある[58]。領土と国民と国家機構、さらにはナショナリズムが一致している場合は国民国家が機能すると考えられている。しかし、新興諸国のナショナリズムはもっと複雑である。

　アンダーソン（Benedict Anderson）は発展途上国で形成されたナショナリズムについて述べている。有名な理論である「公定ナショナリズム」とは、王国や国家が行政用語や公用語の言語を統一する過程で、社会の末端の人々は「上」が作った「自分達意識」で統合されることを示す。また、帝国主義の体制下、植民地に区画された地域で独立運動をすることによって生まれた一体感、仲間意識が「植民地ナショナリズム」として形成された。これは植民地以前の土着のものではなく、民衆によるナショナリズムではないという[59]。いわゆるナショナリズムは作られた「想像の共同体」である。国内政治体制を支える正統性、それを国家機構が自ら作っていく。いわゆる政治的宣伝（プロパガンダ）によって国民を統合しようとする。国民に国家への愛着を人工的に抱かせる手法である。しかし、国民国家を形成するだけの結束力がないと、国家ナショナリズムは分裂する。こうしたサブ・ナショナリズムの要因と台頭のプロセスについては、アフリカの歴史の考察によって解明されるので、第 3 章で具体的に示す。

　ここで理解すべきは、アフリカの農民が国家によるナショナリズムから離れ、独自の自治を求めていく過程があることである。そのサブ・ナショナリズムのほとばしりは、暴力的で排他的になり、これが地域の不安定化を招く。即ち、国境を超えて、共通の価値観や共通の敵を持った結束が起こり、国家を基盤に成立している国際社会に対して脅威になるのである。にもかかわらず、アメリ

カでは未だに国家論の政治学が主流ではないのか。国内政治と国際政治はアメリカのリアリズムが考えるよりも密接で複雑に絡み合っている。また、リベラリズムを単純に用いて、国際社会の構造変化をアクターが増えたと認識するだけでは、国家内部のアクターが国際秩序にどのように反応したかも、国家体制から漏れたアクターをどのように扱うかについても切り込めない。

　それでも、昨今の動向として社会学の要素を取り入れた国際政治理論が生まれた。いわゆるコンストラクティビズム、構成主義と言われる理論学派である。その代表的論者のウェント（Alexander Wendt）は、アメリカのネオ・リアリズムが冷戦の終焉とその構造的変化を説明できなかったことを批判した。ネオ・リアリズムの旗手、ウォルツ（Kenneth N. Waltz）がリアリズムに則って、主権国家の理性による国際秩序の維持を検証したが、それは静態的な説明にしかならず、結局は主権国家間の資源獲得紛争によるアナーキーな国際秩序しか描けなかった[60]。そこでウェントは、国際関係の要素としてアイデンティティーや知識、期待、国際規範などの主観的要素を加え、国家と、国家に関係する「エージェント」、そして国際社会との相互作用について考察し始めた。システムの中で各要素の因果関係が生み出す現象を解明するというのは、各国・各地域の内部変化と国際社会の連動を考慮しており、地域研究の特徴を出すアプローチとしても柔軟で、尚且つ動態的な国際秩序を説明できる[61]。

　しかし、パワーの考察が少ない。相互関係には権力が働く。国際秩序を受容せざるを得ない立場、大国に依存しなければならない国力のアフリカの説明には不足である。また、国家の「エージェント」止まりである。国家から乖離する社会集団については考察から抜け落ちてしまい、本書で解明したい農民と民族中心主義の因果関係は見えてこない。アメリカでは、相手国のサブ・ナショナリズムが及ぼす国際社会への脅威を分析する視点が欠如している。特に正規の軍服をまとわず、「日常」から湧いて出てくる「非合理的」な集団の攻撃に対して脆弱である。言うまでもないが、これはかつてのヴェトナム戦争で農村に潜伏したヴェトコンのゲリラ戦や、昨今のイラク戦争とアフガン戦争を念頭に述べている。

　結局、これまで論じてきた理論では、各国の構成要素によって政策アウトプットが異なるという一般原則や、国家ナショナリズムの在り方とその国の外交政

策を巡る国際秩序を論じたに過ぎない。サブ・ナショナリズムに依拠した政治的アクターになった農民に注目し、その国際社会への影響についての説明には至っていないのである。

## 3　アクターから見る方法論：占領軍と宣教師の方法を超えて

　国際秩序から乖離するアクターを考えるには、これまで批判してきたアメリカの国際政治理論のみならず、人類学・社会学的な視点に立ち返らないと説明できない。それにはフランスで培われた社会科学が参考となるであろう。そして、各国の内部構成、社会勢力やアクターが政治動向を左右することを検証するには、比較研究の方法が参考になるので、それを紹介し、本書の方法と定める。

　アメリカの一部の理論家が国家権力志向であり、覇権国としての視点に集約してしまうのはなぜか。アメリカは移民の国なので、様々な人種と文化が混在している現実を隠蔽しようと、国民統合が切実な問題であった。日本を代表するリアリスト、永井陽之助によると、修正主義ウィスコンシン学派のウィリアムズ（William A. Williams）の外交史観には、アメリカが土着的に抱える中西部農民のポピュリズムと急進的で内向きの閉鎖性が根付いており、外に繰り出してアメリカの価値を維持しなければならないという強迫観念に基づいているという。いわゆる偏狭な「赤狩り」もこれと表裏一体であり、国家当局は恐れ憎しみを煽り、国民に敵愾心を心理的に植え付けていった[62]。正統主義が冷戦時のアメリカの国益を国際政治のパワーバランスの中で現実主義的に読み解いたのに対して、修正主義とはヴェトナム戦争の挫折を受けて、アメリカの冷戦政策の矛盾を明らかにしようとした歴史学の学派である。アメリカは常に国民共通の「敵」を作って団結心、即ちナショナリズムを創造してきた。そして、豊かな土地を利用して経済発展した特異な条件にもかかわらず、アメリカの普遍性は他の国にも適応し得るとの幻想を抱いていった。矛盾してみえるが、孤立主義と外の敵に挑むフロンティア精神による膨張主義は表裏一体である。こうしてアメリカは内なる敵、即ち文化的多元性を「外在化」して隠蔽しようとした[63]。

　一方、フランスの社会科学は、相手国の内部に分け入り、根底から覆そうと

する対外政策とともに発展した。フランスの権力論は、現地の文化・生活その
ものを変化せしめ、フランスを支持する人々を文化と社会の底辺から形成して
いくことを意味した。そのため、フランスでは現地の社会グループの研究が徹
底的になされた。それは、アメリカから見れば非合理的で、無駄なコストがか
かることであった。アメリカは、相手国を従わせるには武力によって介入して、
政権を引きずりおろし、親米的政権にすげ替えればよいと考えた。これが冷戦
時代に行われたアメリカの対第三世界政策であった。西側勢力圏に取り込むた
め、たとえ人権を蹂躙する権威主義政権だろうと、反共を掲げる政権ならば経
済的にも軍事的にも支援した。実際には植民地にすることはなく、「手懐けて」
いただけである[64]。現地に住まず、根付かない手法で、国家の頭をすげ替えれ
ば事足りると考えるアメリカを「占領軍の方法論」と名付ける。

　フランスは植民地時代、「直接統治」という統治形態によって現地の社会を
刷新しようとした。フランスにとって自らの政治思想と社会システムは「普遍
的」で、それを広めることは世界にとって有益であると考えていたのである。
1789 年のフランス革命は市民社会の専制君主に対する勝利であり、市民が達
成した共和制は人々の意思を政策に体現する国家体制と考えた。フランスを含
むヨーロッパ諸国は 19 世紀、アジア・アフリカを植民地とし、現地の統治機
構や生産システム、そして文化をも変えて、その農産物を本国に輸出するシス
テムを作った。現地社会に深く分け入って、人々の価値観や生活習慣を変えさ
せたのはキリスト教の宣教師達である。キリスト教会は自給自足のために農業
を行い、家畜を飼い、さらに地域住民の保健衛生や福祉に貢献する知識の宝庫
であり、宣教師達は複数の学際的知識を持った専門家であった。アフリカにお
いて彼らは政治経済の知識は無論のこと、人類学、社会学、哲学、ときには文
学や芸術論などを用いて現地を分析した。宣教のためには現地の事情をよく調
べる必要があり、このような経緯から現地調査の方法と習慣が確立したと思わ
れる。

　筆者はフランスにて、アフリカについての民族や共同体を研究した社会科学
の多くの文献に取り組んだ。とりわけ農村を取り上げた研究も目立つ。それは
農村がアフリカの人々の生活と文化の基盤であって、拠り所となっていること
を知っているからである。農業は経済発展の基盤であり、農民は国家建設に重

要な要素となってくる。そして、アフリカには世界の潮流から取り残され、国際秩序に反逆する農村共同体が多く存在していることも知っている。しかし、問題の根源を見極めてはいるものの、それは決して相互交流ではない。フランスの植民地当局はアフリカから文化的影響を受け入れることは想定していなかった。自らの社会と文化の価値観を伝達するための現地理解に留まる。これを筆者は「宣教師の方法論」と呼ぶ。

　この「宣教師の方法論」は、アフリカにおいては民俗学や社会学、人類学、哲学、開発経済学、政治学として発展した。ここにその系譜を説明する。モース（Marcel Mauss）は民俗学として、呪術や供物についての人々の意識を概念化し、フランス語によって記述している。この異文化を認識する作業は、後のレヴィ＝ストロース（Claude Lévi-Strauss）の構造主義人類学に多大な影響を与えたと言われている。構造主義人類学とは、実存主義へのアンチ・テーゼとして、世の中は個々の存在が独立しているのではなく、関連する仕組みとして成立しているとの思想的立場に立っている。そしてアフリカのみならず、南米やアジアなどの生活様式を調査・記述していく中で、「野生」の概念を明らかにした。野生の概念によって、それまでの「暗黒大陸アフリカ」を克服し、ヨーロッパ文明の外に存在する異質な文化に研究対象として向き合うことができた[65]。つまり、「他者」として受け入れることができたのであった。宣教師の方法論は「野蛮」や「未開」「エキゾチズム」という「外」の世界をフランスの学問に引き寄せ、アフリカの特徴を描き出すのに有効となった。しかしそこには、あくまでフランスの基準が存在し、他者は他者のままであった。実際、フランス共和国には多文化共存はあり得ない。共和国の国民になるためにはフランスの普遍性を理解し、文明の言葉であるフランス語を話せなければならない。この基準は画一的に誰にでも「平等に」適用されるのであって、それ以外の信教の自由や他文化の実践は認めない。つまり、共和制と民主主義は両立しないのである。これが移民の文化的アイデンティティーを否定し、公立学校でのムスリム女性のスカーフを禁止する根拠となる。フランスの知識と文献が、果たしてアフリカの現実を検証しているか、あるいはフランスの価値基準で書かれたものかを批判して見極めなければならない。

　アメリカの国際政治理論は、国際社会の権力構造を描くのに依然として有効

である。しかしホフマンが指摘するように、秩序から逸脱するアクターを描けなかったのも事実であり、反逆する暴力集団が文化的信条に基づいて行動しているなら、人類学的・社会学的視点からその文化や社会組織を理解しようとするのは当然である。その際、フランスの植民地時代からの知識の集積は有効となる。

　そして、一定のアクターを比較して、研究対象の国の特徴を記述しようとする接近方法がある。そこには国際政治の影響も、国内のアクター間の力関係も、そして地域研究の要素も盛り込まれる。何よりもフランスの学際的だが、一方的記述に陥り易かったアフリカに関する知識の蓄積を実証的に検証する方法と言える。政治社会の単位は比較対象国の構成要素である社会勢力である[66]。新歴史制度論は、アクターの行為を観察するアメリカの行動主義の影響を受けており、利益団体が政策決定に参加する場としての制度やシステムではなく、アクターどうしの非公式な力の駆け引きに注目した。つまり、新歴史制度論は、政治構造の中で国家と社会を繋ぐ仲介的役割、利益団体を比較の対象とした。そして同じ構造、同じ目的の利益団体がなぜＡ国とＢ国では異なる結果をもたらすのかを考えるようになった。同質の社会勢力という説明変数をみつけることで、別の国で生じた異なる現象の要因を説明した。テレン（Kaseline Thelen）とステイモ（Sven Steinmo）は、このような方法を「クロス・ナショナル・スタディー」と呼んでいる[67]。

　さらに、アクターの作用による社会と政治の変容には、歴史的経緯があるはずである。ティリー（Charles Tilly）は、世界システムにおける国家や軍部、官僚体制、社会組織などを同質単位の説明変数とし、その構造や推移を歴史的に検証するのが有効であると考えている[68]。新興国家がヨーロッパと同じ歴史、同じ社会経済の発展プロセスを辿るとは考えられない。実際の新興諸国の状況は、先進国が想定しているよりも複雑で変化に富んでおり、発展途上国の政治社会の特異性を説明する歴史的視点が必要だった。そこで、アフリカに特有の農村を比較研究の対象となる単位に設定し、アフリカの国家の特徴、特に暴力と民族中心主義を解明しようとするのである。これが本書の研究方法である。

# 第 4 節　変容理論と地域研究

今日、欧米の大国から見て必ずしも合理性に則さない勢力がアフリカで生まれてきており、筆者が確立しようとしている政治社会学は、その発生要因を農村において検証する。農民というアクターの分析を通じて、行動主義やヴェーバー流の経験的アプローチ、政治変動の因果的推論、さらには国際秩序と国内政治の関係をも描こうとしている。

この節では、地域研究の方法を確立する。アフリカを説明するには、大国主導の秩序の考察が必要となる。アフリカが国際秩序を受容せざるを得ない立場に追い込まれ、大国に依存しなければならないのはどういった理由によるものなのか。これについては、植民地や帝国主義の歴史的考察が必要となり、発展途上国が国際経済秩序の中で従属的立場に追いやられる構造についても検討が必要になる。さらに、大国主導の国際政治として、冷戦史の考察も欠かせない。当然ながら、既存の理論から外れ、これを覆す現象がアフリカの農村に起こっている。なぜアフリカ特有の現象が起きたのかという問題設定に対して仮説を立てて、それを検証する。そしてその実証によって地域の特徴が抽出され、理論として構築されるのが、地域研究だと考える。

## 1　近代化と国家体制

発展途上国の今日的苦悩は、遡れば植民地時代に端を発している。植民地で何が起きたのか。19 世紀の産業革命以降、西欧列国は資本主義を確立し、投資先を海外に拡大して、さらに利潤を上げようとした。いわゆる帝国主義である。そして、現地の伝統的な価値観や文化様式は、資本主義の運営には弊害となった。アフリカで安価な労働力を調達するには、現地の伝統社会が持つ「しがらみ」を断たねばならなかった。そして、アフリカから農作物を組織的に本国に輸出するための制度と設備を現地に設置する必要があった。プランテー

ションや輸送インフラ、労働力の確保、そして宗主国に協力するように住民を養成する教育制度など、社会経済のしくみや法体系、生活様式にも近代化が持ち込まれた。

　ギアーツ（Clifford J. Geertz）は、インドネシア農民がオランダ農園企業の進出という危機的状況に対して、労働者であることと同時に伝統的共同体の構成員であることを両立させ、増加する労働人口の集約を高めたことを「農業インボリューション」と呼んだ。この過程で共同体において、生存のための相互扶助と「貧困の共有」といったモラルが共有された。また、仕事の割当てが新たになされ、土地所有関係や労働関係も複雑化したという。こうして農民層分解は共同体の柔軟さで回避できた[69]。これはアフリカの農村共同体の文化変容にも当てはまるだろうか。筆者は当てはまらないと考える。確かにアフリカにも近代化に対して自治的で柔軟な共同体は見られる。しかし、アフリカでは一般的にアジアに比べて共同体の人口密度が低く、水田稲作のような組織的農業もあまり見られない。本書で扱っているアフリカ共同体の文化変容は、国家から乖離して暴力的・排他的になっていく過程であり、そのダイナミズムはアジアとは異なる。その過程を植民地の歴史に見てみよう。

　植民地の壮大な試みには、商人の活動のみならず、それを国家が後押しする仕組みが働いた。ダービー（Philippe Durby）の帝国主義論は当時のヨーロッパ人のアフリカ進出を３つの側面から説明している[70]。即ち、武力と経済的利益、そして道徳である。商人達は西洋列強政府の後ろ盾によってアフリカの首長達と交渉をした。国家当局は商人を使って現地の権威者達に不平等な保護条約や通商条約を締結させ、自らの保護国とした。一方、企業は土地の収用権や開発権、貿易の非関税を獲得すると、労働力を集めて略奪型の農園運営を行った。現地から重労働への不満が出れば、本国政府に軍隊派遣を要請して反乱を蹴散らした。かくして、資本家の利潤追求と列強間の競争を勝ち抜きたい国家の戦略が一致した。また、植民地総督側は植民地で働く現地エリートの養成を望み、経済界としては現地の安価な労働力を必要としていた。近代的教育の導入が必要となり、それに携わったのはキリスト教宣教師達であった。キリスト教はヨーロッパの人々にとって普遍的な宗教であったが、市民革命を経て、人々の生活や精神に入り込む土壌を失っていた。未開で非文明的な人々に普遍的

な教えを普及させようと、宣教師達は教育者としてアフリカで布教活動をした。村に教会を建て、近代的医療の恩恵を村人に与えながら、人々を惹き付け、ミサや教室を開いた。一神教で、清廉と貞淑を説くキリスト教はアフリカの呪術や儀式を否定し、一夫多妻制を禁じ、裸体に装飾品をまとう伝統衣装ではなく、ヨーロッパ風のシャツとズボンを着用させた。宣教師達は道義的動機や使命感によってアフリカ農村に分け入ったのであるが、結果的に国家の植民地政策に加担した。ダービーの帝国主義 3 つの要素の利害が一致し、官民一体となって帝国主義を押し進める原動力となったことが分かる。しかし、合理的な経済拡張を狙った割には、熱に浮かされ、衝動的、矛盾に満ちた政策であったことが窺える。

　伝統的な共同体の機能を破壊した後、植民地行政は新たな社会制度を導入しなければならなかった。植民地行政には、いわゆる直接統治と間接統治がある。直接統治では、宗主国の言語とヨーロッパの近代市民の概念を教えた。現地に既存する統治形態を排し、ヨーロッパ近代国家の制度にそっくり入れ替えることを目的とした。典型はフランスであり、その他、ポルトガルやベルギーも直接統治だったと言われている。アフリカ人の中に行政を担う親仏エリートを作ろうとした。しかし、フランスの植民地政策には矛盾が見える。普遍的と思っていた市民の概念が、アフリカに対してはフランス・ナショナリズムの押しつけとして現れたからである。一方、間接統治は主にイギリスが採用したやり方であるが、伝統的支配層を植民地運営の実際の手足にしようとした。その際、「民族」という社会集団を創設し、任命された伝統的支配層が行政区画を取り仕切った。かくして、「民族」というアイデンティティーがレッテルのように貼られ[71]、近代化に触発されサブ・ナショナリズムに変容するのであるが、これも本書にとって重要な、アフリカの民族紛争の原因に関する問題提起であり、第 3 章に記述を預ける。

　植民地時代の弊害は、決して独立を達成して終わったわけではない。負の遺産として独立国家に影を落としている。それを払拭しようと権力を振りかざす国家の矛盾が見てとれる。サブ・ナショナリズムを統合し、国家ナショナリズムを作り上げるには、強権性が必要であり、それは先進国も致し方ないと考えていた[72]。思想の自由を許さず、民族アイデンティティーや表現の自由、特に

分離独立運動に弾圧を加えた。その間、憎しみと暴力によってどれほどの犠牲者を生んだことだろうか。アプター（David E. Apter）は、政治体制と近代化とがいかに関連性があるかを示し、近代化のための動員体制は、政府が行う強制と情報操作のバランスによって変動するものであるとした。社会が共有する集団意識や価値観を操作し、権威主義体制こそ国家の開発を達成するのに有効だと国民に思い込ませた。アプターは、非合理な決定をしたり、急激な体制変換をもたらさない限り、権威主義による動員こそ国民を動員する近代化の初期段階だと認めたのである[73]。しかし、次のように民主化過程を検証すると、権威主義体制とは実は脆弱な構造であったことが分かる。しかもアフリカ諸国の民主化過程には、農民の暴動と世界秩序の大きな転換が作用していた。

　ラテンアメリカの軍事政権からの民主化に直面して、リンス（Juan L. Linz）は権威主義体制を分類して説明した[74]。1970年代のラテンアメリカでは、超大国アメリカの脅威に対して社会主義政権が現れ、国内では大土地所有者から土地を収用し、工業化と中小農民への経済還元を政策とした。これが、いわゆる途上国の国民国家建設と近代化を強権的に計る権威主義体制、開発独裁の説明となった。リンスによると、権威主義には以下のような特徴が見られる。まず、イデオロギーよりもメンタリティーを重視するので、心理的で非合理な表現、プロパガンダを用いる。つまり、厳格な政治目的や政治信条ではなく、曖昧で環境の変化に応じて柔軟な解釈が可能であり、かつ心理的に恐怖心を煽って拘束・強制力を持つ。「大衆のため」とよく耳にするが、実は一部エリートだけを政治動員できればよく、大衆を非政治化、即ち政治的無関心にして追従させるのが目的である。反体制派が現れれば、これを打破して国家建設や経済開発に動員しようとするが、その方法は民主主義か全体主義かの、いずれかの方向性に収斂してしまう。そして、特徴的なのは「限定された多元主義」と言われるものである。それは、権力への接近方法や政治参加形態は支配者が決定してしまうものの、公認政党に付随する様々な社会運動、青年団や女性団体、労働者団体が存在する。また、検閲によって政権のプロパガンダしかできないものの、国営テレビや新聞などのメディアもある。「上」からの押しつけではあるが、全体主義のように一切の社会団体を禁じてはおらず、人々の不満を解消するガス抜き、あるいは体制維持の安全弁を確保している。後述するが、この「限ら

れた自由」がもう維持できなくなったとき、自由化と民主化要求の源となるのである。

　民主主義とは、国民の意思を政治に反映するという抽象的な意味である。実際の政治体制ではそれはいくらでも解釈可能で、社会主義もファシズムも民主主義だと自負している。「私有財産を認めず、プロレタリア社会を目指すのが国民の意思だ」というソ連[75]。あるいは「第一次大戦後の世界恐慌を乗り越えるために、国民は強力な国家体制を求めている」というナチス・ドイツ[76]。思想・価値体系、即ちイデオロギーや経済体制が自由主義か社会主義のいずれかを掲げていても、権威主義と全体主義の国家体制はあり得る[77]。全体主義では、ナチス・ドイツが行ったように行政権しか存在せず、国会も裁判所も解散させられる。政党も国家社会主義ドイツ労働者党（後にドイツ労働者党に改称）、いわゆるナチスしかなく、強力な行政権は総統（führer）と呼ばれるヒトラー（Adolf Hitler）とその取り巻き、SSやゲシュタポと呼ばれる特殊警察の暴力装置しかなかった。利益団体や反体制派、野党の活動は一切許さず、ゲシュタポが全部駆逐した。反体制派やユダヤ人、身障者、同性愛者など、国家に反逆する者として強制収容所に送って、労働の果てに拷問やガス室で大量虐殺した。ナチス・ドイツやスターリニズムを典型とする全体主義では、権威主義体制のような内部崩壊は歴史上、実証されていない。ナチスは、アメリカのノルマンディー上陸からソ連の独ソ不可侵条約の破棄により、外敵によって第二次世界大戦で敗退したのである。ソ連では、トロツキーの亡命・暗殺を機に、国内の反体制派を粛正し、スターリン体制はその死をもって終わったに過ぎない。

　権威主義体制についてのリンスの定義は、民主主義と全体主義の二元的な政治体制しか念頭になかった戦後の政治体制の概念を一新した。権力は腐敗し易く、権力の私物化や公私混同が起こり、国家の正統性は揺らぐ。これを防ぐため、共和制は立法・行政・司法の三権分立、競合と折衝をはかる政治体制であり、これを理論として確立したのが、『法の精神』のモンテスキュー（Charles-Louis de Secondat de Montesquieu）であった。そして共和制の下、自由経済と資本主義を推進するアクター、つまり歴史上は資本家ブルジョワジーや利益団体が国家や政府、政党に対して陳情や交渉をするようになった。しかしアフリカには、欧米で発展してきたこの政治的知識と経験を生かす土壌と政治文化が

なかった。では、どのような政治文化なのか。そしてなぜ権威主義体制を選択したのか。それは第3章に述べる。

## 2 大国の外圧：勢力均衡から冷戦、グローバリゼーションまで

　歴史上、大国の利害追求は、途上国の社会経済アクターの生活に影響を及ぼしてきた[78]。大国の利害に翻弄されるアフリカ農民の姿が浮かび上がってくる。19世紀、国民国家と世界秩序がヨーロッパだけでは収まらず、資本主義経済と植民地政策が世界を席巻したこともグローバルな国際政治の展開であった。さらに、ヨーロッパ秩序であった勢力均衡が二度の世界大戦によって崩壊し、米ソ対立の冷戦時代もまた、世界各国を巻き込んだ大きなうねりであった。そして、冷戦終焉後のグローバリゼーションにおいては、国家政策が一国だけでは完結せず、世界経済や安全保障の体制が別の国の社会変動に影響を与えるようになった。

　ヨーロッパで生まれた国民国家から成る国際秩序はヨーロッパ周辺国の反発から壊された。市民革命で絶対王政は終焉し、ヨーロッパで共有する外交上の均衡もナポレオン戦争により崩された。資本主義が牽引する対外政策、これによって同盟と協調が締結され、ヨーロッパの小国はその支配下に置かれた。それに対して、周辺国においてはナショナリズムが、大国支配への抵抗として形成されたのであった。1914年、東欧サラエボでオーストリア皇太子がセルビアのナショナリストによって暗殺されたことにより、同盟国が次々と参戦し、第一次世界大戦が勃発した。ヨーロッパが維持してきた勢力均衡はもはや通じなくなった[79]。

　第一次世界大戦は、職業軍人による戦闘行為のみではなく、一般市民をも戦車や飛行機などの最新兵器により殺戮に巻き込んだ。その惨状に対して、国際的な秩序の下に戦争の拡大防止と平和と安全を計ろうとした。それがヴェルサイユ体制であり、常設機関として国際連盟がスイスのジュネーヴに設立された。その立役者、アメリカ大統領ウィルソン（Thomas W. Wilson）は国際主義の平和原則を発表し、「民族自決」の原則を打ち出したが、これはパンドラの箱を開けてしまった。独立したいものはせよ、それは可能であると明言したの

だから、大国の委任統治下にある植民地も独立の機運を高めていった。国際連盟では加盟国の権限は平等であり、それは正当で合理的な設立趣旨のはずであったが、実際には大国にとっては自国の利害を反映した決議が否決されることもあった。故に国際連盟は、帝国主義諸国の利害が重視され反映される現実に対して、無防備で無邪気な集団的安全保障体制であり、大国は離脱していった。アメリカは、ウィルソンがこの提唱者であるにもかかわらず、上院の反対で加盟を見送った。折しも 1929 年、株価の暴落による世界恐慌が起きた。敗戦国ドイツは大幅な軍備縮小を強いられ、多額の戦後賠償金を抱え、ドイツ国民の困窮は激しかった[80]。その背景から事態打開の期待を得て台頭してきたのがヒトラー率いるナチスであり、全体主義体制を敷いた。1931 年の日本による満州国樹立や 1933 年のイタリアによるエチオピア侵略に、国際連盟は対応できず、日本とイタリアは脱退を表明した。国際連盟には、第二次世界大戦後の国際連合のような安全保障理事会の常任理事国規定がない。総会があるのみで、加盟国は皆平等一票しか持たなかった。国際連盟には、国連安保理常任理事国に認められている拒否権のように、大国が自らの利害を実現するために留まるだけの利点はなかった。

　第二次世界大戦時、ナチス・ドイツは、これまでヨーロッパが育んできた理性も共和制も打ち捨て、狂信的なナショナリズムを掲げて膨張主義を展開した。国会も司法権も廃止され、総統とその側近だけが強大な決定権を持つ体制だった。社会は煽動家とそれに右往左往する大衆が構成するようになった。デマゴーグのヒトラーや「現人神」と祀られた日本天皇を相手に世界大戦は展開した。ヨーロッパとアジアが戦場となり、戦火の傷跡を人々の生活と心に残した。一方、ヨーロッパの疲弊を前に、国内の破壊を免れたアメリカの戦略的目標はヨーロッパを超える大国になることだったが、そこに立ちはだかるのはソ連の存在であった[81]。冷戦はいつ始まったのか。第二次世界大戦後に始まったというのは、あまりに単純で唐突すぎる。アメリカは戦後のソ連との対立を予測して、アジアにおける戦後秩序の主導権を握ろうとした。こうして、ヤルタ会談においてソ連の対日戦を了承して日本の逃げ道を塞ぎ、広島・長崎への原爆投下に次いで、日本の占領を決行した[82]。

　冷戦時代、核兵器を所有する米ソ両超大国はお互いには戦ってはならなかっ

た。世界を二分した集団的自衛体制では、周辺諸国の不安定要素は超大国間の核戦争に繋がる脅威を潜在させており、それは最も避けなければならないことだった。超大国からの経済援助と軍事援助は、第三諸国の権威主義体制を維持温存させた。援助で現地勢力、あるいは現地の政権を手なずけ、反体制派が拡大・暴走しないように統治させていた。国内が自由主義と共産主義勢力に分裂している場合、米ソの援助が内戦を助長・拡大させた。冷戦下では、周辺国の政治的不安定が国際秩序の頂点にある米ソに影響を及ぼさない限り、その末端にある周辺国の国民がどんなに人権蹂躙に遭い、疲弊していようと、問題視しなかった。それでも実際には、1950 年の朝鮮戦争と 1966 年から 7 年に及ぶヴェトナム戦争で現地の共産勢力の維持か排除を巡って戦火を交えたのであった[83]。1970 年代のデタント時代、超大国どうしの衝突が回避できたことをいいことに、両国は世界各国の分捕り合戦に没頭する。アフリカは、現地で冷戦構造の対立が起こっても、米ソの核戦争に至ることのない冷戦の最周辺にあった。アフリカを舞台にいかに熾烈に利権争いをして民間人に犠牲が出ようと構わなかった。そして 1975 年、ポルトガル領から独立したアンゴラの内戦に米ソ、南アフリカ、中国、キューバまでが介入し、冷戦の「代理戦争」となった[84]。

　巨大な超大国の国家機構と原子爆弾の脅威によって突き動かされた冷戦秩序であったが、それでも冷戦は終焉した。この原因については、ゴルバチョフ (Mikhail S. Gorbachev) ソ連（当時）書記長の登場によるとか、チェルノブイリ原発事故にみるようにソ連経済そのものが危機的状況にあったためとか言われるが、冷戦崩壊はソ連内部の要因だけではなかった。冷戦がどのようにして終わったのかを考えると、多種多様なアクターの登場が重要となる。国境を越えて拡張する経済活動が人的交流を産み、情報圏と経済圏を造り、NGO や国際機関の発展を促したことも東西対立の緩和に寄与した。冷戦体制が各国の市民の自由な運動を制御している中、それでも市民は社会主義体制国家や冷戦秩序に対して反対運動を展開し、結局ベルリンの壁を壊したのだ[85]。そして、冷戦の終焉とアフリカ権威主義体制の崩壊には因果関係がある。大国の論理としては、途上国各国を囲い込み、味方につける必要がなくなった。国内の共産勢力を力で封じ込め、人権を蔑ろにしている権威主義体制を維持する利点はもはやなく、むしろ人権意識が世界的に高まる中、放置しておくべきではない。こ

れが当時のクリントン（William J. B. Clinton）米政権とミッテラン（François M. A. M. Mitterrand）仏政権の外交方針の転換であった[86]。冷戦の足かせが外れ、民主化が推進されるのであるから、世界はまるでバラ色の未来図のように描かれた。

　しかし、それは国際政治の実態として甘い見通しであった。事態はグローバリゼーションの猛威が途上国の農民を飲み込んで行った。その立役者となったのが、IMF と世銀であった。IMF は戦後、ブレトン・ウッズ体制の下、基軸通貨ドルの安定に努めてきた。米国が冷戦戦略上重要な地域に経済援助を流失しすぎると深刻なドル不足になり、1973 年に変動相場制導入に踏み切った。一方、世銀は加盟国の戦後の経済開発を目的として設立された。マーシャル・プランによって欧州諸国の経済が復興し、国際政治の「中心」の経済が軌道に乗るにつれ、その対象は開発途上国に移動してきた。1970 年代終わりの世界的不況に対して、先進国間では民間資本の移動により乗り切ることができた。巨額な資本の相互依存作用のおかげである。だが途上国の場合、先進国の資本逃避が招いた累積債務危機に自力では対処できなかった。つまり、相互依存は先進国間では機能しているが、途上国は未発達であり、拡大する世界市場のグローバリゼーションに合わせて途上国内部の経済構造を矯正する必要が出てきた[87]。アフリカ諸国に対する IMF・世銀の構造調整は、国際経済秩序である相互依存を背景にしている。相互依存とは、単に依存し合って勢力が均衡している状態ではない。鴨武彦は 1992 年の時点で、ヨーロッパ連合を例に次のように定義している。

　　「国々および国際社会における相互依存の量的特質（コミュニケーションの増大や貿易、金融、情報、人の交流の高まり）が新たに質的特質（統合に向けたルール・オブ・ゲームの変更や「共通の安全保障」、「囚人のジレンマ」からの脱却といった国際政治の枠組みの変更）に転化し発展するダイナミズムの政治過程[88]。」

　この定義によると、アクターの政治経済行為と国家、それに国際社会の意思決定が密接であり、縦横無尽の複雑な関与・介入を示唆する。しかし、鴨もこ

のダイナミズムは先進国しか機能していないことを認めている。

　貧弱な経済力だからアフリカは国際市場に参加できないというのは簡単である。問題は、それに対応するアクターの資質である。アフリカ諸国の農民には国際社会に参加できない理由がある。それは、歴史的変遷から形成され変容した農村社会が、国際経済秩序や大国に依存している国家と乖離しており、さらに情報不足や地理的条件でグローバリゼーションから取り残されるからである。社会と国家、国際社会の相互関与を確立しなければ、鴨が描き出した国際社会のダイナミズムは獲得できない。IMF・世銀の構造調整は、相互依存に参加できる社会が成熟する前に市場原理をアフリカに持ち込んだ。スティグリッツ (Joseph E. Stiglitz) は、途上国において市場の自由化や産業構造の民営化、金融の解放を、競争力もセーフティネットもないのに進めた IMF の失敗であったと痛烈に批判している。IMF の幹部はアメリカ財務省と強いコネクションがあり、決議に対する拒否権はアメリカしか持たず、実はアメリカ金融界の保護のために働いているという。そこには自由市場の絶対化のドグマ的妄想があり、各国の経済構造の問題の根源には切り込んでいけず、国内産業の育成の発想もなかった。例えば、モロッコ政府が進めたひな鳥事業も「大きな政府」と非難され、ウガンダでの無料の学校建設には有料化の要請がなされ、就学率の悪化を招いた。また、金融市場を解放すれば、多様な融資が補完的に地元の中小規模の業種にも及ぶとの見通しは甘く、実際は見返りの見込めない中小農民などに融資する外資はなかった。この隙間に地元マフィアが暗躍し、現地の人々の自信喪失と地域社会の破壊、犯罪の増加など、貧困の悪循環にも IMF はナイーヴで、農地改革や金融規制など、社会の現実に対して政府の経済政策が妥当かどうかも検討できなかった[89]。要するに、先進国経済しか知らない、ワシントンでビシッと背広を着た人々が固定観念でしか考えられなかったということだ。

　自由主義経済の秩序が世界各国に影響を及ぼすことで派生した、国境を越えた多様な人々の動きこそ、グローバリゼーションという国際政治の構造である。その末端にいる農民の不満は国家に向けられた。彼らの不満を吸い上げて、IMF・世銀に従う政権に反対する野党勢力が政権転覆と体制変換を目論んだのが、アフリカの民主化の概要である。先に紹介したリンスによると、権威主

義体制では一党独裁の党が公認した青年団や婦人団体があり、メディアも検閲を受け、政権のプロパガンダしか認められていなかったが、存在していた。これが「限定された自由」であり、政権としては社会不満のガス抜きであり、国家開発動員に駆り立てる仕組みであった。しかし、構造調整のような危機的状況では、この自由が体制にとって牙を剥く諸刃の剣となった。民主化についてオドンネル（Guillermo O'donnell）とシュミッター（Philippe C. Schmitter）は、体制側は権力維持を計って民主化勢力におもねり、一部自由化を認めるが、こうなると表現の自由や報道の自由、そして政党選択の自由など他の要求を押さえることはできなくなるという。各勢力の動きは予測不能であり、体制転換の力学を理論化するのは難しい[90]。農民を中心とする大衆の不満と国家体制、そして世界秩序は連動している。しかし、この連動が一律ではなく、地域や各国の持つ社会背景や政治文化によって複雑な反応を示す。伝統から変容した農村共同体に忠誠心もなく、国家も正統性を失ったとき、アフリカの農民は何を身の置き所にするか。どんな団体や組織に生活と安全の保障を委ねるか。そこで登場するのが「民族」であった。しかも、紛争と暴力の拡大を助長するグローバリゼーションを背景に拡大した。

## 3　文化変容

　大国の外交政策や世界的な潮流の影響を受け、農村が植民地以前とは異なり、その構造も構成員の意識も変わってしまった。つまり、農村は「文化変容」を起こしている。文化とは、宗教や価値観だけではなく、その社会組織も農耕生産形態をも含む人間の生活全般を意味している。本書の政治社会学はこの構造の変化を探求することにより、アクターの暴力化と政治機構との因果関係を検証しようとするものである。
　1936年にアメリカで発表された「文化変容研究のための覚書」の定義を採用すると、文化変容とは「異なる文化をもつ集団が、持続的な直接接触を行って、いずれか一方または両方の集団の元の文化の型に変化を発生させる現象」である[91]。文化変容の考え方は、文化絶対主義に反して生まれた文化相対主義の理論である[92]。文化絶対主義では文化は個々に独立し、固定不変になってしまう。

そして、未開・野蛮といった文化に対する西洋の優越を裏打ちする理論となってしまった。しかし果たして、外部から孤立無援な社会集団など存在するのだろうか。文化が接触すれば、交流と反発が生じ、相互の社会構造に新たな動きをもたらす。これを動的力学、ダイナミズムと呼んでいる。アフリカの歴史には、この文化変容のダイナミズムを見出すことができる。平野健一郎は文化変容の過程を詳細にモデル化している[93]。まず、外来の文化が伝播すると、受け手集団は独自の価値基準で必要性や適合性を判断し、異質な文化を拒絶するか、黙殺、あるいは受け入れを選択する。しかし受容した後、環境破壊や生活様式の変化、さらには生業を奪われる危機に見舞われると、抵抗または再構成が行われる。既に定着しつつある外来文化を排除すれば社会的機能が空白になるので、これを埋め合わせようと過去の土着文化を持ち出すが、この段階に至っては機能不全が起きる。そこで新参の文化と伝統文化を再解釈して両者の新しい適合関係が築き上げられ、文化的・社会的平衡をとろうとする。そして国粋主義対外交促進派、保守対革新の対立構造の中から国民国家としてのナショナリズムが形成される。

　外来文化とは多くの場合、植民地政策を展開したヨーロッパのことである。川田順造は「技術の文化」という下部構造は、社会制度や宗教、芸術、労働観といった「価値の文化」である上部構造の影響を受けていると考え、日本とフランス、アフリカの文明を比較して開発の意義について考察している。まず日本は「人間依存型」であり、人間の技巧しだいで器械の機能が発展する社会である。筆者は、文楽人形がこれを象徴していると考えている。フランスは「人間非依存型」であり、何ら特別な技能がなくとも、スイッチひとつで誰でも易々と電気が付けられるような経済と社会のシステム。これこそが規格化や工業化の競争を生み、権力が統制する画一的な社会である。そしてアフリカは「状況活用型」であり、そこに木の棒が落ちているから使うというように、技術を開発することよりも、人間が自然環境に応じて肉体能力を駆使することを重視する社会だと説明する[94]。川田は、西欧文化を開発の目標とみなし、絶対化・普遍化する考え方に警鐘を鳴らしている。経済の発展、開発とは人間の生活にとってどれほど重要で、果たして福祉をもたらすのか。人間の政治経済の世界はこのひとつの価値観しか通用しない偏狭なものなのか。なぜヨーロッパの社会経

済制度は強力なのか。これに政治学的に答えるならば、西洋文明は権力を生むからである。多くの富を蓄積し、巨大な生産体制を備えた資本主義経済と、国民国家の拡大・膨張は権力を生む構造を持っていた。

　植民地はアフリカ農村に生産形態の変化をもたらした。農民が栽培するのは、もはや自給自足のためでも、家族や村のためのものでもなくなった。アフリカ各地では農産物は全て宗主国に輸出するために作られた。現セネガル領では主にミレットを作っていたが、畑はピーナッツ畑に変わった。ギニアに当たる地域ではバナナのプランテーションが行われた。プランテーションのためには土地の買収がなされ、土地はもはや農村共同体のものではなくなった。

　次に新たな社会階層の出現である。元来、アフリカ農村には個人による土地所有の概念はなく、共同体の境界線は「先祖伝来の土地」という曖昧なものであった。ところが植民地以降、土地の売買が行われ、奴隷も土地を所有できるようになった[95]。一夫多妻制はキリスト教の布教によって減少し、相続方法も変わった。各地から賃金で雇われた労働者が都市に移住させられた。出稼ぎ者は都市で各地の出身者と出会い、ヨーロッパ流の生活スタイルを身につけた。ところが、氏族・血縁のいる農村共同体への執着は強く、祖国の独立後、出身地に戻ることが多く、ヨーロッパの生活習慣を地方にも流布させた。かくして、近代化という現象がいかに競争原理を生んだことか。「他者」よりも金銭的に豊かになり、「他者」を服従せしめたいとの欲求を生み、それを実現するために熾烈な権力争いを招くのが分かるであろう。それは近代化で変容した農村を舞台に起こっている。植民地教育によって近代化を生き残るエリートと、近代化から脱落していく大衆、特に農民との格差は社会問題とともに、国家建設にとって大きな障害となっていった。

　アフリカでは、ヨーロッパから持ち込まれた近代的制度が機能不全を起こし、改ざんされたと考えられる。植民地体制下、近代化と国民国家をアフリカに一方的に導入したが、結果的には反植民地ナショナリズムが新たに創造された。ヨーロッパの列強は、本国と一体となったナショナリズム、即ちヨーロッパのナショナリズムを植え付けようとした。しかし実際、現地アフリカからは予想に反した反応が出てきてしまった。独立直後のアフリカ諸国は分裂要素、即ちサブ・ナショナリズムを内包しており、国民国家を指導していくリーダー達は

自らの地位の維持とともに、紛争や内戦を避けるために、権威主義的な国家体制を必要とした。国民国家建設のため、経済発展が不可欠となり、その際、アフリカで財源となったのは、植民地が残したモノカルチャーの農業しかなかった。経済政策の大義として、旧宗主国への依存からの脱却を掲げ、ナショナリズムの高揚と政権の安定化を目的とした。労働を国民、特に農民に強いて経済発展を達成しようとする権威主義体制、これは開発独裁の一種である。アフリカの場合、農村共同体の伝統文化の再解釈は権威主義体制の下、開発政策に反映された。このような歴史的変遷を経て、文化変容は農村共同体の中に現れたと考えている。近代化、即ち資本主義経済下でのブルジョワジーとプロレタリアの対立を軸に社会体制の変動を説いたのがマルクスである。しかし、マルクスが想定したように資本主義が絶頂に達した国はなく、それぞれが土着の文化を持つ農民を抱えていたのである。農民の伝統的慣習や宗教観は合理的生産方法を好む近代化とは相容れないものであった[96]。普遍的と言われた社会主義でさえ、伝統的農村共同体を基盤としたものとして「土着化」してしまう現象は、次章のマダガスカルでその典型が見られる。

　ヨーロッパとは異なる解釈、「改ざん」や「土着化」が起こるのは、アフリカ側にそのような反応をする土壌や環境が農村にあったということである。この環境を政治文化と呼ぶ。パイ（Lucien W. Pye）によると、政治文化は内と外の社会間の折衝過程で形成され、構成員が世代間で伝えて共有する共同体の歴史的記憶である。それは社会集団のみならず、そこに所属する個人の行動を決定づける要素となる[97]。共同体の人々の記憶に残っている近代化以前の文化的価値観や環境が国民国家や企業などの近代組織の運営に影響を及ぼし、政治意識や世論形成を導くのである。また、ルーラン（Nobert Rouland）は法人類学の立場から、伝統に基づく慣習法と近代法の二重の法体系を文化変容の結果であるとしている。アフリカのような伝統社会は集団間の多様な関係や依存し合う機能、不可視の価値観・神秘性など、複数のロジックから法が成立し、人々は正義の象徴への愛着や社会の秩序を重視して、あるいは罰を恐れてこれに従う。ヨーロッパ発祥の近代法が社会に均一に執行されるのに対して、伝統法は近代化で変容する社会に、従来のように柔軟かつ多様に対応しようとしたが、国家法として社会を統制できる権限は擁しなかった[98]。

　そして、近代化はなぜ民族の再編をもたらすのか。筆者は、社会階級の形成と民族問題は連動していると考える。社会階級間の力関係の変化や格差が、民族を巡る政治現象に転嫁していく過程がある。近代化の中で、国民国家は文化共同体エトニをネイションに引き上げ、その構成員を階級横断的な「市民」に変えた。スミスによると、この国家システムにおいて経済発展が行政制度の下で管理され、専門家が教育制度によって養成されるようになり、革命的な刷新が行われた。国家権力が及ぶ領域が画定し、中央集権的な体制は構成員たる国民に、国家成立を支持する意識を統一的に持つように強要した。その近代化過程で、国家権力が中流階級を取り込んだり、農民民衆の文化をナショナリズムで抑制したり動員した結果、エトニは矛盾し歪んだ融合体に変容した。国民はもはやエトニの単なる文化共有者ではなく、ナショナルな政治意思を表現するアクターとなった。エトニはネイションに取り込まれ、転化し、ネイションは大衆を動員できるほど包括的になった[99]。

　近代化の歴史を見て明白なように、アフリカ内部では従来の伝統的身分ではない新しい社会集団が生まれ、暴力的で熾烈な利害競争をするようになった。前に引用したバランディエが説明していたように、文化の接触により内と外の社会・政治構造を変革するダイナミズムが生じたことになる。このような内と外の相互関係を、バランディエは「統合的社会（société globale）」と名付けている[100]。統合的社会のダイナミズムの中、再解釈された文化の中から編成された新しい社会集団、それが「民族」であり、植民地以前の民族意識と異なり排他的で暴力的な「民族」が形成された。筆者は、権力構造や市場経済が持ち込まれたアフリカの社会と政治環境の変容に暴力性の根源を見つけようとしている。現象だけを追うのではなく、原因を見つけなければ、アフリカの紛争防止の糸口は見出せず、野蛮なアフリカという偏見をはびこらせるだけである。一方、破壊と喪失の歴史の中から這い上がってくる人々は必ず現れる。利害と権力闘争に煽られず、「民族」を口実に暴力と紛争を起こすことに冷ややかな人々。第 2 章で記述するマダガスカルにはそういった人々が登場するが、第 3 章では、ルワンダを例に民族紛争に至った条件について考察している。民族紛争の原因と展開を説くには、やはりアクター分析の政治社会学の接近方法でなければ得られないと考える。

　第 1 章をまとめ、次章のマダガスカルの記述への道筋を示唆する。

　人類学や社会学の視点では、農村は独自の規則を作り、自治的で自己完結的な組織であった。しかし政治学の分野では、国家体制においても国際政治の中でも、資本主義経済システムに適合した合理的な選択のできない社会組織であった。しかも、導入された近代化の中で農村のあり方は伝統との狭間で変容してきている。

　今日、国際社会の動向と国家体制、その体制下の人々の生活とは非常に密接になっている。国際秩序や国民国家から見て、農村が非合理で矛盾に満ちた政治的決断をしていても、それは歴史的変容から生じた存在理由であった。権力を持つ者とそれに従う者、この関係は不変ではない。支配・被支配の関係は、民主的な制度がない場合、暴動や革命によって覆る。反体制勢力は社会の不満を権力掌握に利用しようとする。人々の社会的不満が形成される農村は反体制の基盤になり、反社会的な暴力集団に変わる潜在性を備えている。生き残りをかけた悲鳴とも言える。

　社会科学の研究者として、アフリカ研究者として、暴力がはびこる原因を解明しなければならないと自負する。暴力とは、突然起こることでも、一過性でもない。民族紛争が苛烈になったのは 1990 年以降であるが、それ以前はどのように潜伏していたのか。どのように社会的不満が形成されていったのか。民族の概念は歴史的な構造に取り込まれたのであり、その政治文化は綿々と形成されてきたのである。第 2 章において、それが成立した歴史的条件をマダガスカルの農村に見つけようと思う。

**【注】**

1　Edward B. Tylor, *Primitive Culture*, 2 vols, 1871. による定義。平野（2000 年）p.7 引用。
2　スミス（1999 年）。
3　ベルウッド（Peter Bellwood）は、狩猟採集から農耕文明に移行した原因として、気象の安定や人口過密によるストレス、伝播の仕方、現地文化の選択などを挙げている。ベルウッドは、農業社会から狩猟採集に戻れない不可逆性を強調している。ベルウッド（2008

年）。

4　川田（1999 年）pp.8-10。

5　Cloke & Little (1997).

6　旗田（1995 年）。

7　Clark (1968).

8　ヘイゲンも、農民による伝統社会に慣習と説明のつかない精神性、相互扶助の文化を認めている。また近代化の中で、農民は自給自足のための土地を失い、侵略者や支配層である貴族が国家のエリートや官僚に変容することを記述している。Hagen（1962）.

9　農村経済学によると、農業には近代化されたものと、慣習的なものに分類される。本文に描いた状況は後者に相当する。前者は組織化や商品化（付加価値の創出も含む）、分配のシステムが確立しているのに対して、後者は家族規模と自給自足が特徴である。荏開津（2008 年）pp.157-162、参照。

10　Cox (1987).

11　チャップリン（Charles S. Chaplin）は『モダン・タイムズ』において、人間が車輪の一部になるようなベルトコンベアーの流れ作業を資本主義の分業体制として風刺した。このような非人間的な生産体系はもう終わったということなのか。『モダン・タイムズ』は1936 年、アメリカ映画。チャップリン本人による主演・監督・製作・脚本・作曲。

12　ヒデーン（Göran Hydén）は、アフリカ農民には「情けの経済」と呼ぶべき、周囲に気を使って行動するモラルがあり、それをアフリカ農民の合理性と見なしている。Hydèn (1987).しかし、ヒデーンはアフリカ農業が近代化せず、農民がいわゆる「市民」に脱皮できないことに徒労感を覚えている。第 3 章、p.188。

13　『薔薇の名前』には、エーコの現象学の知的な仕掛けや、小説的演出が加わってはいるものの、当時の神学論争や清貧論争、異端審問、農民とキリスト教会との関係などの時代背景が描かれている。また、『猫の大虐殺』は 18 世紀フランスの印刷工による猫の大量死の事件を扱ったものであるが、印刷工は中世以来のギルド制が残る中、近代化に飲み込まれ、労働者にさせられた鬱屈が著されている。そして、中世から遺る民話についての記述では、農民のタブーや恐れ、陰湿性が指摘されているのも興味深い。エーコ（1990 年）、ダーントン（1990 年）。

14　Braudel (1986).

15　福田（1988 年）、川崎・杉田（2006 年）、参照。

16　ルソー（1988 年）。

17　モリス（1998 年）、第 1 章のイギリス人によるフランス革命批判を参照。モリスは第 9章にて、James F. Hollfield and George Ross (eds.) *Searching for the New France*, London, Routledge, 1991, p.281. を引用して、フランスでは市民政治が他のポスト産業国より弱いとの見解を展開。

18　遅塚忠躬はルフェーヴル（Georges Lefèvre, *Études sur la Révolution française*, Paris, 1954.）の「下から」の視点、社会階層の相互関係の視点を参照して、フランス革命の内部構造を貴族とブルジョワジー、民衆、農民のそれぞれの革命の複合体として描いている。当時、農業が都市を支える経済構造であって、貧農への重圧が著しかった実態も描いている。ブルジョワジー、特に山岳派は革命の遂行のために農民と組んだり、農民の前近代性

を切り捨てたりと戦略的かつ狡猾に動いている。しかし、中小農民が革命の法改正で土地財産が保障されると保守化し、貧農を切り捨てて革命に無関心になると、山岳派は農民を革命に動員する存在意義を失ったと指摘している。井上（1986 年）第 5 章「市民革命の成立」2.「革命の内部構造」pp.283-320 参照。

19 Dahl (1971).

20 シュミッター（Philippe C. Schmitter）は、経済システムにおける圧力団体の実力の格差を根拠に、ポリアーキーの政治参加の限界とアクターの多様性の限界を指摘するのであった。Schmitter（1974）.

21 Morris (1979). 参照。また、リカード（David Ricard）は、農業は工業に比べて土地の肥沃さに制約されるので、その生産性は逓減を免れないとした。やがて地代が上がると食糧価格が上昇、するとそれを買う労働者の賃金も増加せざるを得なくなる。リカードは産業革命時代のイギリスをモデルに農業から工業化が起こる過程を説明したのであるが、経済停滞に陥る宿命を乗り越えることができたのは、イギリスの工業力と帝国主義的な海外進出の特異性のおかげであり、途上国がそれに至るのは難しい。速水・神門（2009 年）pp.39-42 参照。

22 Marx（2001）,p.242. 速水佑次郎と神門善久は、マルクスの理論では、植民地からの供給に基づいた資本家大土地農営のイギリスの発展を扱っているのであり、無産者が農業労働者に転身できない途上国の状況を説明できないと指摘している。マルクス以後、マルクス経済学者は農民層分解を扱うことになるが、農業について既に説明しているとする正統派と、農業についてもっと言及すべきとの修正派で論争を生んだ。速水・神門（2009 年）pp.42-45 参照。

23 Gramsci (1991) ,p.306.

24 グラムシ（1999 年）p.118。

25 同上、pp.124-25。

26 レーニンは、国家は死滅すべきであるが、その前にプロレタリアート革命を実施するための暴力と独裁を認め、次のように述べている。「プロレタリアートには、国家権力、すなわち、中央集権的な権力組織、暴力組織が必要である――搾取者の反抗を鎮圧するためにも、社会主義経済を「組織」するうえで、膨大な住民大衆、すなわち農民、小ブルジョワジー、半プロレタリアを指導するためにも必要である。」日本共産党中央委員会レーニン選集編集委員会、8 巻、p.26。

27 溪内（1973 年）pp.191-94、pp.206-207。イギリスの特派員ミトラニィによると、ドイツ・ファシズムも社会主義東欧諸国も国内の農民を取り込むことに苦心していた。マルクス主義者達は、封建制と近代化の間で起こる農民の階級分化について認識はしているものの、マルクスが考えたようには農民はプロレタリアート化しなかった。ミトラニィは、最も農民の非従順性を厄介な存在と考えていたのがレーニンだと指摘している。ミトラニィ（1956 年）。

28 前掲、溪内、pp.226-241。

29 1949 年 7 月 1 日、毛沢東による人民民主主義独裁についての論文。日本国際問題研究所中国部会『中国共産党史資料集 1970-75』第 2 巻、勁草書房、pp.524-527, 531、毛利・国分（1994 年）引用 pp.31-32。

30　同上、p.240。

31　農民を含む男子普通選挙は、フランス 2 月革命後の 1848 年、イギリスで 1918 年、ド
　　イツで 1919 年。女性の普通選挙は、アメリカ 1920 年、イギリス 1928 年、フランスと日
　　本で 1945 年。

32　内田その他編（1992 年）p.293。平野（2000 年）。

33　綿貫（1973 年）、ボットモア（1982 年）、参照。

34　ヴェーバー（1980 年）。

35　1969 年、アメリカ政治学会会長だった D. イーストンは、脱行動主義革命を宣言した。

36　ロス（Guenther Roth）による論評参照。Weber (1978), pp. XXXV-XXXVI. "After 1903
　　Weber clarified his methodological position toward the cultural and social sciences
　　in half a dozen essays（…）The construction of such trans-epochal and trans-cultural
　　types（…）makes sociological theory historically comparative. In this way sociological
　　theory provides the researcher with the dimensional concepts and empirical types that
　　are prerequisites for the kind of comparative mental experiment and imaginative ex-
　　trapolation without which causal explanation is impossible in history."
　　「1903 年以降、ヴェーバーは 12 の論文のうち半分で、人文社会科学における自らの方法
　　論的立場を明らかにしている。（中略）このような時代を超え、文化を超えたアプローチは、
　　（中略）歴史的比較研究の社会学理論を構築する。こうして、社会学理論は研究者に幅広
　　いコンセプトと経験的類型を提供する。これらは知的な比較実験と想像力に富んだ推定に
　　不可欠であり、比較実験と推定がなければ、因果関係の歴史的説明はできないのである。」

37　マン（2002・2005 年）。

38　同上 p.21, 25, 27。

39　Balandier (1995).

40　バランディエ（1995 年）pp.142-147。

41　牧野（1993 年）pp.1-4。ところで、恐怖政治の下、政権に動員され、政権を支持して
　　しまう大衆の社会心理について、バーリン（Isaiah Berlin）は「積極的自由」の概念を用
　　いて、権力への服従を合理的に自己決定することを説明した。支配と抑圧を正統化する行
　　為である。一方、「消極的自由」は権力からの自由と追従を示す。

42　ビーサム（1988 年）第一章。

43　Walerstein I., (1994), pp.10-11.

44　Id., (1974, 1980, 1989).

45　Ibid., (1994), p.90

46　前掲、溪内（1973 年）pp.226-241.

47　ガルトゥング（1991 年）。

48　Hoffman (2006).

49　Ibid.

50　ネグリ、ハート（2003 年）。同（2005 年）。

51　Ibid., Walerstein, (1994), pp.8-11.

52　Easton (1971) & (1979).

53　大嶽・鴨・曽根（1996 年）。

54 Almond (1978).

55 Keohane (1984).

56 Keohane & Nye (1977).

57 坂本（1994 年）。その他の複合モデルとして、資本主義だろうと社会主義だろうと、権威主義・ナショナリズムの新興諸国が世界的な開発不均衡を是正しようとしたことを挙げたり、資本主義・民主主義・国際主義の典型をウィルソン主義や今日のグローバリゼーションの矛盾に見つけたり、社会民主主義の北欧諸国による外交を社会主義・民主主義・国際主義と分析している。

58 猪口（1989 年）。

59 アンダーソン（1997 年）。

60 ウォルツは、各国内のユニット、エージェンシーの多様性は結局は均質化してしまい、独立変数であるユニットが、従属変数として変革を起こすという還元主義的方法論は信憑性がないと論じている。しかしそれでは、本書第 3 章で提起しているが、同じように「民族」が政治アクターとして台頭してきても、マダガスカルでは紛争に発展しなかったのに、ルワンダでは大量虐殺に至り、民族紛争が周辺地域に拡大した差異の説明ができない。ウォルツ（2010 年）。

61 Wendt (2003).

62 ケナン（George F. Kennan）は有名な X 論文（X, 1947.）にて、共産主義の拡張を病原菌の増幅に例えている。

63 永井（1978 年）p.62 に「いうまでもなくかれらは、移民からなる、人種・宗教・地域の多元的モザイク社会のなかで、『アメリカ的生活様式』という《強力な溶剤》（中略）を介してのみ、アメリカ人になりえたからである。この『アメリカ的生活様式』とよばれる近代アメリカの魅惑と成功は、時間と空間を平準化し、その段階や出身国、人種、文化背景のいかんを問わず、その時と所にある人間体験の相違点と独自性を消し去ることにあったからである。」とある。

64 ドウス（Peter Duus）はナショナリズム操作によって成り立つ「植民地なき帝国主義」を、ギャラハー（John Gallagher）とロビンソン（Ronald Robinson）は経済的な連携だけで成立する「非公式帝国」を提唱した。藤原帰一はこれらの帝国論をふまえて、アメリカの対外政策を「デモクラシーの帝国」と捉えている。冷戦後、圧倒的な軍事力を背景に国際規範を作り、民主主義の「正義」を大義名分として他国に介入する特殊性を検証している。その際、介入する現地に軍事基地のネットワークと「協力者」が必要だとも指摘している。藤原（2002 年）。また第 3 章、pp.166-174 にて冷戦構造がアフリカ権威主義を温存させた論拠を記述している。

65 『野生の思考』のレヴィ＝ストロースが登場すると、「未開」を文明に対して劣等とせず、実は社会には「熱い社会」（非文明）と「冷たい社会」（近代）の両者が混合しているとした。Lévi-Strauss (1962).

66 King, Keohane & Verba (1994), p.93.

67 Thelen & Steinmo (1992), p. 14. "So far, historical institutionalism has been especially helpful in illuminating cross-national differences and the persistence of patterns or policies over time within individual countries. Cross-national studies in the new

institutionalism tend toward the study of comparative (…); that is, they explain differ-
ent policy outcomes in different countries with reference to their respective (…) insti-
tutional configurations." 「これまで歴史的制度主義は、特にクロス・ナショナルな違いや
個々の国で時を超えて繰り返し起こるパターンや政策の現象に光を当てるのに有効であっ
た。新制度主義におけるクロス・ナショナル・スタディは比較研究に繋がる。つまり、様々
な制度的構造によって、他の国では異なる政策結果が生み出されたことを説明するのであ
る。」

68　Tilly (1984).

69　ギアーツ（2001 年）。

70　Darby (1987).

71　Iliffe (1979), p.318.

72　コルコ（Gabriel Kolko）によると、アメリカがアフリカ諸国に経済分野への国家介入
や独裁政権を特別に許したのは、資本主義を根付かせるのは他の第三諸国より難しいと考
えていたからである。（コルコ、1992 年、p.123.）また、ド・ゴール将軍はアフリカ独立
諸国をフランス共同体に組み入れる際、「フランスとアフリカの連帯の本質を変えること
なく、形式を変えるにすぎない。」と述べている。Charles de Gaulle, *Mémoires d'espoir, t.
I : Le Renouveau*, p.71.

73　Apter (1965), pp.362 & 390.

74　Linz (1975).

75　レーニンはソ連の民主主義について以下のように述べている。「（略）勤労者の前衛であ
る大工業プロレタリアートの、もっともすぐれた大衆組織がつくりだされていて、前衛は
この組織によって、もっとも広範な被搾取大衆を指導し、彼らを彼ら自身の経験によって
政治的に教育することができ、こうしてはじめて、住民が真にひとりのこらず管理するこ
とを学ぶための、また管理しはじめるための端緒がつくられることである。これが、ロシ
アで適用された民主主義の主要な特徴である。この民主主義は、より高度な型の民主主義
であり、民主主義のブルジョワ的湾曲と絶縁したものであり、社会主義的民主主義への、
国家が死滅しはじめることを可能にする条件への、移行である。」1918 年 3 〜 4 月に執筆。
1918 年 4 月 28 日付け『プラウダ』第 83 号および『イズヴェスチャ』第 85 号、モスク
ワ 1918 年刊の小冊子『ソヴィエト権力のトン面の任務』第 2 版テキストの印刷全集第 4
版 27 巻。前掲、日本共産党中央委員会レーニン選集編集委員会、9 巻 p.80。

76　リーフェンシュタール（Berta H. A. Riefenstahl）による 1933 年ナチス党大会の記録
映画『意思の勝利』の中に描かれているヒトラーの演説について、宮田光雄は以下のよう
に述べている。「演説の中でヒトラーは『命令をあたえるのは国家ではなく、われわれ［＝
ナチ党］である。なぜなら、この国家を創造したのは、われわれだからだ』と叫ぶ。党員
たちから沸き起こる大きな歓声には、《第三帝国》の構造的特異性があらわれている。ヒ
トラーは、このとき、ドイツ国民が神から与えられた使命を果たすべきことを説き、さら
に『今宵、誓いを立てようではないか。いずれのときにも、ただドイツと民族と帝国（ラ
イヒ）と偉大なわが国民のことのみを考えることを』と呼びかける。」宮田（2002 年）p.66。

77　通常、全体主義体制では反自由主義を掲げ、個人生活を体制と公の利益に従属させる
と考えられているが、イデオロギーと実際の政策は異なることがある。山口（1990 年）

pp.17-19 参照。例えば、1950 年代のキューバ、バティスタ（Fulgencio Batista y Zaldi-var）政権はアメリカ資本と結託した上での独裁であった。また、2001 年のアメリカ同時多発テロ事件後の自粛ムードと反イスラム主義、対テロ戦争を巡って国民は二分し、社会の中でも自由な意見を述べ合う風潮はなくなった。2011 年 1 月 2・8 日 NHK 衛生第 1 放送、「歴史学者 J・ダワーが語る "アメリカ　テロとの戦い"」参照。同番組では、全体主義という言葉は使っていないが、筆者は見ていて全体主義的社会の気運を見つけた。

78　フーコー（Michel Foucault）は現代の支配体系について、法制度だけではなく、市民が自ら権力に対して服従を示し、個人の生活や意識にまで支配が及ぶ実態を「生政治」の概念とした。国際政治社会学では、国際秩序や国民国家体制がアフリカの農民個人の生活に及ぶ実態を描く。

79　ジョル（1997 年）、参照。

80　その後 1932 年、ローザンヌ会議にて、戦後賠償の支払延期と 30 億金マルクの減額を決定。賠償問題は事実上、終了。

81　コルコは、アメリカはソ連と対抗するため、ヨーロッパの戦後復興を支えて第三諸国に対応する協力体制を築こうとしたが、結局、ヨーロッパの権益を切り崩し、多くの負担を背負っていったと描いている。前掲コルコ、pp.16-18。

82　五百籏頭（2005 年）、参照。

83　Gaddis (1982). Garthoff (1985).

84　第 3 章 pp.170-171 に詳細説明。

85　坂本（1990 年）、参照。

86　1990 年、ミッテラン大統領のラ・ボール宣言。2000 年、クリントン大統領のアフリカ歴訪の際の演説。

87　大野・大野（1993 年）、参照。

88　鴨（1990 年）p.113。

89　スティグリッツ（2002 年）。

90　O'donnell & Schmitter (1985).

91　Robert Redfield, Ralph Linton & Melvin Jean Herskovits, "Memorandum for the Study of Acculturation", *American Anthropologist*, 1936. 前掲、平野、p.55 引用。

92　代表的な文化人類学者として、ボアズ（Franz Boas）が挙げられる。また、マリノフスキー（Bronislaw K. Malinowski）は機能主義人類学として分類されるが、文化は諸機能が外部と相互関連して形成されると考えているので、文化相対主義に入れた。

93　平野は acculturation を文化触変と訳している。前掲、平野（2000 年）。

94　前掲、川田（1999 年）。

95　ギニアを事例にしているが、社会階層の変容については、Rivière (1978). を参照。

96　本章第 2 節「産業革命から社会主義まで」pp.31-38 を参照。

97　Pye (1985).

98　Rouland (1988).

99　前掲、スミス（1999 年）。農村の近代化に至る過程で発生するナショナリズムを議論するならば、なぜゲルナー（Ernest Gellner）を参照しないのかと言われたことがある。ゲルナーは、ナショナリズムと文化の関連性を指摘し、高度のエリート・ナショナリズムと

下位の農民ナショナリズム、換言すれば、国家とサブのナショナリズムの存在と併存を認めている。しかし、筆者にとってゲルナーの理論は、その現象を列挙しているだけにしか見えない。無論、ナショナリズムは所与のものでも絶対的なものでもなく、多くの単位があり、時代とともに変化・消滅するものとは言っているが、それは伝統的農村の中で、近代国家の圧力から変容して新たに湧いて出てくるダイナミズムではない。また筆者は、ゲルナーが否定しているナショナリズムの人為性と虚構性を主張しているのである。そして、高度なエリート文化が農民文化を利用してナショナリズムを作ると言ったり、国家の救済策の一環で農民が民族の単位になった例についても、農民が常に受け身的で賛成できない。国家が農村に介入すると、農民は反発するのであり、農民の底力を見誤っている。その点、ここで参照しているスミスや、この章の結論で重視するバランディエの方が動的で面白い。ゲルナー（2000年）。

100　Balandier (1971).

## 【参考文献】

Almond G . A. and Powell G. B., *Comparative politics:System, Process and Policy*, Boston, Glenview, 1978.

B. アンダーソン『想像の共同体：ナショナリズムの起源と流行』NTT 出版、1997 年。

Apter D. E., *The Politics of Modernization*, Chicago, University of Chicago Press, 1965.

Balandier G., *Sens et puissance, Paris*, Quadrige / PUF, 1971.（小関藤一郎訳『意味と力：社会動学論』法政大学出版、1995 年。）

Balandier G., *Anthropologie politique*, Paris, Quadrige / PUF, 1995.

D. ビーサム『マックス・ヴェーバーと近代政治理論』住谷一彦・小林純訳、未来社、1988 年。

P. ベルウッド『農耕起源の人類史』京都大学学術出版会、2008 年。

T. B. ボットモア『政治社会学入門』小川博也訳、新評論、1982 年。

Braudel F.,« Dans la mesure du possible, expliquer le divers » , *L'identité de la France 1: Espace et Histoire*, Paris, Arthaud-Flammarion, 1986.

Clark T. N., *Community Structure and Decision Making: comparative analyses*, Scranton Chandler Pub., 1968.

Cloke P. & Little, J., (eds.) *Contested Countryside Cultures: otherness, marginalization and rurality*, London & New York, Routledge, 1997.

Cox R. W., *Production, Power and World Order*, New York, Columbia University Press, 1987.

Dahl R. A., *Polyarchy*, New York, Yale University Press, 1971.

R. ダーントン『猫の大虐殺』海保真夫・鷲見洋一訳、岩波書店同時代ライブラリー、1990 年。

Darby Ph., *Three Faces of Imperialism: British and American Approaches to Asia and Africa 1870-1970*, New Haven and London, Yale University Press, 1987.

Easton D., "An approach to the Analysis of Political System" in *World Politics*, No.9, 1957, pp.383-400.

Easton D., *A System Analysis of Political Life*, New York, University of Chicago Press,

1979.

U. エーコ『薔薇の名前（上下）』河島英昭訳、東京創元社、1990 年。

荏開津典生『農業経済学』第 3 版、岩波書店、2008 年。

藤原帰一『デモクラシーの帝国：アメリカ・戦争・現代世界』、岩波新書、2002 年。

福田歓一『近代の政治思想：その現実的・理論的諸前提』岩波新書、1988 年。

Gaddis J. L., *Strategies of Containment: A critical Appraisal of Postwar American National Security Policy*, Oxford University Press, 1982.

J. ガルトゥング『構造的暴力と平和』高柳先男・塩屋保・酒井友実子訳、中央大学出版、1991 年。

Garthoff R. L., *Détente and Confrontation*, the Brookings Institution, 1985.

E. ゲルナー『民族とナショナリズム』加藤節監訳、岩波書店、2000 年。

C. ギアーツ『インボリューション：内に向かう発展』池本幸生訳、NTT 出版、2001 年。

Gramsci A., *Cahier de prison V*, traduit de l'italien par Claude Perrus et Pierre Laroche, Paris, Gallimard, 1991.

A. グラムシ『知識人と権力』上村忠男訳、みすず書房、1999 年。

Hagen E. E., *On the Theory of Social Change*, Homewood, Illinois, the Dorsey Press, Inc., 1962.

速水佑次郎・神門善久『農業経済論』新版、岩波書店、2009 年。

平野健一郎『国際文化論』東京大学出版会、2000 年。

Hoffman S., *Chaos and Violence : What Globalization, Failed States, and Terrorism Mean for U.S. Foreign Policy*, Rowman & Littlefield Publishers, INC., 2006.

旗田巍『中国村落と共同体理論』岩波書店、1995 年。

Hydèn G. "Capital Accumulation, Resource Distribution, and Governance in Kenya: the Role of the Economy of Affection", in Schatzberg M. G. (ed.), *Political Economy of Kenya*, New York, Praeger, 1987, pp.117-136.

井上幸治『フランス史』山川出版社、1986 年。

Iliffe J., *A Modern History of Tanganika*, Cambridge, Cambridge University Press, 1979.

五百旗頭真『日米戦争と戦後日本』講談社学術文庫、2005 年。

猪口邦子『戦争と平和』東京大学出版、1989 年。

J. ジョル、池田清訳『第一次世界大戦の起源』みすず書房、1997 年。

鴨　武彦『国際安全保障の構想』岩波書店、1990 年。

川田順造「いま、なぜ『開発と文化』なのか」川田順造、岩井克人、鴨武彦、恒川恵市、原洋之介、山内昌之『岩波講座開発と文化 1 いま、なぜ「開発と文化」なのか』岩波書店 1999 年、pp.1-57。

川崎修、杉田敦『現代政治理論』有斐閣、2006 年。

Keohane R. O. and Nye J. S., *Power and Interdependence: World Politics in Transition*, Little, Brown and Company, Boston and Toronto, 1977.

Keohane, R. O., *After Hegemony: Cooperation and Discord in the World Political Economy*, Princeton, N.J., Princeton University Press, 1984.

King G., Keohane R. O. and Verba S., *Designing Social Inquiry: Scientific Inference in Qualitative Research*, Princeton, Princeton University Press, 1994.

小林二男「文化大革命における偶像想像」吉田ゆり子・八尾師誠・千葉敏之編『画像史料論：世界史の読み方』東京外国語大学出版会、2014 年、pp.152-157.

G. コルコ『第三世界との対決：アメリカ対外戦略の論理と行動』岡崎栄郷訳、筑摩書房、1992 年。

Lévi-Strauss C., *La pensée sauvage*, Paris, Plon, 1962.（『野生の思考』大橋保夫訳、みすず書房、1976 年。）

Linz J., "Totalitarian and Authoritarian Regimes" in Greenstein F. and Polsby N. (eds.), *Macropolitics*, Vol.3 of the Handbook of Political Science, 1975, pp.175-411.（『全体主義体制と権威主義体制』睦月規子・黒川敬吾・村上智章・木原滋哉・高橋進訳、法律文化社、1995 年。）

牧野雅彦『ウェーバーの政治理論』日本評論社、1993 年。

M. マン『先史からヨーロッパ文明の形成へ』森本醇・君塚直隆訳、NTT 出版、2002 年。

M. マン『階級と国民国家の「長い 19 世紀」』上・下巻、森本醇・君塚直隆訳、NTT 出版、2005 年。

Marx K., *Les luttes de classes en France（1848-1850）/ Le 18 brumaire de Louis Bonaparte*, traduit par Léon Rémy et Jules Molitor,Paris,dition de La Table Ronde, 2001.

ミトラニィ『マルクスと農民：社会発展に関する前提の研究』的場徳造・斎藤一夫・深沢八郎訳、法政大学出版局、1956 年。

宮田光雄『ナチ・ドイツと言語：ヒトラー演説から民衆の悪夢まで』岩波新書、2002 年。

P. モリス『現代のフランス政治』土倉莞爾・増島健・今林直樹訳、晃洋書房、1998 年。

Morris R. J., *Class and Class Consciousness in the Industrial Revolution 1780-1850*, Macmillan Education, 1979.

毛里和子・国分良正『原典中国現代政治』第 1 巻「政治」岩波書店、1994 年。

永井陽之助『冷戦の起源』中央公論社、1978 年。

A. ネグリ、M. ハート『帝国：グローバル化の世界秩序とマルチチュードの可能性』水島一憲・酒井隆史・浜邦彦・吉田俊実訳、以文社、2003 年。

A. ネグリ、M. ハート『マルチチュード：帝国の時代と民主主義』上・下、幾島幸子訳、水島一憲・市田良彦監修、NHK ブックス、2005 年。

日本共産党中央委員会レーニン選集編集委員会編『レーニン 10 巻選集』大月書店、1969 〜 1972 年。

O'donnell G. & Schmitter Ph. C., *Political Life after Authoritarian Rule : tentative conclusions about uncertain transitions*,The Woodrow Wilson Center,1985.

大野健一・大野泉『IMF と世界銀行：内側からみた開発金融機関』日本評論社、1993 年。

大嶽秀夫・鴨武彦・曽根泰教『政治学』有斐閣、1996 年。

Pye L. W., *Asian Power and Politics : the cultural dimensions of authority*, London, Belknap press of Harvard university press, 1985.

Rivière C., *Classe et stratifications sociales en Afrique: le cas guinéen*, Paris, PUF, 1978.

Rouland N.,*Anthropologie juridique*,Paris,PUF,1988.

J-J. ルソー『社会契約論』桑原武夫・前川貞次郎訳、岩波文庫、1988 年。

坂本義和『地球時代の国際政治』岩波書店、1990 年。

坂本義和「世界政治の構造変動」坂本義和編『世界政治の構造変動 1 世界秩序』岩波書店、1994 年、pp.1-61。

Schmitter P. C., "Still the Century of Corporatism ?", *The Review of Politics*, Vol.36, 1974, pp.85-131.

A. D. スミス『ネイションとエスニシティ：歴史社会学的考察』巣山靖司・高城和義他訳、名古屋大学出版会、1999 年。

J. E. スティグリッツ『世界を不幸にしたグローバリズムの正体』鈴木主税訳、徳間書店、2002 年。

溪内謙『現代社会主義の省察』岩波書店、1973 年。

Thelen K. and Steinmo S., "Historical Institutionalism in Comparative Politics" in Steinmo S., Thelen K. and Longstreth F. (eds.), *Structuring Politics: Historical Institutionalism in Comparative Analysis*, Cambridge, Cambridge University Press, 1992, pp.1-32.

Tilly C., Big Structures, *Large Processes, Huge Comparisons*, New York, Russell Sage Foundation, 1984.

内田満・内山秀夫・河中二講・武者小路公秀編集『現代政治学の基礎知識』有斐閣ブック、1992 年。

山口定『政治体制』東京大学出版、1990 年。

Walerstein I., *The Modern World-System : Capitalist Agriculture and the Origins of the European World-Economy in the Sixteenth Century*, New York, Academic Press, 1974.

Walerstein I., *The Modern World-System II: Mercantilism and the Consolidation of the European World-Economy, 1600-1750*, New York, Academic Press, 1980.

Walerstein I., *The Modern World-System III: The Second Era of Great Expansion of the Capitalist World-Economy, 1730-1840s*, Sa Diego, Academic Press, 1989.

Walerstein I.,*Geopolitics and Geoculture: Essays on the Changing World-System*,Cambridge University Press / Éditions de la Maison des sciences de l'homme,1994.

K. ウォルツ『国際政治の理論』河野勝・岡垣知子訳、勁草書房、2010 年。(Waltz K, *Theory of International Politics*, Reading, Mass. : Addison-Wesley Pub. Co., 1979.)

綿貫譲治『政治社会学』社会学講座 7、東京大学出版会、1973 年。

Wendt A., *Social Theory of International Politics*, Cambridge Univ. Press, 2003.

Wever M., translated by Roth G.& Wittich C. (eds.), Economy and Society, Berkeley, University of California Press, 1978.

M. ヴェーバー『職業としての政治』岩波文庫、1980 年。

X (Kennan G. F.), "The sources of Soviet Conduct", *Foreign Affairs*, Vol.25, July 1947, pp.566-582.

# 第2章

# マダガスカル

首都郊外で出会った少女。何を訴えているのか（筆者撮影）。

　前章にて、農村という環境と農民というアクターの存在を、様々な角度で理論的に描き出した。第2章では、農村共同体の理論を踏まえて、マダガスカルで起こった社会・政治・文化の現象を紹介する。つまり、これは歴史的文献と現地調査を取りまとめた実証研究であり、第3章にてアフリカの民族紛争を巡る社会と国家、国際社会の関係を総括し、解説する上の事例となる。

# 第1節　変容以前

　第1章の最後に、文化変容の理論を紹介した。この節では変容する以前のマダガスカルの原形について述べる。地理や王制、そして植民地制度が入り込む以前の伝統的農村共同体の社会組織について記述する。

## 1　地理・概観・人種

　マダガスカルはインド洋に浮かぶ島である。第7の大陸と言われるほど広大な面積で、58万7041キロ平方メートルある。日本の約1.6倍に相当する。島国特有の自然環境により、貴重な動植物の宝庫である。

　約1億6000万年前、ジュラ紀後期の大陸移動により、ゴンドワナ大陸から切り離されたと考えられている[1]。筆者がしばしば調査に入り、本書でもよく登場する北西部のマジュンガから恐竜の化石が出土しており、筆者の長年の協力者である博物学研究者は、大陸と地続きであった証拠としている。火山活動もあり、温泉も出る。キツネザル研究が専門の日本人は、コブのあるゼブ牛とともに温泉につかったそうである。気持ち良さそうなような、却って汚れてしまうような、何ともユーモラスな場面である。

　大型恐竜時代の後、大型鳥類エピオルニスが繁殖したが、第三紀始新世以降の地層で化石が発見される絶滅種である。その後の哺乳類の進化過程は大陸とは異なり、多種のキツネザル類が繁殖した。一説では、数千年前に仮死状態で大陸から木の切り株に乗ってたどり着き、それが自然環境や食糧条件によって

進化して 79 種類に増えた[2]。類人猿に比べて表情に乏しく、時に鋭い金色の視線を向ける。日本の童謡に登場するアイアイはマダガスカルの固有種であるが、長いかぎ爪を持ち、童謡のようにかわいらしくはない。鋭い爪で巧みに固い木の実を食べる。また、島の南東部、フォールドファンには自然動物公園が広がり、様々なキツネザルを見ることができる。長い尾が輪切りの縞模様のワオキツネザル。朝方には体温を上げるため、朝日に向かって手を広げてお腹を向ける。顔が黒く、白い毛に包まれているベローシファカは地面を横っ跳びする。日本の電気製品を抱えた CM 映像で有名になった。西部の山岳地帯ではツィンギ・ド・ベマラハと呼ばれる険しい針山がある。雨水による浸食がもたらした石灰岩の不思議な造形である。草木も生えない針山だが、ベローシファカは怪我することなく飛び移る。そして地下にある水脈が育む小さな森で水を飲む。

　西部海岸のモロンダヴではバオバヴの街道が連なっている。世界の 8 種類のうち、マダガスカルには 6 種類ものバオバブが生息している。引っこ抜いて、根っ子を上にしたような形をしている。サン＝テグジュペリ（Antoine M. R. de Saint-Exupéry）の『星の王子様』にも登場する[3]。オレンジ色の夕日を背景にすると、その独特なシルエットが黒く浮かび上がり、モロンダヴの街道ではそれが連続模様となって美しい。その他、茎に水を蓄え、人々の喉の乾きを潤すという「タビビトの木」や、鋭い刺の間に花を咲かす数種類のアルアウディアなど、多くの固有種の植物が生息している。

　ところが、現在は焼き畑農業が進み、森林が減り、土壌は酸化してしまった。上空から見ると、そう呼ばれているようにまさに「赤い島」である。経済発展と同時に人口も増加し[4]、ガスや電気が普及していない地域では燃料として薪の需要が増えた。森林が喪失すると、木から木へと飛び移るシファカは地面を横っ跳びして移動せざるを得なくなった。人間の生活がもたらした矛盾、環境破壊であることを忘れてはならない。また、インド洋では毎年 2 月から 4 月にかけて発生するサイクロンが、マダガスカル東部に多くの被害をもたらし、農地の浸水で主食である米不足に陥ることがある。しかしこのサイクロンが北上、インドから中国、ユーラシア大陸を横断している間にモンスーンを吸収して膨張する。これが日本に至り、梅雨をもたらすのであり、自然の壮大な仕組みには感心してしまう[5]。

　次に、このような地理的条件に人類が移り住んできた経緯を話そう。

　マダガスカルには元来、ヒトは住んでいなかったとされるが、カバ類やキツネザルの化石に金属に因る人為的な切り込みが見つかったことから、約1500〜2000年前の渡来を確認している。次章で詳細に述べるが、東部アフリカは、イスラムのスルタンやインド人商人との交易が盛んで、アフリカ黒人が貿易に携わったり、あるいは奴隷として売られたこともあった。マダガスカルはこういった人々の交易や交流の交差地点にあった。北西部の洞窟で多くの居住跡や交易品が発掘されている。マダガスカル人の原型は3〜10世紀頃、東南アジアから丸木舟で潮の流れに乗って移り住んだ人々に始まると言われている。1985年、イギリス人作家のホブマンが、釘などを使わず船を造り、風と潮流だけでフィリピンからコモロ沖までの航海を実験し、証明した[6]。大航海時代、ポルトガル人宣教師マリオノ（Luis Mariono）がマダガスカル人の原型について以下のように記述している。

　　　「サン・ローラン島（マダガスカル）の最初の住民達は、一部はマラッカ
　　　（インドネシア）からやってきて、その他は東アフリカ出身である。その後、
　　　アフリカ大陸北西部やインド、アラブからムーア人の移住があり、だいぶ
　　　後になってポルトガル人もやって来た。先住の人々の言語や習慣に、様々
　　　な民族性の形跡が認められる[7]。」

　アフリカ大陸からは黒人ネグロイド系の人々も流入してきた。歴史学者によると、北西部にはスワヒリ語から派生した地名が多く残るそうである。また、遺伝子を調べてみると、南太平洋の人々やアフリカのバンツー語族の黒人と類似性が見られるという[8]。言語学上は、オーストロネシア語のマレー・ポリネシア語の系統が確認できたが、どこからいつ移住したかについては、様々な説があり、立証できていないようだ[9]。中国広東省の貧しい地域から中国人もやってきて、インド系パキスタン人も多く移り住んだ。筆者は在住当初、フランス語を話すインド系の存在に戸惑ったものである。彼らは多くの場合、宝石商を営み、現地の人々にとっては金持ちの階層に属する。しばしば嫉妬と非難の対象となることがあり、社会が困窮に陥ったり、不安定化すると、インド系の子

供を狙った誘拐身代金要求事件が発生している。

　いずれにせよ、マダガスカルには先住民はなく、アフリカやアジアから移住してきた人々が混合・分離し、政府の公式認定によると、18の民族を形成している。簡単に各民族の概観について述べる。

　島中部、首都アンタナナリボの近郊には東南アジア出身の民族、メリナ族が住んでいる。首都は中央高地にあり、メリナ族は「高地民族」とも呼ばれる。一方、モザンビーク海峡沿岸には主にアフリカ大陸出身の人々が暮らしている。高地民族に対して「海岸民族」として区別している。この対立軸が民族紛争として創られていく過程は、本書の大きなテーマである。そしてアフリカ出身のサカラヴ族に注目する。メリナとサカラヴは後述するように、それぞれ王制を敷いた。一方、アンタイサカ族やザフィマニリ族のように首長制をとって長老達の協議で社会組織を運営していた民族もあり、彼らは焼き畑農業で、キャッサバやバナナ、稲を栽培する。

　マダガスカル人の死生観は独特である。祖先を敬うといったことは、我々日本人にも共感できるが、彼らの祖先の墓標への敬意と執着は独特な文化である。墓は家のような空間で、先祖代々の遺体が眠る。そして年に1回、乾期の5月〜10月に遺体を包む布を換える儀式が行われ、宗教色のある歌や踊りの祭りが行われる。この二次葬祭をファマディハナ（Famadihana）と呼ぶ。たとえ外国に住んでいても、必ずこの時期になると帰国し、祖先を祭る。人生の分岐点では先祖の霊にお伺いをたて、祖先は日常に存在しているという。現世の利益、例えば富や出世などへの執着は薄く、むしろ死後、いかに「祖先」になるかに最も興味と価値がある [10]。これを労働しない口実とみなし、経済発展を疎外する原因と考える専門家もいるが、経済発展だけがマダガスカル人にとって、あるいは人間にとって幸福をもたらすのであろうか。

　マダガスカルの宗教人口はキリスト教、イスラム教、アニミズムの順に多い。キリスト教の墓石にも牛の角を飾る。牛はマダガスカルの人々にとって神聖で最も親しみのある動物である。牧畜をするのはアンタンデュイ族やバラ族、マハファリ族、サカラヴ族などである。山中に居住するアンタンカラナ族の一部や、稲の栽培との兼業であるシハナカ族とツィミヘティ族も牛を飼う。アンタナナリボの町中でもゼブ牛が道端でたむろっている。しかしながら、酸化した

赤土、ラテライトに生える栄養価の低い草を食べているためか、あばら骨が浮き出るほど痩せているのが目につく。牛を割いて先祖に奉納し、祭りのときに御馳走としている。故に、牛泥棒はたいへんな重罪である。当然ながら、刑法でも我々が考えるよりずっと思い禁固刑になるし、何より村で村八分や制裁に遭う。

　このように、人種や文化、宗教も入り交じり、混在しながらも、マダガスカルでは独自の民族が形成された。また、公式見解で認められていない少数民族を、分類した学者もいる[11]。文化の共有単位は民族だと言われるが、宗教儀式や牧畜、農業生産は伝統的には農村共同体、村単位で行われてきたのであった。いったい民族とは何か。地理的・人種的にまたがる文化の広がりをどのように理解すればよいのか。そして、なぜ現代は民族対立が顕著になってきたのであろうか。文化には共通する生活様式や価値観と、分化してそれぞれ独自の部分がある。いくら独自性を強調しても、文化は混じり合い、そして再編される。いったい「民族」とは本当に存在するのか。政治社会学としては、マダガスカルの人々の生活基盤、生活単位から政治現象を分析し、アフリカの民族概念を理論化しなければならないと考える。

## 2　王　制

　首都アンタナナリボ近郊に在住するアジア系のメリナ（Merina）族と、北西部マジュンガを居住地とするサカラヴ（Sakalava）族には、かつて伝統的な王朝が成立した。両民族とも宗教儀式を行うアフリカ伝統の王朝様式であった。地図1を参照願いたい。

　メリナ族の王アンドリアナンプイニメリナ（Andrianampoinimerina）は18世紀に氏族の抗争を収め、メリナ族を統一した。それまでは沼地が広がる地帯であったが、王は灌漑を行い、米作ができるようにした。王は宗教儀式も行ったが、税金や労務義務を課すなど、実質的行政にも携わった。また、専制的支配を制限するシステムもあり、王位の継承者については、平民の首長が王族の中から選んだとされているし、側近が諮問機関として機能していた[12]。経済的にはほぼ自給自足に近い体制にあったが、唯一、東部アフリカに奴隷を売って、

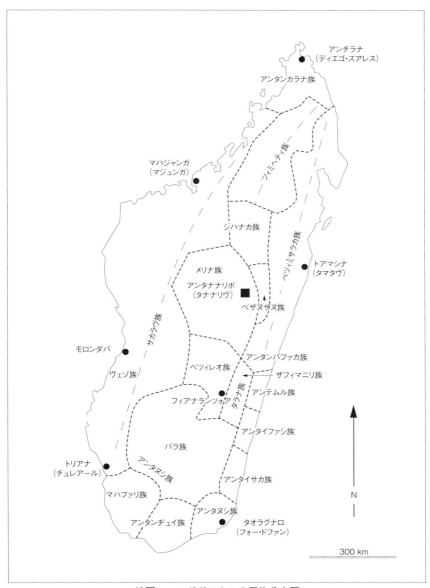

地図1　マダガスカルの民族分布図

出典：Vérin（1990）p.52.

繊維や武器などを交易していた[13]。

　メリナ王朝の起源は、首都アンタナナリボの中心から北に 21 キロメートル行ったところにあるアンボヒマンガというところである。ここで若き日のアンドリアナンプイニメリナが国家統一を誓ったという。1792 年に同王がアンタナナリボに遷都するまで、歴代の王がこの地を治めた。アンボヒマンガとはマダガスカル語で「青い都市」という意味である。王宮跡が今でも残り、メリナ族本来の国のあり方と文化を垣間みることができる。敷地には、王の家族の住んだ神聖な屋敷がある。政府要人でさえ、靴を脱いで入るしきたりとなっている。建物の中は薄暗く、霊的象徴である大きな柱は存在感がある。しかし、土間の生活であり、寝床も小さなものである。いわゆるヨーロッパ王室のような豪華絢爛なイメージとは異なる。屋外には湯浴みをする場所があり、王の世話をする処女達が禊をした場所とされる。宗教上の儀式をするのも王の役割であり、それによって神聖な神通力を示すことができた。また、ヨーロッパ様式の建物や調度品もあり、銀食器やベッド、近代的な軍服なども飾られている。玄関にはなぜか日本髪を結った女性が描かれた壁紙が貼ってある。いったいなぜこんな風俗がマダガスカルにあるのか聞いてみたが、マカオ経由の流通ルートだとか、ヨーロッパで流行した中国趣味（シノワズリー）の一部であろうとか、その由来は判明しない。食堂には西欧風のテーブルと食器棚があるが、周りの壁は鏡張りである。毒を入れられないか、どこからでも見えるようにしたとの言い伝えである。いずれにせよ、当時のマダガスカルが帝国主義と対峙し始め、文化様式の流入が激しく、内外共に緊張していたことが窺える。

　アンドリアナンプイニメリナ王が死去すると、息子のラダマ（Radama）1世が 1810 年に即位した。時世は帝国主義時代。若い王はヨーロッパに国を解放し、マダガスカルを近代化に向かわせようとした。当時はまだ、イギリスとフランスでインド洋の権益を争っていたときであった。1819 年に奴隷制廃止条約に調印したことで、イギリスはラダマ 1 世をマダガスカルの王と認定した。また、フランスに取られまいとするイギリスはラダマ 1 世に近代兵器を渡していた。アンドリアナンプイニメリナ王の時代には、メリナ王朝は他民族に対して、いわゆる飴とムチの硬軟の政策を施行し、対話による平和条約と武力による威嚇によって関係維持を計った。ところが、ラダマ 1 世は近代兵器を使っ

て他民族を制圧した[14]。前章で述べたが、近代化の威力はアフリカの伝統的生活様式を破壊する能力を持つ。ヨーロッパ列強の威を借りてマダガスカル内の他民族を討つということは、メリナ族以外の海岸民族にとって、「外部」勢力へのおもねりであり、その破壊力が残した悲劇と遺恨の記憶を意味する。メリナ王朝に対して、マダガスカル同胞を裏切ったとの民族の感情は、歴史的な経緯を経て形成されていくこととなり、後に検証することにする。

　ラダマ 1 世は 1824 年、マダガスカル北西部のマジュンガに攻め入った。次に、攻められたマジュンガのサガラヴ族の社会構成について説明しよう。この歴史の記述は、マジュンガの歴史家、バシール（Hadj Soudjay Bachir Adehame）の証言に基づいている[15]。

　サガラヴ族はアフリカ大陸から渡って来た。マダガスカル西部のモロンダヴに着岸したとされる。そして 17 世紀、モロンダヴにムナベ（Menabe）王朝を確立した。その後、弟の王子に家督を分割し、別の王朝を建立するため、弟王子とその一派は北上し、マジュンガに移り住んだ。弟王子がマジュンガに到着したとき、バオバヴの白い花が咲き乱れる季節であったため、「花の街」を意味するボイナ（Boina）王朝を設立した。当時、インド洋を舞台にアラブ人やポルトガル人と交易を行う一派、アンタロウチ（Antaroatsis）がマジュンガにいたが、彼らは束縛を嫌い、国作りには興味がなく、自分達の活動を保障することを条件にボイナ王朝を受け入れた。アンタロウチはアラブ系と黒人の混血と考えられている。彼らの文化にはスワヒリ文化の影響が見られるそうである。また、マジュンガにはスワヒリ語から派生 する言葉も多く使われている。

　ボイナの王は、宗教的儀式と行政を行う王であった。サカラヴ族は月の満ち欠けに従って王が儀式をドゥアニ（Doany）という神聖な場所で行う。現代でも、7 月には死者の霊を慰めるためドゥアニに人々が集まり、死者の復活のため牛を割く儀式が行われる。王はこれらの儀式を執り行い、人々の信頼を得ていた。ドゥアニについては写真 1 と 2 を参照していただきたい。宗教的カリスマ性に基づく王制であったが、行政ポストが設けられ、側近として王国を運営していた。王の次の地位をマカンタン（Maxantany）と言い、内務大臣の役割を果たしていた。ファナテト（Fanateto）はナンバー 3 の地位で、対外的な交渉、特に移民問題や交易を担っていた。

写真1　マジュンガのアキバ博物館作成の模型（同博物館の許可を得て撮影）

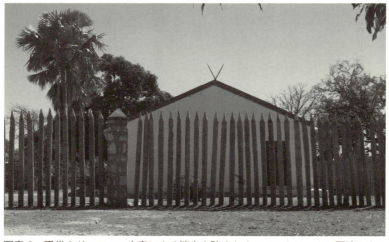

写真2　現代のドゥアニ。火事による消失を防ぐため、コンクリートで再建した。

　1824 年、ラダマ 1 世の命により、メリ
ナ軍が侵攻してきた。メリナの総督
は近代兵器で圧倒し、マジュンガを占拠し
た。写真 3 はその際のメリナの砦跡である。

写真 3　メリナ軍のマジュンガにおける
駐留跡地

　メリナ族はボイナのアンドリアンツォリ
（Andriantsoli）王に王子を差し出すように
要求した。これは即ち、次期王を殺害し、
サカラヴ族の殲滅を意味する。王に忠誠を
示す人々は激しい反発を示した。王が出奔
し、イスラムに改宗している間に、その王
子ラマヌタカ（Ramanetaka）がマジュン
ガにて王位を継承した。アンドリアンツォ
リは度々メリナ陣営に対し蜂起を画策したが失敗。ラダマ 1 世の死後、マジュ
ンガに帰還したものの、王朝への信頼も損ねた王は結局、姉に王位を譲ってフ
ランス海外県のマイヨット島に逃れた。

　現代では、王の末裔であるサカラヴ族族長はドゥアニの神官であり、人々の
日常の世話役として地域の有力者である。現行の法律には各民族の王について
言及したものはない。それでも慣習法として、伝統的な首長の権威は実際の社
会で機能しており、人々の家庭問題や隣人との諍い、病人を介助する方法など、
問題解決の調停役になる。形を変えてはいるが、伝統的なサカラヴへの信頼は
人々の生活に根付いている。これはルーランの法人類学の理論、即ち近代法と
伝統に基づく慣習法の二重の法体系を体現している[16]。

　ラダマ 1 世の死後、メリナ王朝ではラナバロナ（Ranavalona）1 世という
女王が王位に就いた。この女王は前王とは違ってヨーロッパ列強の影響を排
し、閉鎖的外交を志した。その時、女王の側近として政策決定を左右したの
が特権氏族階級であった。メリナの王による統一で抗争をやめた貴族達は寡頭
政治、いわゆる王の側近による政治を展開したが、ラナバロナ 1 世の時代に、
権力を握る特権階級オリガーキーとして台頭してきた。女王の次に即位したの
がラダマ 2 世である。その治世、フランス人商人ランベール（Joseph-François
Lambert）がフランス政府の命を受けた勅許状を携え、フランス人の土地収用

と免税、キリスト教の伝道活動を王に迫った。王は再び開国政策を進めるが、ラナバロナ 1 世の時代に勢力を延ばしたオリガーキーの反発を呼び、ついに 1863 年に暗殺されてしまった。オリガーキーの権力は大きくなり、植民地化されるかもしれないという脅威の中、マダガスカルの外交、特に列強への対策を決定する保守勢力として重要な位置を占めるようになっていた[17]。

この時代、確実にヨーロッパの足音は近づいて来ており、それに対する危機感とともに、マダガスカルではその威力を利用しようとする動きもあった。女王ラナバロナ 2 世の夫で首相のライニライアリボニ（Rainilaiarivony）がそうであるが、その戦略と挫折は植民地体制に飲み込まれるマダガスカルの歴史として後述する。こういった内外情勢の中、ヨーロッパの様式を取り入れて改築・増築されたのが、アンタナナリボ女王宮である。同女王宮ルーヴァ（Rova[18]）はアンタナナリボの丘にそびえ、敷地は 1 ヘクタールある。

メリナの統一を達成したアンドリアナンプイニメリナ王の木造建造物は、神木から切り出された大黒柱と土間とで構成される王の家族の生活空間であった。歴代の王墓には、ラダマ 1 世や、仏領植民地になった当時の最後の女王ラナバロナ 3 世までの遺体が安置されていた。最も大きい石造りの建物 マンジャカミアダナ（Manjakamiadana）は、女王ラナバロナ 1 世がフランス人技術者ラボルト（Jean Laborte）に命じて建立させた建物で、内部には代々の王や女王ゆかりの西洋風の調度品、銀食器や宝飾品、軍服、王が乗る伝統的な輿などが陳列されていた。

このように、アンタナナリボ女王宮はメリナ族の栄華と全国統一の象徴であるが、ヨーロッパの影響を強く受けた様々な様式の建物の複合体であり、文化的象徴として様々な解釈が可能であった。そして実際、今日の民族紛争の時代に政治的に利用されることになった。詳細については後述するが、伝統的王制の解釈が時代背景とともに変わっていくことを検証するのに、女王宮が象徴する当初の意味を記述した。

写真 4　マンジャカミアダナの建物
出典：Peux（1996）

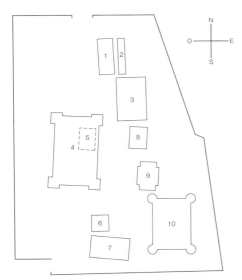

1. アンドリアナンプイニメリナ以降の王と女王の陵墓。
2. アンドリアンジャカ（Andrianjaka）からアンドリアナンプイニメリナまでの王と女王の陵墓。
3. トランヌヴラ（銀の宮殿）。
4. マンジャカミアダナの宮殿。
5. フェラタナンブラと呼ばれるアンドリアナンプイニメリナ最初の住居地跡。
6. 女王宮の創設者であるアンドリアンジャカの邸宅ベサカナ。
7. ラナバロナ 3 世の寺院。
8. マヒツィエラファンジャカ：アンドリアナンプイニメリナの邸宅。
9. ラソヘリナ（Rasoherina）女王の邸宅マナンピスア。
10. ラナバロナ 3 世のための宮殿の土台。

図 1　女王宮内の配置図
出典：Peux（1996）

## 3　伝統的農村共同体

　メリナ王制の中枢に関わるオリガーキーとなった有力貴族達は、伝統的な社
会組織を生活基盤とし、そこに根ざしてこそ存在意義があった。それがフクヌ
ルナ（Fokonolona）と呼ばれる伝統的な農村共同体であった。フク（Foko）と
はマダガスカル語で、氏族や集団などの意味である。ここでは、マダガスカル
の伝統的農村共同体の複合的な概念と機能について紹介し、いかに近代化、も
しくは国民国家とは相容れない性質だったかを説明する。

　フクヌルナは共同体共通の祖先を持つ氏族によって構成されていた。結婚は、
血縁・氏族を維持するのに重要なシステムであり、葬儀は血縁の一族で執り行
われていた。フクヌルナの社会階級は奴隷と自由身分に分類された。この自由
身分はフーバ（Hova）と言い、農村の伝統を近代化から守ろうとする保守勢
力となり、メリナ王制の政策決定を左右したオリガーキーを構成する階層で
あった。

　生産経済システムとしては、奴隷が自由身分階級のために労働することで機
能していた。奴隷とは世襲だったり、紛争に負けた一族、没落農民などの身分
であった。フクヌルナの地理的広がりは、稲作とゼブ牛の飼育の範囲であった。
共同作業をすれば、連帯感が生まれ、隣人が病気などで困っていれば、助け合
う意識が芽生えた。メリナ族の農民は、フクヌルナの連帯意識によって共通の
祖先の土地を耕していた。こうして、フクヌルナでは集団で働く機能が生まれ
ていった。この機能の起源は、アンドリアナンプイニメリナが灌漑を行い、農
地整理をしてからであった[19]。

　職業カーストの他、長老制もフクヌルナの重要な政策決定制度であった。長
老達はルール違反をした者への制裁を決定する。ルールとは、先祖の意思であ
り、タブー禁忌を侵さないことであった。こういった村八分などの制裁は現代
でも慣習法として、近代国家の立法とは別に機能している。

　以上のように、フクヌルナは構成員にとって祖先と繋がる生命力の源であり、
構成員はフクヌルナへの帰属意識、アイデンティティーを確認する。フクヌル
ナは経済・生産活動や保健福祉、法制度の実施など、農村共同体の多様な役割

を果たす自治能力のある社会組織であった[20]。第 3 章にて再び言及するが、これはアフリカの伝統的社会の概念と共通する。そして、フクヌルナの自治性は特有のアナーキー、無政府的要素を備えている。一元的法体制しか想定していない国民国家にとっては脅威である。自治能力があるとは、国家に統合されずに反体制勢力になる余地があるということである。それでもマダガスカル第二共和制の社会主義政権はこの農村共同体を行政単位として国家統合に利用しようとした。この矛盾し、リスクを孕んだ政策はどうして出て来たのか。後述する歴史的考察から明らかになるだろう。

　また、フクヌルナの多義性と曖昧さから、別の疑問が湧いてくる。フクヌルナの構成員が共通の先祖を持ち、共通の文化を実践するというのなら、フクヌルナは民族に相当するのだろうか。フクヌルナと民族との関係を調べると、以下のことが分かって来た。

　2001 年の調査では、アンタナナリボ近郊のフクヌルナは、ほとんどがメリナ族だけで構成されていた。同じフクヌルナの人と、隣接する別のフクヌルナの人が知り合いの家を建てている場面に遭遇したとき、彼らは「連帯感があるのだから、手伝うのは当たり前だ」と言う。これは民族的連帯なのか。メリナのフクヌルナの人々は、インタビューで他民族が自分達のフクヌルナに入って来るのを極度に警戒していた。「他民族が入って来たら、抵抗するか、我々が出て行くか、である。しかし、ここは我々の祖先の土地である。」老齢に達し、目も不自由な女性はこう答えた。通訳を介したものの、老婆の訴え方は切実であり、この聞き取り調査から、彼女を代表とするメリナ族の人々は、民族意識と祖先崇拝がフクヌルナという地理的範囲で一致するとの結論を得た。但し民族意識は、閉鎖的な地理的条件だけで形成されるものではない。経済的条件や政治的動向に多大な影響を受けて先鋭化していくのであり、これも歴史的考察と、現代の民族紛争を分析すれば明らかになろう。

　一方、もうひとつの調査対象であるサカラヴ族の伝統的農村は、フェヒチ（Fehetsy）と言われるものだった。フェヒチにはやはり長老制があったが、前述の歴史家バシールによると、決して閉鎖的なものではなく、他民族をも受け入れていたという。その村出身でない者がやって来た場合、共同体の習慣や生活様式を教え、身につけさせた後、受け入れる。つまり、「同化」が共同体の

構成員としての条件であり、資格であった。そしてときには、結婚によって外部出身者を同化せしめた。それは強制的、暴力的というよりも、文化の伝播のひとつの過程であった。

　現在、マジュンガにはフェヒチはもはや存在しない。それは植民地政策の結果であるが、マジュンガでさえ、メリナが起源のフクヌルナが成立している。そして、マジュンガのフクヌルナは移民の歴史の結果、複数民族で構成されている。しかも、他民族であっても、共同で作業をする連帯感を見出した。マジュンガは港町である。2001年の調査では伝統的漁業をアンボヒドラトリモ（Ambohidratrimo）の漁村で見た。簡易なボートに二人で乗り、伝統的漁業「バラキラ（Vara-kira）」の仕掛けておいた網を引き上げる。

　漁は危険を伴い、命がけのこともあるので、パートナーとの信頼はたいへん厚いものとなる。そして大漁の際には、村の若者達が団結して漁を行うのである。サカラヴの漁師達は答えた。「一緒に漁をしてくれる人なら、他民族でも、外国人でも構わない」と。前年もフランス人が漁をしに来たそうだ。現代文明に無頓着な自然志向のフランス人なのか。あまりの突飛さに思わず吹き出してしまうと、答えてくれた村の長老達も当時の情景を思い出して笑っていた。

写真5　バラキラの網（2001年9月22日撮影）

　マジュンガのフクヌルナは他民族に対してオープンである。

　このように、メリナ族とサカラヴ族とでは、共同体の構成とそこにおける民族の概念が異なる。それは、伝統的な農村共同体が変容し、歴史的な経緯によって作られて来た帰属意識、アイデンティティーであることを、これから証明しようとするのである。民族とは何なのか。その解答は、マダガスカルについての記述を終え、アフリカの農村共同体と民族の因果関係を理論として構築する時点で明らかになろう。伝統的にはメリナ族のフクヌルナは、血縁に基づく氏族と社会生活、文化生活を共にする連帯意識によって成立していたことが分かる。しかも、一定の人々にピラミッド的に権力が集中しておらず、共同体の運営や行政は一元化されていなかった。むしろ、長老制や身分制、職業集団など、複数の権威の交渉と力関係で決定され、実行されていった。一元的統一権威の不在こそが社会の変動、ダイナミズムの根源であり、再編の可能性を潜在させている。特に、植民地や国民国家などの外部圧力に対して、抵抗したり、瓦解したり、変容する余地があったのである。

## 第2節　植民地

### 1　社会の変動

　19世紀、ヨーロッパ列強はアジアとアフリカの植民地支配を目論み、領土と支配権の競争に走った。1884年から翌年にかけてベルリン会議にてヨーロッパ列強が、現地の人々の意思に関係なく、アフリカの植民地の境界線を一方的に地図上で決めてしまったのは明らかな史実である。これは、それ以前にヨーロッパ各国がやりたい放題にアフリカを占有した結果、「アフリカごとき」の問題で大国間の利害と安全保障を危機に陥らせることなく、領土の確保に秩序とルールを決めたに過ぎなかった[21]。

　マダガスカルにヨーロッパ帝国主義の手が及んだのは19世紀初頭のこと

であった。1819 年、ラダマ 1 世がイギリスとの奴隷制撤廃条約に調印した後、近代兵器の輸入がはじまったのは前述の通りである。また、フランス政府の命を受けた商人、ランベルトが通商条約締結の交渉をラダマ 2 世にもちかけたが、ヨーロッパとの関係構築に積極的であった王は、当時、勢力を強めていた伝統維持派のオリガーキーに 1863 年、暗殺されたのであった。

その後、即位した女王ラナバロナ 2 世の時代以降、ヨーロッパ勢力に対する政策を巡ってマダガスカルは混迷を来した。女王は 1868 年、ランベール憲章に調印し、翌年、洗礼を受け、首相のライニライアリボニとキリスト教の結婚式を執り行った。首相の目論みは、列強の力に乗じてメリナ王朝を近代化し、統治能力を強化しようとするものだった。即ち、立法・行政・司法の三権を備え、近代兵器を操る国軍を持ち、人々を精神的にキリスト教で惹き付け、動員できる体制を夢に描いていた。念頭にあったのは、ヨーロッパ型のモデルであった[22]。

ところが、ライニライアリボニの戦略は、国内事情と国際情勢による数々の誤算から、頓挫してしまう。国内において、キリスト教が国教となると、キリスト教宣教師達は伝統的宗教を禁じ、奴隷制の禁止を謳い始めた。特に 1833 年に奴隷制廃止がイギリスで実施されてからこの価値観が浸透した。しかし前述した通り、伝統的な奴隷制は、血縁・氏族が構成するフクヌルナの社会システムの中で自由身分に奉仕する階級であり、労働に対して無報酬を強制する近代的搾取とは異なっていた。伝統的宗教観や風習を重んじる伝統維持派の反発を受け、王朝は正統性を失墜した。

そして 1883 年、フランス軍がマダガスカルに上陸した。軍事力を武器に、フランスは 1885 年にメリナ王朝との条約調印にこぎ着け、マダガスカルから主権を奪取することに成功した。さらに、同条約の内容を履行していないことを理由に、同王朝は保護条約の締結に追い込まれ、マダガスカルは国際法上フランスの属国になった。ライニライアリボニは、こういったフランスの実力行使に対して、イギリスの反発に期待した。メリナ王朝としては、マダガスカルを巡る英仏の駆け引きと競争心を煽って、大国から有利な近代化の条件を引き出そうとしていた。ところが英仏が妥協に至ると、計算が狂った。1890 年、二国間協定により、イギリスはインド洋上のザンジバルを得ることで、マダガ

スカルから引き上げてしまった。マダガスカルはフランスの手中に入り、他の大国は一切関与しなくなってしまった。

1896 年、ガリエニ（Joseph S. Gallieni）将軍がフランス植民地総督としてマダガスカルに着任した。総督の指揮下、フランス駐留軍はアンタナナリボにある「女王宮」を攻撃した。女王宮は反植民地の最後の砦となり、メリナ王朝はついに滅亡した。ライニライアリボニは、ラナバロナ 2 世の死後、その従妹で再婚したラナバロナ 3 世とエチオピアに逃れ、マダガスカルには帰ることなく、かの地で客死した。

フランスは当初、直接統治を目指していた。直接統治はフランス語では Politique de races（人種政策）と呼ばれており、「現地人（autochtone）」を直接取り込むことを示している。価値体系や言語を含むフランス文化を普及させ、親仏派の人々を養成することを目的としていた。直接統治には、フランスと現地人を繋ぐ仲介者は必要としなかった[23]。つまり、直接統治の弊害となるのはメリナ王朝であり、女王宮陥落によってメリナ王朝を取り除くことに成功した。

このように、近代化の威力はヨーロッパの圧倒的強力さを見せつけるだけではなく、マダガスカル国内を分断した。大国の戦略は確かに、マダガスカルの伝統的統治者と人々の生活を翻弄したが、マダガスカル側は受動的だけではなかった。マダガスカルの抵抗運動や、あわよくば、ヨーロッパの力を利用して国内で権力を得ようとする勢力が出現した。これを検証するのは、植民地時代の実態を理解する上で重要である。これが第 1 章第 4 節で言及した「文化変容」の現象であり、バランディエが理論とした植民地における「統合的社会」の実例であった[24]。ヨーロッパから導入された権力機構と、現地社会の相互関係から派生するダイナミズムによって形成される社会のことである。両者の相互関係には、折衝や衝突、反発から交流、容認、追従、従属などまでを含み、そのときの国際情勢によって、内的にも対外関係上も変化していく。つまり、ヨーロッパ列強にとって、アフリカの人々がどんなに「原始的」で無力に見えても、思わぬしっぺ返しを受けたのが現実であった。容易に思い通りにアフリカ社会を変えてしまえるだろうと考えていたが、植民地以前の伝統的社会システムに起因する変容や、それ自体の瓦解、突然変異は、ヨーロッパの発展史には経験がなく、対処ができないものだったのである。

## 2　伝統的農村共同体の変容

　フランス政府あるいは総督と、マダガスカル王朝との折衝の下で、民衆はどのような動きを見せていたのだろうか。フクヌルナの変容を中心に、植民地社会の実態を描き出そう。

　伝統的宗教の信者にとって、フクヌルナの先祖に対する考えや死生観がキリスト教によって蔑ろにされることには反発があった。その意味において、女王ラナバロナ2世がキリスト教で結婚式を挙げたことは、宗教的裏切りであった。メリナ王朝への人々の複雑な思いが見える。キリスト教宣教師達が奴隷制禁止を訴えると、フクヌルナは伝統的奴隷と自由身分の身分制で成り立っているので、フクヌルナの機能は立ち行かなくなってしまった。フクヌルナには元来、個人が土地を所有する権利概念はなかった。ところが、植民地下の農地改革で元奴隷でさえ、土地を所有できるようになった。血縁を維持するための一夫多妻も禁止され、身分・職業集団を超えた結婚が奨励された。自由身分フーバは自らの特権と既得権益を失うことを恐れ、開国と外国勢力に反対した。フクヌルナがなくなれば、彼らは存在意義がなくなってしまう。そして、彼らは反対勢力、オリガーキーとなったのである。

　一方、首相ライニライアリボニは、ヨーロッパ勢力の到来に乗じてフクヌルナを近代的行政単位にしようとした。首相にとってフーバはメリナ王朝の近代化を阻害するものであった。近代化と国力の育成のためには、フーバとフクヌルナのクライアンテリズム（互酬的関係）を断ち切らなければならないと考えた。首相は立法により、オリガーキー団体「テンポメナケリ（Tempomenakely）」にフクヌルナの「サカイザンバヒトラ（Sakaizambahitra）」、つまり農村友好協会の地位を与えることにした。こうして、オリガーキーの社会的基盤を削いで、その政治的介入を排除し、王政とフクヌルナとの関係を直結させようとした。こうしてフクヌルナはこの時代、安全保障や保健衛生、社会福祉を担う、メリナ王制の近代的行政組織として再編成され、従来の伝統的形態、自治組織としての機能を失ってしまったように見えた[25]。

　しかし、ライニライアリボニの改革は、メリナ族のフクヌルナにしか及ばな

かった。フクヌルナがマダガスカル全土で地方の行政単位となったのは、植民地時代になってからであった[26]。1944 年のブラザビル宣言によりフランスは直接統治を断念し、間接統治を選択した。植民地総督も現地事情や人々の反発を考慮して政策を変更せざるを得なかった。間接統治とは、現地独自の支配体制を植民地統治の末端機関として利用するやり方である。既存の伝統的社会システムを破壊して、ゼロからフランス語とフランスの制度を理解する人間を養成する直接統治に比べて、間接統治の方が時間とコストが節約できるはずだった。しかし、間接統治もアフリカ社会に混乱と歪みを及ぼしたが、これについては後述する。

　1950 年代から 60 年代にかけて、マダガスカルからの農業生産量が減り、フランスへの輸出量も減少してしまい、マダガスカルにおける植民地体制の見直しが必要となった。フランス植民地総督ガリエニは、マダガスカル着任当初はメリナ王朝を滅ぼすことで直接統治が実現できると思っていたが、結局フーバに植民地行政の仲介を委託せざるを得なかった。そして同総督は、メリナ族のフクヌルナを、1950 年 6 月 7 日施行の法規により「現地農村自治体 (collectivités autochtones rurales, C.A.R.)」と呼び、間接統治の行政単位として全国に設置した[27]。つまり、首相ライニライアリボニが目指したフクヌルナの改革は徹底されず、フーバも生き残ってしまった。しかしこのような体制下、フクヌルナは、伝統的な縁故関係、クライアンテリズムが排除され、もはや伝統的農村共同体には後戻りできなかった。C.A.R. は県の指揮下に置かれ、近代行政の一部として機能することになった。近代的行政機構とは、郡から県、自治体に至るまで、下部機関は上部統治機構の指示命令に従う、一貫した統治構造である。ここで、フクヌルナという伝統的システムを引きずった社会組織が、ヨーロッパ生まれの統治機構に適応できるものであったか、という疑問が想起される。

　コンドミナス（Georges Condominas）は当時のフクヌルナの変容を検証している[28]。それを基にフクヌルナの状況を描いてみよう。C.A.R. の行政区画は、フクヌルナの伝統的な領域より広いものだった。隣接するフクヌルナの構成員とともに土地を耕し、フランス向けの農産物を収穫するようになった。メリナのフクヌルナにベツィレオ族も奴隷の子孫も入って来て、共同作業をするようになった。それは新たな連帯感の形成でもあったが、伝統に執着する農民に

とっては反発を生んだ。一方、こういった植民地行政を現場で取り仕切る人材が必要となり、マダガスカル人のエリートが養成された。コンドミナスによると、植民地時代、フクヌルナは格段に変化したことになる。一面では確かにそうであるが、フクヌルナがフランスが敷いたレールに沿って順応し、想定された通りになったとするのには疑問が残る。

　もうひとつ、サカラヴ族の伝統的社会組織の変化について見ておこう。1824 年にメリナ王朝がマジュンガに攻め入った当時、サカラヴ社会は伝統的共同体フェヒチに他民族の移民を容認し、同化していった。ところが植民地時代、サカラヴ族の地にもフクヌルナが導入され、植民地の移民政策でマジュンガに大量の異民族が組織的に移住してくると、サカラヴ族は祖先の土地を伝統的手法で利用することもできず、異民族の同化も間に合わず、争いが増えるようになった [29]。植民地行政は王の権威も奪い、血族・氏族の長老制も禁じた。もはや民族の自治権はなくなった。サカラヴ族にとって土地は先祖から受け継いだものであり、それを伝統的な目的、即ち共同体構成員の福祉のために運用できないことは、価値観を変えられ、生活の糧を失うことになり、たいへんな負担であった。このような変化を、サカラヴ族についての研究家、シャザン＝ギリグ（Suzanne Chazan-Gillig）は反植民地・独立運動に向けた社会の多層化、新たな社会勢力の出現と説明している。

　　「国家独立の準備期間に、サカラヴ族の政治的分裂が進んだ。それは、新しい正統性や氏族・血族の新たな分化を背景にしており、このような新しい動きは『派閥』や『エスニック』といった社会の基盤を過激に再解釈することに繋がる。派閥やエスニックの問題は、常に弁証法的に関連していることである [30]。」

　確かに、それまで伝統的な王朝とは離れて自治を行っていた農村共同体は、植民地統治下、確実に行政機構に取り込まれ、上部組織の命令を聞かなければ存在できないように変えられてしまった。しかし、植民地という外部勢力と、それに同調する国内勢力への反発がマダガスカルにほとばしるようになった。農村共同体とは、伝統的価値観や社会システムへの愛着や依存が強く、簡

単には近代化に屈しなかった。シャザン＝ギリグの引用は、植民地下、サカラヴ社会が変化を強要され、反発から歪んだ帰属意識や連帯意識が生まれたことを説明している。即ち、植民地という近代化がエスニック、「民族」という新たなナショナリズムを生んだのである。これを、サブ・ナショナリズムと言う。いわゆる独立国民国家を支えるナショナリズムではなく、それよりも小さい集団への忠誠心である。サブ・ナショナリズムとは、近代化と伝統との狭間で生まれた第三のアイデンティティー、帰属意識であり、そういった意味で弁証法的な発生の仕方なのである。これは、第 3 章にてアフリカ全体の民族意識として検証することにする。

　植民地がマダガスカル社会にもたらした現象は非常に複雑である。アフリカの民族問題を理解する上で、間接統治、社会の多層化、文化変容、サブ・ナショナリズムというキーワードを念頭に入れて、読み進めていただきたい。

## 3　ナショナリズムの形成

　植民地の圧政と横暴さへの反発。これは生き残りと人間の尊厳の回復のための反発であった。しかしアフリカの人々は、「自分らしさ」の回復といっても、もはや植民地以前の状況に帰ることはできなかった。外部勢力に対抗するための結束はナショナリズムとなった。かくして、アフリカの人々はジレンマに突き当たり、自問する。ナショナリズムも外来のものではなかったかと。

　マダガスカルにおけるナショナリズムの形成過程を知るには、植民地時代のメリナ王朝とメリナ族、それ以外の民族との関係に注目する必要がある。1885 年にメリナ王朝がフランスと保護条約を締結したとき、実はメリナ王朝はマダガスカルの国土の 3 分の 2 しか統治掌握できていなかった[31]。にもかかわらず、フランスの植民地支配は全土に渡った。この矛盾をメリナ族以外の海岸民族の人々はどのように受け止めたのか。アンタナナリボの女王宮はマダガスカル最後の砦となった。しかし、それは外国列強に対抗するのに有効だったのか。本当に死守したのか。妥協ではなかったのか。なぜ、メリナ族が決めたことで自分達の生活が変更を余儀なくされ、「自分らしさ」を否定されなければならないのか。このときの「自分らしさ」はマダガスカル国民という意識と

は一致していないのである。

　マダガスカルにおけるナショナリズム形成も、フランスの教育を受けた新進のエリート層から発生した。1936年から50年間にわたり現地で布教活動を行ったイエズス会ティエソニエ（Jacques Tiersonnier）が、現地におけるキリスト教の意義と、多くのマダガスカル人リーダーを生んだサン・ミッシェル校の歴史を記述している。それによると、教会は植民地時代、フランス語教育と軍事訓練をマダガスカル人に受けさせ、同化政策に加担したが、次第に人々の生活に密接となり、農業技術の普及などの「現実路線（Vers plus de réalisme）」に移ったという。また、植民地を理解し運営できる人材を教会が養成し、マダガスカルに物質的発展を追求させたという歴史的非難に対して、ジャーナリズムと協調して世論緩和を図るようになったそうだ。これは前述したフランスの宣教師による現地分析の手法であるが、歴史とともに教会が行政から距離を置くようになったことが分かる[32]。

　次に、マダガスカルにおける反植民地運動の歴史を簡単に振り返ろう。最初の反乱は1896年のメラナンバ暴動であり、その後、1904年の暴動が続いた。フランス植民地総督は駐留軍の近代兵器によってそれらを殲滅した。1913年、反植民地運動協会「ヴィ・ヴァト・サケリカ（Vy Vato Sakelika）」が設立された。その設立目的は、伝統的首長への支持と尊重、祖国のための闘争、土地収用などフランス人植民者の権力濫用への批判などを掲げていた[33]。

　第二次世界大戦中、マダガスカルの植民地総督は、ヴィシーのペタン（Philippe Pétain）政権に近い政策をとっていた。ペタン政権はパリ占領を果たしたナチス・ドイツの傀儡であった。ファシズムの脅威はヨーロッパだけではなく、インド洋にまで迫っていた。日本海軍もこの近辺に進出しており、これを懸念したイギリスはマダガスカルを占領し、ペタン寄りのフランス植民地総督を追放し、1943年「自由フランス」のド・ゴール（Charles A. J. M. de Gaulle）将軍にマダガスカルを引き渡した[34]。ド・ゴールは、ナチスに占領されたフランスを取り戻すべく、イギリスに亡命臨時政府を打ち立て、レジスタンス活動を展開していた。これも祖国奪還のナショナリズムであった。

　1947年、マダガスカルではフランス軍の駐留地に対して、マダガスカル民主革新運動（Mouvement Démocratique de la Rénovation de Madagascar, MDRM）

主導で反植民地闘争が起こった。その際、MDRM はメリナ族と 18 民族のシンボルとしての旗を掲げていた。蜂起といっても、呪術によって強靭化したと思って動員された人々が、斧を手に襲撃したり投石行動を行った、いたって単純で簡易なものだった。当然ながら、フランス軍の近代兵器によって 3 日で鎮圧された。約 11,000 人の犠牲者が出たと記録されている。翌年、軍事裁判において弁護人もなく、一方的な判決によって処刑がなされた [35]。

　1947 年の蜂起は、改めてフランスへの反発を招くとともに、マダガスカル人にとって大きな挫折であった。「マダガスカル人」という意識、アイデンティティーができたのもこの時期と考えられる [36]。外敵が現れてこそ初めて湧き上がるナショナリズムであった。ところがその際、メリナ族が統一された指揮系統もなく煽動した、との歴史上の記憶が残った。かくしてサカラヴ族を含む他のアフリカ大陸出身の民族は、メリナ族への遺恨によって「海岸民族（Côtiers）」として結集した [37]。フランスという外敵に対して「マダガスカル人」のナショナリズムを喚起しようとした一派は国内で孤立し、その他の民族にも苦い記憶を植え付けたのであった。第 1 章第 4 節、パイを引用して検証した政治文化が歴史的に形成される一例を示している。植民地体制下、「マダガスカル人」という国家のナショナリズムと民族のナショナリズムは既に断絶の兆しを示していた。

　次に、フランスの対アフリカ政策の変化とともに、マダガスカルの独立過程を追ってみる。

　第二次世界大戦後、第四共和制下のフランス、ブルム（Léon Blum）の社会党政権は植民地政策の転換を打ち出した。それは反ファシズムと人権意識から、植民地の劣悪な生活環境や反発を社会主義の立場から考慮し、反植民地の方針を示したのであった。植民地をフランスの海外県とし、アフリカ人を地方自治体の代表として議会に受け入れた。また、アフリカ人のためにアフリカ・ナショナリズムの高揚を謳ったものの、共産党と保守的なカトリック政党、人民共和派 MRP、そしてド・ゴール派の対立に翻弄され、植民地解放には至らなかった。第五共和制大統領のド・ゴール将軍は、フランス共同体（Communauté fraçaise）構想を打ち出し、アフリカ海外県に対して「協力」という形で外交・経済・文化的につなぎ止めようとした。その戦略については第 3 章に後述する。

しかし、アフリカ諸国のナショナリズムはそれだけに収まらず、独立を要求してきた。中でもギニアなど過激な一派は、旧宗主国との外交上の断絶を標榜した。

さて、海外県マダガスカルの代表となったチラナナ（Philibert Tsiranana）は、アフリカ諸国の独立の機運を追従しているだけで、決して反仏の過激な独立論者ではなかった[38]。1958年、マダガスカル海外県議会で国民投票が行われると、独立後もフランス共同体に加わることが決まった。チラナナは共和国臨時政府の首相となり、翌年、憲法議会がマダガスカル憲法を採択した。チラナナは憲法移行措置に従い、議員会議によって大統領に選出された。1960年、フランス共同体海外県からマダガスカル共和国への権限委譲の条約に、ド・ゴールとアンボヒマンガで調印したことで、マダガスカルは独立に至った[39]。

チラナナはマジュンガの地方農村で生まれたベツィレオ族出身で、フランス語の元教師であった。いわゆるフランスとの関係維持を計ろうとする親仏エリートであった。デシャン（Hubert Deschamps）は、チラナナが海岸民族の利害のためにフランスと外交関係を築いたと考えている[40]。フランスという大国に対する反発の一方、旧宗主国のパワーを「民族」の名で利用しようとする国内勢力が現れる。対仏感情の複雑さを示しているのと同時に、マダガスカル国内が分裂要素を抱えていたことが分かる。民族ナショナリズムという分裂要素が歴史的に形成されたのであった。


# 第3節　社会主義政権


独立直後、マダガスカルでは国家建設と国家統一を第一に考えなければならなかった。にもかかわらず、常に国内分裂の脅威に苛まれ、マダガスカルは結局、社会主義によって強権的に国家統合を図ることになる。その苦渋と矛盾の歴史を追う。アフリカ的社会主義が農村共同体にもたらした社会的・文化的変容が改めて見えてくる。

## 1　暫定政権の改革

　1960 年、マダガスカルでは複数政党間で上下院議員選挙が行われた。チラ
ナナの社会民主党（PSD）が勝利すると、同党はその議席数を武器に他の政党
の取り込みを図った。チラナナは憲法改正を実施し、大統領の権限を強化した。
しかしながら、大統領は過激分子の社会主義者達を取り込むことができなかっ
た。こういった分子は例えば、マダガスカル独立会議党（AKFM）や「マダガ
スカルをマダガスカル人に」党（MONIMA）などであり、特にチラナナ政権
の外交政策を批判した。親仏派のチラナナ政権はフランスとの交易を増やして
いたものの、国家財政は破綻し、国民は疲弊していた。1967 年にスエズ運河
がエジプトで国有化されると、マダガスカルはインド洋貿易による発展の可能
性を求めて、南アフリカ共和国ボータ（Pieter W. Botha）政権と国交を樹立した。
当時、黒人への人種差別政策、アパルトヘイト政策をとっていた南アが、周
辺黒人諸国の独立の動きに対して対話路線を促進する「外向政策（Out World
Looking Policy）」をとったので、チラナナ政権は一早く同調したのが、国際社
会の動向に照らすと勇み足であった。マダガスカル国内でもこの外交政策は急
進派社会主義者達の批判の的となった。また 1971 年、MONIMA が学生と労
働者を巻き込んで、アンタナナリボでゼネストを実施した。マダガスカルと軍
事協定を結んでいるフランスはデモ一掃のため、軍投入を示唆した。デモ隊は
フランスとの軍事協定見直しを要求して過激になっていった。1972 年、大規
模な反体制暴動を鎮圧するために発砲したことで、国民のチラナナ政権への正
統性は失墜した [41]。
　自ら招いた政治危機の中で、チラナナ大統領は暫定憲法に基づき、「国
家的要請による状況」という政令によって、ラマナンツォア（Gabriel
Ramanantsoa）将軍に政権を委譲した [42]。これをクーデターと見るか、それと
も政策執行能力を失った者からの平和裡な政権委譲と見ればいいのか。答えは
見方によって異なるが、少なくとも次のように言えるであろう。独立後、マ
ダガスカルのエリートは二分されていた。即ち、チラナナ一派の親仏派と、旧宗
主国を排しようとする前衛的な一派であった。後者は、社会主義をイデオロギー

とする軍人達であった。旧宗主国寄りで経済政策に失敗したチラナナには、軍部の圧力により政権委譲しか選択の余地はなかった。

　ラマナンツォア将軍率いる暫定軍事政権「国家統一政府」は第一共和制の全ての権限を凍結した。そして「国民統一（unité nationale）」やマダガスカル社会の「改革（rénovation）」という用語を頻繁に使いながら、旧宗主国への反発とナショナリズムを具体化した社会主義的政策を打ち出した[43]。例えば、「国益追求のため国家経済の掌握」[44]といって外資フランス企業を国有化した。外務大臣のラチラカ（Didier Ratsiraka）少佐は、フランス共同体からの脱退を表明し、フランス・フランとの連動固定相場である CFA フラン通貨圏から脱退した。フランスとの軍事協定も破棄し、駐留するフランス軍も撤収させた。その代わり、冷戦体制下、東側諸国と外交経済関係を活発にする。このように暫定政権は、神経質なほど法的手続きをしたことが特徴的である。この暫定政権の傾向についてカドゥ（Charles Cadoux）は以下のように述べている。

　　「法的根拠に基づくことで、軍事独裁制を理論上は合法化できるのであり、（中略）ラマナンツォア政権は次の政権を準備できた。ラマナンツォアは 5 年の期間を経て、『民主主義の精神によって』それを発足しようとした[45]。」

　合法性によって自らの存在を正当化しようとしているのは、裏を返せば、暫定政権の後ろめたさを示している。正統性を主張することで、準備している次期政権をも正当化しようとしたのである。

　ここで注目したいのは、軍事暫定政権がフクヌルナの改革に乗り出したことである。同政権の内務大臣を勤めたラチマンドラヴ（Richard Ratsimandrava）大佐は、フクヌルナを基盤とした社会主義構想を打ち立てた。1973 年 3 月 24日付け政令 73-009 には、その目的を「開発発展を国民が制御」するためとある[46]。具体的にはフクヌルナを行政の基盤となる自治体に再編し、国家の行政指導と統制の下、農業を促進して開発を進め、国民国家建設を遂げようとするものだった。マダガスカルの「国家的伝統」であるフクヌルナをナショナリズムの象徴として掲げ、分裂要素を含む国民の統一を図ることで、経済発展が達

成できると考えていた。

　1974 年の大晦日、軍事クーデターが勃発した。ラマナンツォアが民族問題で分裂する軍部を掌握できていなかったことが露呈し、暫定政府は総辞職する。マダガスカル人によると、ラマナンツォアは権力欲がない人だったらしい。翌年 2 月にあっけなくラチマンドラヴを後継者に指名した。ところが、同年 2 月 11 日、ラチマンドラヴは暗殺された。ラチマンドラヴ暗殺後、政局は次の第二共和制に向けて大きく舵を切った。暫定政府は崩壊。事態の収拾を計るため、アンドリアマハゾ（Gilles Andriamahazo）将軍が全権限を軍事評議会に集中させた [47]。軍事評議会は反対派に対抗するため、「改革（rénovation）」ではなく「革命（révolution）」という言葉を用いて、より強権的に社会主義政策を進めて行った [48]。軍事評議会は秘密投票にて、次期共和国大統領にラチラカ海軍少佐を選出した。軍事評議会解散後、ラチラカは革命最高委員会議長として、新憲法の制定案を作成した。このような選出方法と政権交代は、決して民主的で透明性のある過程ではなかった。しかし、国民投票で過半数の是認を得ると正統性を主張し、1975 年 12 月に第二共和制憲法を発布した。

　暫定政権の時代に実施された改革は全てラチラカの第二共和制に引き継がれた。言い換えれば、暫定政権は第二共和制を産むための準備期間であった。ラチラカ政権は、ラチマンドラヴが生命を賭けたフクヌルナの改革をそのまま継承した。ラチラカ自身はフクヌルナを基盤にした権力掌握に乗るだけでよかった。

　ラチマンドラヴ暗殺については、真犯人も真相も未だ解明されていない。しかし、そこに浮かび上がってくるのは、フクヌルナの改革を巡る反発と利害の衝突であった。伝統を尊重、あるいはそれを固持する保守主義者にとって、フクヌルナの文化や存在意義を国家の力によって変えられることに耐えられなかったという。現地新聞社編集長は以下のように人々の感情を代弁した。

　　「フクヌルナは頑固でありながら、変動もする。現代でも、相互扶助や連帯といったフクヌルナの精神は息づいている。このような精神性は国民国家統合には適さない。私は、フクヌルナの精神と国民統合を対立させて考えていた人々がラチマンドラヴを殺害したのだと思う [49]。」

　果たしてラチマンドラヴを暗殺したのは伝統主義者か、それとも彼の農地改革を利用したかった勢力だったのか。

　独立後の分裂要素を国家的統合に巻き込むのに、マダガスカルは社会主義を選択した。民族、反仏ナショナリズム、軍人エリートの権力闘争、そして農村文化の伝統と改革を巡る論争、全ての分裂要素を隠蔽しなければならなかった。しかし、第二共和制は矛盾に満ち満ちていた。親仏エリート排除を掲げていたが、ラチラカの一派はフランスとパトロン・クライアント関係にあった。歴史的考察から明らかなように、本来のフクヌルナは植民地時代に変容し、その社会的機能は歪曲してしまっていた。にもかかわらず、フクヌルナを国民共有の伝統的象徴であると唱え、国民国家として統一するナショナリズムの礎を人々の文化的・精神的価値観に植え付けようとしていたのである。

## 2　ラチラカ政権

　ラチラカ政権は当時の国際情勢、即ち冷戦構造の中で特徴的な国家体制であり、第3章にて説明するが、アフリカ地域に典型的な社会主義の一例となる。本書では、農村政策によって国家と社会の関係が変化していく過程を追い、そこから「民族」という意識が先鋭化していくという視点、つまり仮説の検証を確立しようとしている。その点、ラチラカ政権はこの仮説を実証する上で重要な事例となる。ここでは、同政権の権力基盤や国家の在り方、特にナショナリズム政策について、特徴を述べる。第二共和制憲法と、ラチラカ大統領が政治的プロパガンダのために作成した『マダガスカル社会主義革命憲章』[50]、通称『赤本（Livre rouge）』に書かれた教義を引用・分析して、政権が目指した国家像を描き出す。国家体制について分析するとき、政権が描く理想像と実際の現実の落差を見る必要があると考える。

### （1）国家体制と三権

　国家体制については、立法・行政・司法の三権は存在するが、大統領を中心とした行政権が圧倒的に強い。行政府には大統領と革命最高委員会（Comité

Suprême de la Révolution, CSR)、内閣の 3 機関があった。大統領は国民投票で信任され、最も権限が強かった（憲法第 48 条）。そして CSR の構成員 3 分の2 の指命権、あるいは罷免権を持っており（同第 58・59 条）、首相についても大統領が CSR の中から任命した（同第 60 条）。行政府が他の二権に介入できる仕組みができており、国民議会は常設ではなく、会期日程は大統領の招集で開催された。閉会の会期中は CSR が国民議会の代行をした。国民議会は CSR が提出した法案を次の会期に承認するのみであった。CSR は国民議会に対して、政令の発行権限の委譲を要求できた（同第 81 条）。行政府は立法府を監察し、統制していた。また、国民投票が頻繁に行われ、国民会議の意向は度々無視された。1975 年憲法は国民会議に内閣不信任案の提出を認めているが、実際には大統領が同案を取り消した。また、司法権への介入については、最高憲法裁判所の裁判官のうち 2 名を任命する権限は大統領に、その他 2 名は CSR に、1 名は内閣に、2 名は国民議会にあった。高等憲法裁判所長官は大統領が任命した。憲法 94 条は大統領に法律の合憲性を判断する権限を認めているので、憲法裁判所は法律について提言や意見を申し立てることしかできなかった（同第 95 条）。このように、司法権は大統領によって侵害されていたのである[51]。

### (2)　一党独裁

　政党については、表向きは複数政党制であるが、革命防衛国民戦線（Front National pour la Défense de la Rvolution, FNDR）に登録された政党でなければ認可されない。故に、実際はイデオロギーや政策が一致した一党独裁と変わらなかった。しかも、大統領は多数党で社会主義政党のマダガスカル革命前衛政党（Avant-Garde de la Révolution Malgasy, AREMA）の党首を兼務していた。つまり政党と国家体制は一体となっており、権力が極度に集中していた。具体的には、政権が提出する法案は、多数党、または同じ政策的方向性を持つ FNDR が占める国民会議で反対もなく通ってしまった。FNDR に所属していたのは AREMA の他に以下の 4 政党だった。

- AKFM（Parti du Congrès de l'Indépendance de Madagascar）
  マダガスカル独立会議党
- MONIMA（Madagascar aux Malgaches）
  「マダガスカルをマダガスカル人に」党
- Vonjy des Dissidents du Parti Social Démocrate
  社会民主党反対派
- UDECMA（Union des Démocrates Chrétiens de Madagascar）
  マダガスカル・キリスト教民主連合

　ラチラカ大統領は、FNDR とは暫定的な体制に過ぎず、将来的には一党に統合する構想を持っており、複数政党制の危険性を以下のように述べている。

　　「複数の政党の存在には分裂を恒常化させる危険があり、革命を目指した価値観が一党制によって実現されるのは明白である。（中略）時が来れば、何ら強制もなく決定したことが適切だと分かるであろう。（中略）国民が了解し、準備を整えて初めて、それ（一党制）を達成できるのだ[52]。」

　FNDR に所属しなければ選挙の候補者になることもできなかったし、思想の制約も受けた。当局の思惑に反して、反体制派はその制約に反発し、エリート同士の権力闘争となって現れた。

　第二共和制になって初めての選挙が、1977 年の地方自治体選挙であった。人々が直接、地方自治体の代表を選ぶことはもとより、政権の正統性に関わる重要な選挙であった。カルベ（Jean-Louis Calvet）の以下のような記述により、選挙結果は AREMA の大勝に終わったことが分かる。

　　「3 月 20 日、選挙人名簿（18 歳以上）登録者は 3,840,858 人で、11,380 の地方自治体において 76,550 人の代表を選ばなければならなかった。AREMA は 67,553 議席、全体の 88.2% を獲得、（中略）AKFM は全国で第 2 位であったが、それに遥かに及ばず、8.3% しか獲得できなかった。（中略）かろうじて議席の 1.8% を獲得した MONIMA の敗退は意外であっ

た[53]。」

　同年 3 月 27 日から 4 月 3 日には引き続いて、「自治体行政委員会委員長」の選挙も行われた。AREMA の大勝に対して、MONIMA は選挙の不正を告発し、政権の正統性に疑問を示した。6 月の国政選挙を前に MONIMA は FNDR を離脱すると、政党としての活動を禁止され、立候補する資格も失った。カルベの表現を引用すると、MONIMA の離脱は、FNDR による「革命勢力の強化と、国家を統一するための政党間の結束に対する挑戦」[54] であった。1980 年、MONIMA の党首、ジョアナ（Monja Joana）は学生や労働者にデモを呼びかけ、逮捕された。翌年、一旦は CSR と FNDR への復帰を許されるが、1982 年の大統領選でラチラカが 80.17％の得票率を得たことに疑念を表明すると、再び逮捕され、釈放後、自宅は当局の監視下に置かれた。

## （3）軍エリート間抗争

　ジョアナはラチラカ政権の不正や横暴を告発し続けたが、中でも軍部の政治的関与を次のように告発している。

　　　「予算の大半は横領され、ラチラカ政権の防衛当局に回された。特にその恩恵は軍人にもたらされた。高額の俸給や実態のない昇級に使われると、それがブラックマーケットや不正、牛泥棒の温床になる[55]。」

　一時的な改革ではなく、長期政権を目論んで軍服は脱ぎ捨てたものの、暫定軍事政権から生まれたラチラカ政権には軍部の影響が大きかった[56]。第一期 CSR の 8 人のメンバーは軍人であったし、第二期では軍人 5 人、民間人 6 人であった。また、開発軍事委員会（Comité Militaire pour le développement, CMD）は 30 議席を人民軍が、20 議席を憲兵が占め、総会や常設機関を備え、大統領に対して、防衛や社会や経済の発展について意見・提言をした。このような軍部の優位が確立される中、軍部は親ラチラカ派と反体制派に分裂し、ついには 1977 年、クーデターが発覚する。ドゥルリ（Ferdinand Deleris）はこの事件の顛末を調査・審議が不十分な人権侵害の裁判と非難している。

　「（略）アンドリアマホリソン（Richard Andriamaholison）少佐は、国家
反逆のテロ謀略の罪で1977年10月に逮捕され、1983年10月に裁判が
開かれた。そして正式な証拠や罪状認否もないままに終身刑を言い渡され
た[57]。」

　以上のように、第二共和制下、ラチラカ政権は強権的な権力構造であったが、
エリートどうしの権力闘争という矛盾を克服しきれなかったことが分かった。

## （4）農業を利用した開発独裁

　次にその国家体制と社会の関係を見る。国家による民衆、特に農民への働き
かけ、動員方法の矛盾を知らなければ、ラチラカ政権崩壊の原因を解明できな
いのである。独立後のアフリカ社会は、植民地教育によって養成されたエリー
トと大衆、即ち農業労働者に分離していた。実は両者は反発しつつも密接に影
響し合っている。社会主義のリーダー達は、農民を行政区画に組み入れ、社会
経済の発展に動員しようと目論んでいた[58]。ラチラカもそのひとりであり、フ
クヌルナを以下のように考えていた。

　　「全てを失った農民に収入を得る手段を与えれば、社会的・文化的向上
　を得る方法を彼らに与えることにもなる。当然、このために革命国家は不
　断の努力を求められることになるが、農協組織のお陰で分権化自治体組織
　（フクヌルナ）は発展できるであろう。こうして確実にこういった努力を無
　駄にすることなく、全ての介入を集中的に行い、より効果的にすることが
　できよう[59]。」

　国家にとって、国民は労働者で大衆であり、社会主義の革命を達成するため
の原動力になるはずであった。労働者たる国民は、FNDRに加盟することが
選挙に立候補できる条件であった。労働による革命遂行を憲法29条でも次の
ように掲げている。

　　「革命と祖国の理想にかき立てられた労働者と市民は、社会主義の啓発
　　のため、前衛的な活動を実践し、革命防衛組織を活性化し指導統制しよう
　　と、民主的に結束することが奨励されている[60]。」

　国民国家を安定化し、国民の不満を解消するには経済発展が不可欠である。
植民地時代、アフリカ諸国はモノ・カルチャーを強いられ、その農産物を本国
に組織的に輸出するだけになっていた。つまり独立後、工業化もまま成らず、
資本もないアフリカで、外貨を稼いで収益を挙げる数少ない手段は、植民地時
代に強制させられた農作物の輸出であった。故に、農村開発と農地改革はアフ
リカにとって生き残りを賭けた最後の手段であった。ラチラカはマダガスカル
人のナショナリズム形成と、国家建設の財源を農業に見出した。そのため、国
民の自由や権利を制限し、農業労働者を働かせる仕組みを作る必要があった。
憲法14条に次のような記述がある。

　　「基本的権利と自由は社会主義と民主主義の命題の範囲に限る。その中
　　において、市民はあらゆる搾取や横暴から解放され、個人や集団での労働
　　を通して、自由と尊厳の下で人間性の開花に必要な条件を生み出すであろ
　　う[61]。」

　国民は個人の自由を制限され、革命憲章を尊重する義務が憲法13条に明記
されている。労働組合は憲法上、認められていない。表現や報道、集団結社の
自由は、同28条にあるように、社会主義イデオロギーに適合する範囲のみ認
められた。国家秩序を妨害することは、同14条によって、非合法な反逆や自
由の濫用とみなされた。同16条は次のように、国家に国民の自由を制限する
権限を与えている。

　　「市民の権利と自由は、国家の希求に基づいた法や命令によって制限を
　　受けることがある[62]。」

## （5）反植民地とナショナリズム

　そもそも、国是として掲げた「革命」の目的とは「あらゆる人の人としての統合的発展」[63] であった。その内容は、マルクス主義が実証しようとした、究極の資本主義の後に訪れるプロレタリアート革命と労働者が権力を握る社会の実現ではなかった。むしろ、革命遂行のため、国家主導の開発独裁を正当化している。さらに「真の民主主義（の定着）とは、人間による人間の搾取を取り除くことである」[64] と明記し、搾取の防止には、植民地体制からの脱却と旧宗主国フランスの影響の排除が掲げられたのである。国民国家としての統合を目指したナショナリズムの高揚も窺える。

　　　「我々は 1960 年を公式な独立と明言するが、この独立はネオ・コロニアリズムの影響や再植民地化、不平等な交流によって全内容を無にされてしまった[65]。」

　　　「マダガスカルは自由であり、自らに忠実であればよい。自らの努力と、共通の敵たる帝国主義と戦った他の国の人々の犠牲によって、マダガスカルは独立を獲得したのである[66]。」

　このような発言は、国家の敵、国民共通の敵を外部に想定して国内の結束を強化するものであった。共通の敵とは、第一共和制の時代、現地エリートとクライアンテリズム関係を築いていた新植民地主義（ネオ・コロニアリズム）であった。ところが実際は、国内部にも国家体制を脅かす敵がいた。内部の敵とは、民族による分離独立の動きであった。民族問題についてラチラカは、植民地時代に起因していると解釈している。

　　　「それ（植民地）は、マダガスカル人の階級闘争を人種（部族）や国家ブルジョワジー[67] のポスト争いに替えてしまった。搾取や支配の道具と化した「部族主義」は、意見の相違や肌の色の違い、髪の毛の編み方で決まるわけではない。それは階級の利害闘争に原因がある。社会階級は国民を

分裂に向かわせようと、地域による格差を生み出し、利用するのである[68]。」

　「（中略）マダガスカル人がマダガスカル人と自覚しない限り、または地域や都市、地方、階級、個人の間で明白な不平等がある限り、真の国民統合はあり得ない。国民統合は、我々の解放と独立の絶対条件である[69]。」

　植民地時代の負の遺産について、なるほどと思う点もあるが、筆者は独立後の国民国家も民族問題を増長させたと考えており、ラチラカの主張は一方的で都合がいいように見える。そして「髪型や肌の色が多少違っても、既に国民性が確立している」と述べ、民族の隠蔽を図ったのである。

　「1896 年以前、マダガスカルは他の多くの植民地化された国とは違って、既に一つの国民性を作っていた。また、歴史の様々な要素に起因する欠陥にもかかわらず、多様性の中にも統一された国民性があったのだ。マダガスカル国民は様々な慣習や伝統、自らのアジア・アフリカ文明に誇りを持っている[70]。」

　果たしてそうであろうか。植民地以前の王朝興亡の歴史を歪曲してはいまいか。共通の外敵、旧宗主国に対して結束していただけではないか。国民国家は、均一の文化と価値観を国民に強要する。いわゆる政治的プロパガンダであり、ナショナリズムの捏造が始まる。これが政策として実践されると、民族のアイデンティティーや文化表現の自由、信教の自由は蔑ろにされてしまう。

## （6）すべての政策はフクヌルナに集結

　これまでの記述から、ラチラカ政権にとって一党独裁と権力の集中が重要であることが分かる。そして、自らの権力基盤の存続を賭けて、国民の自由と権利を制限して開発経済と国民国家建設に国民を動員しようとした。経済発展の基盤として農村を行政の一環に組み入れなければならなかった。故に、農業改革にラチラカ政権の戦略や欺瞞、矛盾と挫折が現れる。ラチラカ自ら第二共和制をフクヌルナ国家と呼んでいる。

　「マダガスカルの国民は、社会主義的で民主的な共同体、フクヌルナを基盤にした国家に国民統一を図る[71]。」

　「フクヌルナの社会主義が、総合的で自治的、公正でバランスのとれた発展という目標を、最も効率的で迅速に達成できる方法と確信している[72]。」

　伝統、即ち植民地以前に既に国家の原型があったとし、政権の方針に正統性を主張して、国民の支持を得ようとしている。反植民地や反外国勢力に結集し、先祖帰りの象徴を持ち出したことになる[73]。

　「マダガスカル国民は（中略）共同体において安全保障上の伝統（扶助や連帯）を持っている[74]。」

　「マダガスカルの革命は国家だけが生み出したものではない。マダガスカル人の魂に根付いており、歴史的条件（植民地支配）や地理的条件（戦略上の位置づけ）によって決まったのである。（客観的条件）[75]」

　また、社会主義のリーダー達は、農民の力を国家建設に活用するには分権化が最も適切だと考えており、分権化の行政単位を以下の4段階にした[76]。

・フクタン（Fokotany）：基本となる分権化自治体。フクヌルナから成る
　行政区画。
・フィライサンプクンタン（Firaisampokontany）：県に相当。
・フィヴォンドロナンプクンタン（Fivondronampokontany）：郡に相当。
・ファリタン（Faritany）：地方に相当。

　「分権化とは我々の目から見れば、国家統一を強化するのに根本的な条件の一つとなる[77]。」

　　「実際、フクタンは村落における革命（実践の）パワーであり、国家は
　　全国レベルの革命権力を示している [78]。」

　そして政令 No.76-044 に「分権化自治体は国土の一区画であり、その中で、
マダガスカル国籍の住民で選挙民の集団が、社会経済や文化の発展や自治体
の行政のために、地元の活動を実践するのである [79]」とある。

　エリートは権力機構と集団心理を利用して、大衆の支持を得ようとする。エ
リートは衆愚など、簡単に手懐けられると考える傾向がある。従来、大衆は、
権力者の加護を受けて社会の中で有利に生きていこうとするが、第 1 章で実証
したように、大衆農民は流動的で手を返したように反旗を翻すことがある。本
書では、農業政策によるナショナリズム形成とその挫折に注目している。次に、
ラチラカ政権下、いかに農民が困窮の中で反体制派になっていったかを検証す
る。

## 3　アナーキーとなった農村

　農業こそ経済発展の基盤であり、その改革と農業政策が肝心であった。伝統
的共同体フクヌルナの連帯意識を国家建設と国民統合に活用することが、ラチ
ラカにとって合理的で正統であった。ラチラカは農地改革について次のように
述べている。

　　「農業を基盤として、工業を経済の主要な機動力として捉えよう。自ら
　　の力（自給力）に期待しよう。それぞれの能力に応じてそれぞれの仕事を。
　　こういった原則によってマダガスカルの自治的な社会主義経済は設立され
　　よう [80]。」

　農村共同体フクヌルナは、行政の最小組織で分権化自治体のフクタンに集約・
編制された。分権化自治体には財政上の自治が保障され、それぞれ住民委員会、

執行委員会、総務委員会の組織を抱えていた。住民委員会メンバーは構成組織の代表による間接投票で選ばれた。フクタンの 18 歳以上の住民は、全て総会に参加する権利を有した。総務委員会は執行委員会の指示で行政サービスを提供し、執行委員会は総会か住民委員会の決議を実施する役割を担った[81]。ラチラカは赤本の中で、大衆の利益に基づく国家について次のように謳っている。

> 「革命国家は国家統一の強力な要因であり、国土の安全を何らかの方法で害しようとする企てに対抗するより有効な方法である。そしてそのような国家は新しいタイプのもので、労働者大衆の利益を反映する。」[82]

しかし、ファリタンの事務総長とフィヴォンドロナンプクンタンの議員を大臣の顧問が中央政府の職員の中から政令によって任命した[83]。任命されると省庁ポストを離れなければならないが、カルベ（Jean-Louis Calvet）によると、中央との密接な関係は続いていたという[84]。というのは、あくまで国家党 AREMA の党員であり、党の政策を地方で実施する任務があったからである。例えば、1977 年の選挙で、革命最高委員会メンバーと地方公務員が AREMA に有利に働くように、「革命について大衆の意識高揚」を目的にキャンペーンをした。また、フクタンは末端の行政組織として農民の農業活動を指導するのだが、その実体は、国家と政党 AREMA 主導の農業政策を確実に実施するため、農民を従わせ、監視する組織として機能した。

上位の分権化自治体は下位からの申請や報告に対して、指示・監督をする体制が出来上がっていた[85]。果たしてこれは分権化とは矛盾しなかったのか。

> 「（上位による下位の）保護後見とは、民主的中央集権の原則に従い、分権化自治体の機能と行為を統一化し、管理することを目的としている[86]。」

と修正政令 1977 年 2 月 77-037 でその矛盾の解消に努めている。この保護後見により上位行政機構は、下位の分権化自治体の総会や人民諮問委員、執行委員会の決定や方針を監視し、破棄することができる。その意味で、ファリタンの後見権限は次のように強い。

　　「ファリタンは、ヒエラルキーの頂点で中央権力の保護後見の下に、例
　外的に下位の分権化自治体の後見の役割を担い、直接政策決定できる[87]。」

　さて、具体的な農地改革と経済政策について、1977 年 11 月 29 日、国民
議会は「社会主義計画の方向性と組織化」という法案を可決した。それに
は「社会主義計画の本質的選択について（les Options fondamentales pour la
Planification socialiste)」、通称「展望 2000（Horizon 2000)」という経済の長期
計画を含んでいた。その目的は失業対策と生活レベルの向上であり、特に農地
改革と農協システムの導入が具体的に書かれていた。土地収用について赤本で
は次のように述べている。

　　「現在、我々は国家的民主主義革命によって反帝国主義、反封建活動を
　展開している。よって運動を通じて、革命国家は封建的で植民地に起因す
　る土地所有制度を廃止しなければならない。（中略）細分化と小規模開拓
　は農業発展を阻害する主な要因となっている。そこで不在地主や所有権の
　制限、植民地制から社会主義的土地制度への変換など、適切な手続きを通
　して、土地を収用しなければならない。また、農協を創設して、土地を無
　料で農民に分配し、農協は人々の同意に基づいてその利益の実現を図らな
　ければならない[88]。」

　周知のように、社会主義政権は私有財産制を認めていない。不動産、特に農
地は農民のものにならない。農業の集団化はスターリンの政策に端を発し、そ
の後、毛沢東の中国共産党が徹底した。農民は自分で自由になる種も農具もな
く、家族が食べるための食糧も自給自足できなかった。マダガスカルではそこ
まで徹底されたわけではない。当時、農業集団化には 3 つの選択肢があった。
1 つは中国のような完全な私有財産禁止で、全ての農作業は当局によって計画
化され、監督される。2 つ目は半社会主義的で、土地の所有や自由財産を認可
するが、国の共同作業には従わなければならない。そして 3 つ目は、共同作業
や農具は国が決めるが、生産は各農協に自治を委ねる方法であった。また、農

業生産銀行が設立され、分権化自治体に有利な金利で融資がされるようになった。結局、中庸的で現実的な３つ目が1978年7月28日付け政令78-232によって、選択された。村の集団化のため、土地収用が行われた実態について、カルベは次のように証言している。

　　「(略) 1977年末までに合計で、112,171ヘクタールの土地が収用された。その内訳は、未開拓で国家に譲渡されたもの、単に国有化されたもの、そして所有権の取り消しなどであった。(その他４万ヘクタールも収用待機の状況であった。) [89]」

　もはや、村のための伝統的な農業もできず、社会主義政権から指定された農作物の収穫量をこなすにすぎなくなった。これは植民地時代にも行われたことと同じであった。即ち植民地の行政区画ができ、他のフクヌルナの人々と本国フランスへの輸出用農作物を生産した。アルタベ（Gérard Althabé）は、人々にとって国家による行政とは、植民地以来の外国から輸入された「余所者」の権威（autorité étrangère）でしかなかったと述べている。そして、第二次共和制の農業政策の一環に組み入れられたフクヌルナの伝統的首長は、国家と農民の間の仲介者となったが、農民にとっては「外国勢力」に阿り、片棒を担ぐ裏切り者と映った [90]。このように、フクヌルナは国家に従順な一派と、それに反抗する一派を擁し、両義的で混沌として一枚岩の集団ではなかった。アルタベはこういったフクヌルナの分断を「脱植民地化の失敗」と呼んでいる。

　　「かくして、脱植民地化は危機を招いた。一方で役人は自分達の利益のため、植民地状況が永続されることを望んでいる。外国の支配者が出て行ってしまったら、その中身も形式も変更なく、その権限を全面的に拾い上げ、活用することが肝心である。他方、村人達は、役人達がもはや外国の代行者でなくなっても、その権限には何ら正統性を認めない [91]。」

　ラチラカ政権は国民国家を建設したいのであって、国民を平等に扱い、労働の機会を均等に提供して支持層を獲得しなければならなかった。そこで農民に

対して農業技術の指導と農業機具の提供を行い、フクヌルナの若者達に農業指導を行った。特に奴隷出身の若者達の労働価値を認めることになり、彼らの社会的地位が上がった。それ以前から伝統的な奴隷制を撤廃しようと、若者達は奴隷出身者と自由身分出身者で 1971 年から 72 年まで集会を開き、ついには同年「5 月 13 日」広場にてチラナナ政権への反対運動を展開した。そして、75 年から 76 年には革命青少年協会（tanora　Révolutionnaire）を立ち上げた。彼らは隣村の若者同士、農業技術について語り合ったり、文化的行事で交流を深めて行った。パヴァジョ（Jean Pavageau）はこういった若い農民について、伝統に反旗を翻すため、国家の政策を利用したと分析している[92]。しかし、伝統的な奴隷と自由身分、長老制を無視した国家の政策に多くの伝統主義者は反対した。変革を巡って世代間紛争となり、結局、伝統主義者の反対と、根強い因習の社会的圧力に直面した。1975 年にフクタンが分権化自治体に編成されると、若者の活動もフクタンの区画で行われるようになり、77 年に協会は解散となってしまった。若者達による変革の志は挫折した。この苦い経験はその後、打開できない現状の中で反ラチラカに変貌する。かくしてパヴァジョは、フクヌルナは奴隷出身の若者達による伝統への反発によって変容したが、政治的には国家体制に巻き込まれて行ったと総括している。そしてパヴァジョは、フクヌルナ社会の変化について以下のように結論付けている。

　　　「（中略）社会主義の農協イデオロギーは、（中略）家族制に残る連帯の精神、フィハヴァナナ（Fihavanana）とは一致しないのだ[93]。」

　では、フクヌルナの変容はなぜ暴力をもたらしたのか。それは、上記のような伝統に反した国家行政への反発や、以下に示す貧困を原因としたものもあった。

　ラチラカ政権の農業政策は、基本的に自給自足に近い方向性を目指し、それは外交政策にも反映された。1976 年、社会主義政権らしく、旧宗主国フランスとの外交を実質上凍結した。フランスの経済圏、CFA フラン圏からの脱退を表明し、独自通貨マダガスカル・フラン（FMG）を造幣した。多くのフランス人技術者、フランス人教育者も国外追放になり、経済発展の人材を失った。

CFA フランはアフリカ旧植民地に対するフランスの経済支援の通貨システム であり、これを放棄したことで、フランスからの融資はなくなった[94]。その結 果、経済は停滞し、雇用は創出されず、失業者が増加した。90 年のミッテラ ン大統領訪問で関係改善が計られたが、憧れと反発のコンプレックスからはっ きりしない態度を示している。また、ラチラカは第二次共和制で反宗主国を掲 げていたにもかかわらず、常にフランス要人との交流、支援を受けていたと言 われている。

　加えて、インド洋で発生するサイクロンは人々の田畑に被害を及ぼし、主食 の米は穫れず、人々は飢えていった。ラチラカ政権の経済政策により、人々の 生活は困窮した。マダガスカルは 1990 年より IMF・世銀の構造調整を受け入 れ、融資も受けて経済成長も遂げるはずだった。しかし現実の末端の社会では、 人々は飢え、フクヌルナを離れて都市に流入し始めた。職にありつければいい が、まず困難だった。それよりも、都市近郊で牛泥棒や強盗略奪をした方が早 かった。こうして犯罪率は瞬く間に上がった。ゼブ牛は人々の生活と密接で、 敬っている動物であり、こういった動物を盗んで利益を得るということは、マ ダガスカルの慣習法では大罪に値した。モラルの荒廃について、ドゥルリはマ ダガスカル教会司教の言葉を引用している。

　　　「フィハヴァナナ（Fihavanana：連帯と寛容の精神）は失われてしまった。 家族は崩壊寸前で、（中略）農村共同体はもはや統一されていない。一部 の人々はもはや、集会に出席するという義務さえ守らない。自分勝手や嘘、 偽善が至るところで勝ち誇っている。祖国愛や民主主義を訴えているが、 実際には人々は、虚栄心や個人の利害のせいで争ったりしている[95]。」

　さらに、フクヌルナは民族対立の舞台ともなっていく。マダガスカル社会主 義政権下、フクヌルナは経済発展の基盤であると同時に、国家統一を達成する システムであった。アンタナナリボ近郊のフクヌルナはメリナ族のみで構成さ れている。そして首都の経済状況の影響を受け易い。先進国主導の世界経済の 動向に翻弄され、働いても手元に何も残らなかった。貧困の意識が高い単一民 族の農村共存体では、他民族に対して排他的になっていった。一方、マジュン

ガのフクヌルナは複数の民族で構成されている。それは移民の歴史の結果である。共同作業、特に伝統的漁業を異なる民族とパートナーを組んで行っている。また、貧困の切迫感がマジュンガでは乏しい。輸出用だけではなく、自給自足用の漁業や農業がまだ生きている。漁獲高の減少が懸念材料だが、貧しいとは感じないと当時の漁師達は述べた[96]。

　それにもかかわらず、1988年、マジュンガではコモロ人虐殺事件が起こった。2007年の現地の聞きとり調査によると、当初はコモロ人とマダガスカル人の子供同士のケンカに過ぎなかった。子供のケンカはしだいに親同士のもめ事になり、長老による仲裁が必要になった。コモロ人はマジュンガにおける不動産の所有率が高く、両民族の格差意識が強かった。報復の殺人まで起こり、地方政府は国に憲兵派遣を要請した。ところが、マジュンガの人々はこれは民族紛争ではないと言う。確かに、社会の底辺には民族間の反感はある。近代化に伴う大量移民は同化と受け入れが間に合わず、先住のサカラヴ族と衝突が起きるようになった。移民はサカラヴ族の伝統を顧みず、民族の誇りは傷ついた。このような社会的ストレスがコモロ人排斥となって現れたと考えられている[97]。しかし、国家は民族問題を無きが如く隠蔽し、民族間の社会的格差の是正には踏み切らなかったのだ。

　では、民族紛争とはどのような状況だと定義できるのか。社会的対立が政治的権力闘争に至らなければ、政治社会学的には民族紛争とは言えない。先鋭化すると、大量虐殺に急展開することもあるのである。その民族概念の段階と変遷を解明するのも、本書の役割と考える。詳細と理論化は第3章に委ねる。

　ここで言えるのは、農村共同体フクヌルナが国民国家とは相容れない特質ということである。前述したように、フクヌルナは伝統的な自治を備えていた。フクヌルナを制御し、国家建設に巻き込むことは人々を動員する効率的な方法に見えたが、至難の技であった。フクヌルナにはディーナ（Dina）と呼ばれる独自の法体系がある。つまり、近代的な法治国家にもかかわらず、ローカルの慣習法規則を温存させている。近代法が行き渡らない農村共同体の自治を生かして国家建設をする方法だという[98]。法律の二重性という矛盾をはらんでも、農民を動員したい国家の苦肉の策であった。

　暫定政府時代のラチマンドラヴの農地改革以来、フクヌルナを国家統一と開

発の基盤とした社会主義政策は、その農業政策を巡って国民を二分してしまい、フクヌルナは国家の思惑から外れていってしまった。ラチマンドラヴは農地の国有化や農業の集団化も考え、農業分野への融資について、国家予算から捻出することから個人資産の自由融資までを想定したが、結局、折衷案に留めた[99]。

　フクヌルナを国家行政の中に取り込むこと自体、植民地時代と変わらないではないか。そもそも国家とは、フランスがもたらしたもので自分達のものではない。それがフクヌルナの構成員の感情であった。こういった保守的動きがラチマンドラヴ暗殺に至ったのかもしれない。フクヌルナの「伝統」、即ち植民地以前の姿を憧憬し、追い求める一派である。カルベは以下のように、フクヌルナはアナーキーなダイナミズムを備えていたと考えている。

　　「これからの混沌とした時代、農村共同体の古いスタイルに戻ること、つまり、細かい規律が旧態傾向になることと、既に内在し、"小物独裁者"（中略）となって現れるローカル・"アナーキー"を惹起する"民衆権力"といった現実的なリスクとの間で、均衡の（中略）実現は難しい。また、若干"フォークロア"な無秩序を伴うフクタンとフィライサンプクンタンと、国家管理下の行政組織との間で断絶が現れる危険はないだろうか（中略）[100]。」

　これは伝統的フクヌルナの自治的性質に由来する外来勢力への反発に因るものなのか。筆者はもっと複雑だと考えている。フクヌルナ内部は植民地以来、構造も権威も変化してしまった。さらに社会主義政権下、国家に言いなりの伝統的首長の権威は落ち、農民を救済し、福祉を与える共同体はもはや存在しなくなった。愛着やアイデンティティを感じるような帰属先はなくなった。こうなるともはや、マダガスカルの農村改革を巡る対立構造は、独立当時の親仏か反仏かの対立でも、エリート対大衆農民の対立でもなくなった。伝統と近代化の狭間で歴史的に変容したフクヌルナ内部で、近代化に乗じた者と伝統に固執した者の、農民どうしの対立となって現れている。その後、経済の失策による困窮の中で、国家の手中から乖離したフクヌルナはさらに無秩序状態になっていった。生活環境の劣悪化と人々の陰鬱な精神状態の中で社会はもがいている状況にあった。

# 第4節　グローバリゼーション

　第1章で示したように、今日のマダガスカルでも、農民は民主化と国際秩序に敏感になっている。一見、出口なしの状況であるが、人々は危機的状況の中で生き残りの術を発見する。それは、国家の枠を打ち破る破壊力を備えたアフリカ農民社会に特有なダイナミズムであった。

## 1　民主化

　IMF・世銀の構造調整が招いた貧困が生活を脅かしていた。地方分権と銘打ったものの、実態はFNDRの党幹部が地方行政を統治・管理し、言論統制の下、政治的不満を表明したり、陳情はできない体制となっていた。また国家は、治安維持と称して、自警団カルティエ・モビル（Quartiers Mobiles）をフクヌルナに設置したが、1985年、迫害された反体制派の中心人物、ジョアナは次のように暴露している。

　　　「カルティエ・モビルはフクヌルナを保護し、助ける（中略）役割を担っているというが、これは間違っている。フクヌルナに導入したのは、牛泥棒であるダハラに指示したり、トラブルを起こしたり、恐怖を蔓延させるためであった[101]。」

　フクヌルナは暴力の温床となってしまった。貧困とモラルの荒廃の中では、人間は通常、自暴自棄になったり、無気力になるものである。そういった農民大衆がなぜ民主化運動に動員されたのか。この原動力こそ政治学、特にここでは政治社会学の関心事項である。1990年に起こった民主化と政権転覆の経緯について、マダガスカルの社会学者、ラザフィンパハナナ（Bertin Razafimpahanana）の著書や、市民運動として1989年に発足した全国選挙監

視委員 CNOE の発表コミュニケを参照して以下にまとめてみる[102]。

　1989 年、反体派議員（VITM、MFM、VSM、MONIMA）が、1987 年に政府が IMF・世銀のスタンド・バイ協定の条件を受け入れたことは、マダガスカル憲章違反なのではないか、とラチラカ政権に異議を唱えた。この時点ではまだ、マダガスカル憲章に基づく社会主義に忠実であり、国民の困窮も社会主義を順守しなかったからだと考えていた。このような逆風の中でも、大統領選挙でラチラカは勝利しており、反対会派は選挙の不正を訴えた。この政権弾劾の動きは複数政党制の要求となり、同年末、FNDR 解散の法案が議会で可決され、複数政党制が認められた。

　第 1 章に引用したオドンネルとシュミッターの理論にあるように、一度譲歩をし、一部の自由化を認めれば、体制権力はその他の要求を制御することはできない。1990 年 1 月、ラチラカ大統領は新年の演説で、現政権はソ連より早くに「ペレストロイカ」に取りかかり、社会主義の改革を果たしたのだと、自画自賛と言い逃れを計った。理論上、末期にある体制維持の社会への迎合ともとれる。しかし同年 5 月、反ラチラカの軍過激分子が放送局と都市の一部を占拠し、大統領の辞任を求めた。そして 12 月、報道の自由を保障する憲法改正が国民議会で採択され、新聞報道の検閲も廃止された。それまでのように反体制的発言をしても、当局の厳重な監視体制下に置かれる恐れはなくなり、合法的に反体制派が認められたのであった。こうして野党が成立することになった。それにもかかわらず、なぜ国民と野党の政治家達は満足できず、政権転覆に至ったのだろうか。

　当時の歴史的記述を考察すると、国民の貧困の度合いがそれを許さなかったと考えられる。ドゥルリによると、クーデターなどの策謀、デモや暴動、そして宗教勢力が社会の気運の中で反体制勢力による運動として形成されたという[103]。1979 年、カトリックとプロテスタントの 4 つの教会が連帯してマダガスカル・キリスト教会連盟委員会を結成した。キリスト教会は、人々の生活水準の悪化と反社会的な態度を懸念していた。特に、カトリックは植民地時代よりマダガスカルに布教してきた自負があり、多くの信者への責任を痛感していた[104]。以下に 1981 年、キリスト教会連盟委員会のアンチラベ（Antsirabe）集会での発言を引用する。

　「貧困が速いスピードで広がっており、飢餓が迫っている。腐敗・汚職も至る所に見られる。反キリスト教のイデオロギー（社会主義を指す：筆者加筆）は、半ば公にしていないが、無神論を目指している。彼らが社会階級の闘争と呼ぶものは、精神の混乱を引き起こす。このような不幸に対して、教会は責任を取ろうと思っている[105]。」

　社会主義と宗教とは両者の教義上、相容れない。マルクスにとって宗教とは、社会経済の動向を左右する上部構造（その他に国家や法律など）に属する存在と認識していた。しかし、実際に社会主義による統治を実践したレーニンとスターリン体制では、国家の政策と正統性を阻害するものでしかなく、禁止・排除した[106]。ラチラカ政権とキリスト教会との関係も同様であった。

　当初、社会と野党リーダー達の動きには連携はなかった。やがて教会連盟は、人々の苦しみを緩和することが使命と考えて、その元凶であるラチラカ政権打倒を目標に掲げ、反体制派への支持を正式に表明した。一方、野党政治家にとっては、教会を味方につけることで大衆農民の支持を利用できるようになった。教会は貧しい人々の食事の世話と精神的苦境を脱する支援をしてきたので、民衆の支持を得ていた。さらに、野党によるラチラカ政権の経済政策の失敗を弾劾するプロパガンダは、教会を仲介に農民大衆まで情報が伝わり、農民からの反応もフィードバックされ、意思疎通が図られていたとラザフィンパハナナは証言している[107]。同社会学者は当時の社会の風潮を、教会が野党支持を表明したことで、民衆は盗みや強盗以外の生活手段を見出し、安堵と希望を見出したと記している[108]。このようにデモに参加し、意思表明することで、自分達が政治的アクターだと自覚していった。

　野党リーダーは、経済の自由化が社会主義と矛盾しているとの批判を展開していたが、ついには自由主義経済を容認し、憲法改正を目指すようになった。そして1991年4月、教会連盟のリーダーシップの下、反ラチラカの政治家・議員達は政党を超えて野党連合「FV強硬派（Force vive Razalama）」を確立した。野党の反政権の主張は日ごとに大きくなっていたが、1991年5月1日のメーデー、ついにそれに同調した民衆が独立大通りに結集し、大規模なデモを

展開した。それまでは特定の場所に限られていたが、これが初めて大衆を動員した反政権デモとなった。しかもデモ隊は国民議会にまで押し寄せ、ラチラカ政権退陣と憲法改正を要求したのであった[109]。FV 強硬派はデモ決行にあたって、大衆が感じる不満をどのように政治的メッセージとしてデモ隊に主張させるか、配慮したという。政権側へのダメージにならなければ、効果がないからである。そのため、「上」、即ち野党政治家と「下」である大衆との意思疎通が両者から発信と受信の形でなされ、利害と政治行為が一致した。この相互の意思疎通が大衆運動の成功の要因であったとラザフィンパハナナは分析している[110]。

　6月10日より、民衆は大規模なデモを街の中心地、「5月13日」広場で行うようになった。12日には教会連盟が FV 強硬派を正式に支持すると、ラチラカ大統領は教会連盟による政治介入だと非難した。これが大衆の反発をかい、野党にとって格好の退陣要求の口実となった[111]。21日、FV 強硬派は独自の政府を樹立した。現政権とは異なる大統領と内閣が成立したことは政治と社会を混乱させる恐れがあった。国際社会から見ても、どちらの政権を承認し、外交交渉をすべきなのか懸念された。その後、教会連盟が仲介を計るが、両内閣は妥協することはなかった。内閣総辞職の後、ラチラカが新憲法作成の統一政府を呼びかけたが、結局成立せずに異常事態が続いた。8月、野党はラチラカに政権交代の最後通牒を突きつけるが、ラチラカ側は逆に挑発するかのように、ラザナマシ（Guy Razanamasy）首相率いる新内閣を組閣した。

　8月10日、マダガスカルにおける民主化の歴史の中で流血の事態となり、結局約30人ほどの死者が出た。経緯は以下の通りである。同日、アンタナナリボ郊外にある大統領府にデモ隊約150万人が集結した。そこには、立ち入り禁止区域が設けられていた。それは当局と反体制派幹部の取り決めであった。ところが、興奮したデモ隊の一部が禁止区域に入ったので、憲兵隊が一斉に発砲し、たちまち流血の事態となった。国民に銃を向けた国家元首として、その後、内外ともにラチラカ政権への正統性は失われた。同年10月、教会連盟の仲介の下、両政権首相の合意で18ヶ月の移行期間が設けられ、第二次共和制憲法の停止、憲法制定委員会によって草案された新憲法が可決された。12月に大統領選挙が実施されると、決戦投票の結果、ザフィー（Albert Zafy）が勝

利を収め、複数政党制の第三共和制が発足した。名実ともにラチラカ大統領は退陣、第二共和制も終焉したのであった。

　ところで、ラザフィンパハナナは 8 月 10 日の流血事件は FV 強硬派幹部の戦略で起こったと考えている。ラチラカ大統領の失墜を計って、幹部はデモ隊が禁止領域に入るのを容認、あるいは放置した。流血の事態は予測していたが、政権の信頼性を貶めるには最も迅速で効果が高い方法だった。

　　　「いずれにせよ、FV 強硬派はそれを想定していた。そして、当局からの流血の報復があることも受け入れていた。（中略）大統領は奸計に陥り、名誉ある退陣はもはやできなくなった [112]。」

　当時、野党政治家に動員された大衆の破壊力によって政権転覆に民主化運動の機運が大きく動いた。しかし、次期政権は流血の犠牲の上に成立した権力であった。第三共和制は、反ラチラカだけで結束した権力志向の政治家達であって、民主化と IMF・世銀の構造調整の破壊と混乱の後始末をするリーダーシップはとれなかった。

## 2　構造調整期

　第三共和制の下、他のアフリカ諸国と同様、IMF・世銀の構造調整を巡って、マダガスカル国内も動揺した。当時を振り返ると、国際政治経済とアフリカの国家政策が、アフリカ農民の生活に密接であったことが分かる。しかし、その影響は国際秩序と国家という上位権力が及ぼしたものであり、あまりにも過酷であった。

　1992 年 8 月、第三共和制初の内閣がラボニ（Francisque Ravony）首相によって組閣された。同内閣は中断されていた IMF・世銀の融資に向けて難しい舵取りをしなければならなかった。政局は構造調整か、それとも、出資元が明らかでない「平行融資（Financements parallèles）」と称する融資で経済危機を乗り切るかで二派に分かれた。両派は元々 FV 強硬派出身であり、ともに政権奪取で結束して民主化の志を持っていたはずであった。

　平行融資は 1993 年よりマダガスカルに接近してきた。12 月に発覚した「20
億米ドル融資問題」は当事者が契約内容を全く明らかにせず、いわゆるブラッ
ク・マネーの要素が強かった。莫大な債務を喚起する懸念を IMF・世銀が示
したことで、マダガスカル国内でも話が裁ち切れになった。また、安価な「フ
ラムコ（FLAMCO）米」の契約は、94 年 2 月にサイクロン「ジェラルダ」が
甚大な被害を及ぼし、主食のコメが不足するマダガスカルには絶好の機会に思
われた。ところが蓋を開けてみると、フラムコ社はリヒテンシュタインの王子
が社長、従業員なしのペーパーカンパニーで、その契約の信憑性は疑わしかっ
た。なぜ一般企業が利潤の見込みもない商品を扱うのか。世界市場で第 2 位
の生産量を誇るバニラの利権を得ようとしての接近か、それに手を貸す業者や
政治家がいるのかとの憶測を呼んだ。1997 年、フラムコ米は港に接岸したが、
返却されてしまった。無意味な契約の末に食糧は国民の口に入らなかった[113]。
　平行融資は今日のグローバリゼーションの暗部を映し出している。世界経済
の「汚い金」と結託するアフリカの不正業者のネットワークの暗躍を物語って
いる。しかし、それに関与しようとした政治家は、こういった世界規模のブラッ
クマーケットに無知で、その上、好条件だから国民の救済に繋がると考えた安
易で無責任な結果を、果たして本当に予測できなかったのであろうか。利権が
絡んでいたのではないかとの憶測は絶えない。
　筆者が当国に赴任した 1994 年末からの数ヶ月は、IMF・世銀派と平行融資
派の政治家の駆け引きが激しい時期であった。前者はラボニ首相の政治方針で
あり、後者はアンドリアマンジャート（Richard Andriamanjato）国会議長とザ
フィー大統領一派の動きである。同国会議長はラチラカ政権でも要職に就いて
いたが、民主化で反体制派に乗り換え、第三共和制でも重鎮として発言力があっ
た。その配下が FV 強硬派政治局長であるラマロソン（Alain Ramaroson）で
あり、同政治局はラボニ首相による変動相場制導入に起因するマダガスカル通
貨 FMG の下落とそれに伴う輸入品、特にガソリンなどの物価高は国民生活を
圧迫し、貧富の差は治安の悪化を招いたとし、首相の辞任要求のデモを再三煽
動した。
　95 年 1 月、平行融資を推進した中央銀行総裁を更迭することで IMF・世銀
への対面を保ったものの、平行融資派は交換条件として、ラボニの下で構造調

整推進を計ったラゼリジョーナ（José Y. Raserijona）金融・予算大臣辞任を要
求し、両派の主要人物の相互辞任で妥協に至った。これをどちらの勝利と判断
するかは非常に難しく、ラボニが金融・予算大臣を兼務することで対 IMF・
世銀との交渉がし易くなったという説と、アンドリアマンジャート一派がラボ
ニ陣営の切り崩しに成功したという説がある [114]。

　平行融資派はその後も人心を惑わせ、惹き付けようという行為に出ている。
FV 強硬派政治局は 3 月に 500 人規模のデモを行い、これに対して集会禁止の
条例を出していたアンタナナリボ市が憲兵に催涙弾を使わせて蹴散らすという
事件もあった。また、何よりもザフィー大統領が感情的発言で、生活の困窮に
あえぐ国民に同情の意を示して人気とりに走っている。それは 3 月末のムラ
マンガ演説に始まり、ラボニは国内における貧富の差の原因である輸出業者の
不正を正さずに国際金融機関との交渉に夢中で、貧富の差による治安の悪化を
放置しているのは怠慢であると非難している [115]。そして 7 月には内閣不信任
案を提出するに至ったが、その理由はムラマンガ演説の内容に加え、治安対策
の怠慢は首相本人が不正の張本人だからだという根拠が曖昧な内容だった。し
かし、同内閣不信任案は賛成 46、反対 90 の大差で否決された。これは、新た
な親ラボニ政党グループ G7 が結成された結果であり、内閣不信任案の合理性
を示せなかったザフィーの失敗であった。

　これに懲りない同大統領は、大統領の首相任命権強化の条項を入れた憲法改
正について国民の判断を仰ごうと、国民投票を 1995 年 9 月に実施した [116]。そ
の結果、情報不足の地方の市民の大半は「是」と答え、ラボニを罷免して、10 月、
ラコトバヒニ（Emmanuel Rakotovahiny）元農相を首相として選出した。しか
し、この新首相はザフィー大統領が党首の政党 UMDD に所属しており、組閣
人事で UMDD 出身者が多くを占めたことに、ザフィーを支持していた平行融
資派、アンドリアマンジャート一派は不満を表明した。96 年 6 月、ついに内
閣不信任案が可決され、ラコトバヒニは辞職に至った。以後、国民投票の際に
大統領を支持した一派はザフィーに対して次々と反旗を翻し、大統領の孤立感
は深まった。7 月には、憲法に定められた職務の怠慢を理由に、国会はザフィー
大統領に対して弾劾動議を可決した。烏合の衆、FV 強硬派を主流とした平行
融資派の脆さを物語っている。

　構造調整の顛末は以下の通りである。わずか8ヶ月で総辞職したラコトバヒニ内閣の後、元最高裁長官のラチラウナナ（Nobert Ratsirahonana）が首相となり、空位のままの大統領を兼務した。法曹界出身ということで、政治的中立により、停滞していたIMF・世銀との交渉を進めることが期待された。97年11月にはIMF理事会にて経済政策基本文書が承認され、同首相は構造調整条約に調印。12月には第1回目の構造調整融資が供与された。パイロット・プロジェクトとして経済特区が設けられ、関税がかからない輸出入によって経済効果を見込んだ。しかし、構造調整を受け入れたことにより、多くの公務員、特に平行融資の巣窟であった中央銀行の民営化と職員の削減が行われた。スティグリッツの述べる通り、IMF・世銀主導のグローバリゼーションという経済秩序は、人間の知恵によって制御される必要があり、各国の社会や産業の事情を考慮しなければならないが、それには多くの時間を要するのであった[117]。

　デマゴーグは、国家が危機に陥ったとき、大衆の感情に訴える手法で現れる。マダガスカルでは政府の中に国際志向の普遍主義者とナショナリスティックなデマゴーグの両者がおり、IMF・世銀としては、このような政府からどのような政策が飛び出すか予想が付かず、不透明性への不信感を募らせていくのであった。そしてまた、民主主義制度はこのようなデマゴギーを排除できないジレンマを持っている。

　マダガスカルではデマゴーグが人心を迷わせている間にIMF・世銀との交渉は遅々として進まなかった。構造調整賛成派からは無能な政府と非難されても不思議ではない。95年5月には中道政党で、自由経済促進の経済界を支持基盤に持つLEADERが政府の緩慢さに業を煮やし、3人の閣僚が辞任した。一方、生活の貧しさを訴えるFV強硬派政治局のデモは、再三繰り返されてはいたものの、全体的に盛り上がらず、動員力を欠いた。筆者の事務所の通りでは、子供達が石蹴りをして遊ぶ笑い声が聞こえていた。今日的な大きな流れである対IMF・世銀交渉と国内の政治経済との調整がデマゴーグに阻まれているのに、一方、人々はデマゴーグに同調してもいいはずなのに、どちらの主張にも無関心で、国民の経済的不満は政治的行為に連動しなかった。

　このような政治的に鬱屈した状況の中、95年11月、ラコトバヒニ政権下、メリナ族の象徴たるアンタナナリボ女王宮が放火された。グローバリゼーショ

ンに反発して、排他的で暴力的な「民族」の創設を企てた一派が民族抗争を引き起こし、政治的混乱により政権奪取を計ろうとしたと噂されたが、市民はそこまで激昂はしなかった。なぜだろうか。

## 3　「民族」の形成と国民の意思

　民族とは、その意識を煽って政争を繰り広げようとする勢力によってはじめて政治の焦点となり、ときに紛争に至るのである。マダガスカルに民族紛争を起こそうとした事例をふたつ紹介する。

　構造調整を巡って政局がふたつに割れ、膠着状態の1995年11月、アンタナナリボにあるメリナ族の女王宮が放火された。同文化財は、メリナ王朝の王墓とかつての住居、宝物殿から成る民族の象徴であった。また、植民地の様式によって作られたことも既に述べた。放火前の女王宮の外観と敷地内の建物の構成については、93頁の写真を参照されたい。

　11月6日の火事の当日、筆者はアンタナナリボにいた。女王宮は丘の上にそびえ立ち、街を見下ろして建っていた。町中が騒々しくなり、人々は天を仰いでいた。事務所に在留日本人が飛び込んできて、「女王宮が火事だ！」と叫んだ。事務所の屋上に行ってみると、建物はオレンジ色の炎に包まれ、黒いシルエットとして浮かび上がっていた。マダガスカルで長年働いていた日本人は、郷愁の思いをこめ、建物が崩れさっていくのを涙を流して見つめていた。当時、筆者はザフィー大統領の私邸の裏に住んでいた。大統領は海岸民族出身であり、女王宮は「メリナ族の象徴」である。事務所の上司は、「自分達の文化財を傷つけられたメリナ族が、怒ってザフィー大統領の家に火をつけるかもしれないから、いつでも逃げられるようにしなさい」と言った。その晩はテレビも付けず、音楽もかけず、犬を抱きかかえ、怪しい一味が隣の家にやってくる気配はないか、まんじりともしなかった。

　民族紛争を惹起して政権転覆を計ろうとしたテロリズムと考えられたが、実際には人々は激昂しなかった。マダガスカルの場合、祖先が東南アジアから渡ってきたため、大陸気質と違ってアジア的なおとなしさによってなかなか政治化されないと言われている。しかし、この見解は全く感覚的で、科学的根拠に欠

けるものである。91 年の流血事件の際は、少なくとも都市では大がかりなデ
モに人々を動員できたのに、なぜ今回の女王宮放火事件には動員できなかった
のか。91 年の際は、ラチラカ大統領への反発に野党エリートが国民を結集さ
せた結果であり、政権への正統性失墜の問題であった。しかし今回は、社会の
中で燻っていた民族問題を政治化しようとしたが、これから示す検証で明らか
になるように、政治的焦点としての「民族」に白けていき、その「作られた」
うさん臭さに冷淡になり、巻き込まれることに躊躇するのであった。実は、民
族紛争を引き起こすというのは、多くのプロセスと機運が必要で、なかなか難
しいことなのである。第 3 章で、民族紛争や大量虐殺に至る段階と条件につ
いて述べる。

　構造調整期に勃発した民族問題と文化的象徴へのテロという問題に興味を持
ち、現地調査を実施した。1996 年 2 月、マジュンガのサカラヴ族族長にメリ
ナ族女王宮放火事件について考えを聞いた。サカラヴ族は、既述したように、
19 世紀にメリナ軍に侵略された歴史を持つ。メリナ族の女王宮が燃えてしまっ
たことに、どのような感情を持っているのか。すると族長は、「アンタナナリ
ボの女王宮が燃えてしまったことは、マダガスカル国民にとっての損失であり、
修復のための義援金も送った」と答えた[118]。確かに、女王宮は対フランス反
植民地運動の最後の砦となった場所である。一方、19 世紀にメリナ王朝がマ
ジュンガを侵攻した駐留地跡に対しては、サカラヴ族は反感を持っている[119]。

　即ち、首都の女王宮をみれば自分はマダガスカル人であり、マジュンガにあ
るメリナ族侵攻の駐留地跡をみればサカラヴ族だと自覚する、二重のアイデン
ティティーを持っている。つまり、アンタナナリボの女王宮は単純にはメリナ
族の女王宮とは言えず、宗主国フランスに対してマダガスカル人というナショ
ナリズムを象徴するようになった。文化的象徴とアイデンティティーは実は生
まれついたものではなく、歴史とともに変容し、形成されていくことが分かる。

　複数政党制のマダガスカル第三共和制では、民族意識を刺激して、政治抗争
の道具にする試みがなされた。ザフィ大統領は海岸民族出身であるが、対立す
るラボニ首相はメリナ族である。また従来、大統領は海岸民族で、首相はメリ
ナと、民族の権力機構における棲み分けが暗黙の了解でなされたが、ラコトバ
ヒニ首相は海岸民族で、そのバランスが崩れたため、平行融資派が反旗を翻し

たとも噂された。しかし、こういった「民族」を喚起する戦略に一般の人々は関心を示さなかった。構造調整を巡って、政党は離合集散を繰り返し、賛成と反対とで態度を二転三転させる中でも、伝統や土着性を美化して人々の郷愁を誘う発言に、マダガスカル人は翻弄されたり、そそのかされたりしなかった。貧困の中、インド系商人の家を略奪したり、身代金目当てのインド系の子供の人質誘拐事件が増え、深刻な社会問題となったが、政治的吐け口とはならなかった[120]。

　その後も民族問題の政治化の企ては度々起こっている。2 例目として、2001年 12 月から 2002 年前半、マダガスカルを見舞った大統領選挙後の政治危機を紹介する。1998 年の大統領選挙で、ラチラカ元大統領が逃亡先のフランスから帰国し、立候補した。筆者は奇しくもその搭乗飛行機に同乗していた。当然、元大統領はファースト・クラスで、当方はエコノミーであるから、その様子は窺い知れないが、マダガスカルのイヴァト空港に着くと、元大統領が先にタラップを降りるのを機内で待たされた。後日の報道によると、同氏は抗マラリア剤を長年服用した副作用で、視力が弱く、足下がおぼつかなかったそうである[121]。また、空港からの沿道、出迎える群衆のせいで車がなかなか進めなかったとの記事もあった。閉塞感漂う中、懐古主義に期待する人々がいたことは確かであった。

　ラチラカ候補者の公約は奇想天外のものであった。人道主義とエコロジーをその基本理念とし、行政に関しては分権化を進めるとしていた。そして、経済政策については構造調整の促進と貧困対策を掲げ、この時期としては妥当すぎて代わり映えしない。注目するのは、かつての社会主義などは忘れ去り、過去の多くの汚点や、民主化で政権を追われたことも帳消しにして、変わり身早く、権力を追求しようとすることであった。そしてラチラカは勝利を収め、政権に返り咲いた。翌 98 年には国民投票後、憲法改正が行われたが、CNOE は、1992 年憲法に比べて大統領権限が強化されたものだと述べている。国家組織法や選挙実施などについて国民議会の決定権が削減され、司法の独立の侵害、大統領弾劾の制限などを危惧している[122]。このような権力体制の中、次期大統領選挙で反ラチラカの急先鋒が現れた。

　2001 年 12 月 16 日、大統領選挙の第一回投票が行われた。政権の継続を

望むラチラカ大統領に対して、アンタナナリボ市長のラバロマナナ（Marc Ravalomanana）が対立候補となった。2002 年 1 月 25 日付けの公式発表で憲法最高裁判所は、第一回大統領選挙においてラバロマナナ 46％、ラチラカ 40％の得票率と発表した[123]。しかし、可半数票をとったはずなのに投票に不正があったとして前者が憲法裁判所に意義申し立てをした。憲法裁判所は不正を認めず、ラバロマナナは自ら大統領宣言をし、150 万人の支援者が大規模なデモを首都の 5 月 13 日広場で行った。2 月 22 日、ラチラカは「国家的必要事態（l'état de nécessité nationale）」として逮捕権など大統領の権限を強化し[124]、さらに同月 28 日、全統治権限をラヴェラオリソン（Léon-Claude Ravelaorison）将軍に委譲した[125]。　両者は軍隊を抱き込もうとの駆け引きも行ったが、幸い軍は中立を守った[126]。ラチラカはその後、故郷のタマタブに引きこもってしまう。

　ラザフィンドラクト（Mireille Razafindrakoto）とルボー（François Roubaud）は、記事の中で、「民族票」なるものが架空であったことを検証している[127]。実は不正をしようとしたが徹底できず、タマタブにおいても、ラチラカのベツィミサラカ族の民族票を集めることができなかった。投票権を持つ人々を事前に抱き込もうとしたが、多くの場合、候補者陣営からの要請に反して自由意志で投票する人が多かったと分析している。実際、「民族」が焦点となった選挙ではなく、投票者は自分の民族出身者を支持しても何の利点もなかったのである。

　当初は選挙の正統性の問題であったのに、海岸民族のラチラカはラバロマナナ派の動きをメリナの陰謀だと吹聴した。そして以下のように、ラバロマナナ一派をナチス・ドイツのようだと発言している。

　　「私は 1933 年のナチスのドイツと、我々の扉に迫るファシズムとを比較してみる。アンタナナリボのメリナの上流ブルジョワジーの思惑に警告を発したいと思う。歴史の教訓に注意を向けなければならない。もうひとりのヒトラーの出現のせいで、取り返しのつかない方向に行ってはならない[128]。」

これに対して、ラバロマナナも次のように応酬した。

　　「（ラチラカ）は地方の断絶を引き起こして、独立以来続いている海岸民
　　族のオリガーキーの権力を維持・延命させようとしている [129]。」

　ラチラカの発言に共鳴した海岸民族居住地区の 4 都市、タマタブ、ディエゴ・
スアレス、マジュンガ、チュレアール [130] が分離独立を表明した。こうして初
めて「民族」が政治の問題となったのであった。ラチラカの出身地タマタブは
港町であり、石油や生活用品、食料など主要な輸入品はここに到着する。ラチ
ラカ派は、タマタブと首都を繋ぐ主要幹線道路の途中、ブリカビルの橋を爆破
した。アンタナナリボは輸送路を断たれ、兵糧攻めにあった。まさに国民国家
を分断する民族紛争のように見えた。
　当時の状況を確認すべく、2007 年 8 月に現地調査を実施した [131]。調査は
以下のような目的で行った。「民族紛争」の様相を呈した紛争の原因と経緯や、
それらに対する行政の対応、当時の人々の社会的・経済的状況や心理的状況に
ついて知ろうと思った。内務省行政官と地方の行政関係者、ジャーナリスト、
学術関係者の分析や見解を聞いた。そして農民に対しては、農村の生活はどの
ようなもので、その共同体の中で民族を意識することはあるか、紛争を支持し
たか、批判的か、当時、直面した問題とその対処法などについて聞いた [132]。
　実際には、海岸民族に結集したのはラチラカとパトロン・クライアント関
係にあった政治家であり、分離独立を宣言した都市の市民達は無関心であっ
た [133]。タマタブと首都間の幹線道路に沿って居住する農民にインタビューし
た。タマタブの人々はむしろ、流通が止まって困窮に陥った。人々は、民族抗
争を政治的に吹聴したのは大統領候補者のみと感じていた。橋を爆破したの
も、金銭で雇われた民兵で、「民族」の下に結集した若者ではなかった。さらに、
首都との経済関係を断たれ、生活が困窮したため、治安が悪化したと窮状を訴
えた。
　また、主要道路は爆破されたものの、人々は食料を背負って裏道を通って首
都に運んだ。銀行も管轄がふたつの政権で分断し、機能しなくなるように見え
たが、モーリシャスからの融資が窮地を救った [134]。アフリカ統一機構（OAU）
や国連、アフリカ諸国も両大統領候補の仲介に入った。ところで、民兵を雇っ
た資金はどこから来たのか。ラチラカの汚職から捻出されたものであり、この

大統領選は、こういった古い体質に対抗して台頭してきた新しい勢力との、新旧勢力の政争だったとラクトラヒ（Christiane F. Rakotolahy）は分析している。さらにフランス外交は旧態依然として、一時期ラチラカ支持を表明し、ラチラカとの旧来の人的関係を維持しようとした[135]。ラバロマナナは、民衆を巻き込んでグローバリゼーションを牽引する極めて現代的な政治家として登場したのであった。かくして、ラチラカ一派の民族工作はグローバリゼーションを実践する人々の連携によって阻まれたのであった。

その後、OAU や国連、そしてセネガルのワデ（Abdoulaye Wade）大統領などの国際社会の仲介によって両者はダカールにて和解した[136]。合意したものの、ラチラカ派はなかなか実施に及ばなかったが、ついに主要道路封鎖を解除。4 月 29 日、新しいメンバーによる憲法裁判所によって投票も数え直され、結果、ラバロマナナの勝利が確定した。2002 年 7 月、ラチラカ元大統領は家族とともに、マダガスカルを後にした。数々の政治的工作の失敗の後の逃亡であった。その後、マダガスカルは旧ラチラカ派を、国家への反逆の罪として裁判にかけている[137]。

総括すると、マダガスカルの場合、精神的・文化的な民族の概念は権力闘争とは直結しない。社会的、経済的には民族の違いを意識する場面はあるが、政治の中枢では民族による差別を防止している。無論、政治的権力闘争に利用されそうになることはあるが、たとえ「民族」を紛争理由に掲げる戦略があったとしても、社会的・政治的には様々に解釈される。「民族」の概念は歴史的に変容して様々な様相を呈し、曖昧な概念を示す。このような「民族」が実証されると、むしろ、大量虐殺にまで至ったルワンダの方が、特別な民族結晶の条件があったのではないか。この考察については第 3 章にて論じる。

民主主義の制度の中では、政党や社会勢力がいかに大衆の支持を得るかが重要になり、権力の闘争形態も変わってきてしまった。アフリカの複数政党制の下では、大衆を「民族」の名で煽動する新たなエスノ・ナショナリズムの戦略が取られることが多くなった。にもかかわらず、マダガスカルはそれに社会が呼応しなかった。

民族の形成と台頭、民族紛争についてマダガスカルの事例から何が導けるか。それが第 3 章の課題である。マダガスカルの事例から、首都を中心に居住す

るアジア系のメリナ族に対する、アフリカ大陸系の「海岸民族」の歴史的禍根
が、国民国家によるナショナリズムの押し付けと農村のメカニズムで、民族意
識を形成する過程を描いた。そこから浮かび上がったのは、文化的意識として
のアイデンティティーの民族と、政治化する民族意識の格差であり、国民国家
の体制下に形成された民族の虚構の実体であった。

　虚構といえども、現実にアフリカでは紛争が起こっているのであり、不可解
な実体に翻弄・煽動される今日の民族紛争について、もう一度考察しなければ
ならない。第 3 章では、歴史的な背景と条件、国際社会と国内の動向、これ
らをアフリカにおいてもう一度体系的、且つ理論化して述べる。するとやはり、
農村の変容を舞台に、エスノ・ナショナリズムが国民国家を超越して国際社会
の安全保障と人権問題に牙を向いている実態が見えてくる。

# 【注】

1　小山（2009 年）。
2　2011 年 9 月 5 日放送、NHK「マダガスカル原始の森：ここは新天地　キツネザル大繁栄
　　の秘密」。小山はこの説に反論している。また、キツネザル類の種類は、同氏による 2008
　　年の記述。
3　サン＝テグジュペリ（2000 年）。
4　2011 年、UNFPA（国連人口基金）によると 2130 万人。
5　1996 年 8 月 5 日放送、NHK「モンスーンロード：アジアを駆ける風と大地の物語」。
6　前掲、小山、p.176。
7　Deschamps, 1972, p.25.　ムーア人はベルベル人とほぼ同義。
8　Soodyall（1995 ＆1996）. 参照。
9　Adelaar（2006）. 参照。前掲、小山、pp.165-171、参照。
10　森山（1996 年）では、シハナカの人々の埋葬と死生観、民族性について論じている。
　　シハナカの死者は、埋葬により没個性化すると同時に、祖先として子々孫々まで記憶され
　　る両義性が描かれている。また山口（1991 年）は、元在マダガスカル日本大使で、同地
　　赴任中の人々との交流体験として、現地の人々の先祖崇拝を述べている。
11　Plotkin (1985). は Poirier & Dez (1963). を参照して、公式の 18 民族の他に 19 の少数
　　民族を分類した。
12　Deschamps, ibid., pp.124-125.
13　Id., p.120.
14　Id., pp.153-154.

15 2001年9月、マジュンガでのインタビュー。

16 Rouland, op.cit. 第1章 p. 68。

17 Descahmps, op.cit., pp.162-167.

18 「ルーヴァ」と発音する。マダガスカル語にはオの発音はなく、O とアルファベットで表記してウと発音する。ルーヴァはマダガスカル語の呼称。フランス語では Palais de la reine と表記されるが、本文中は女王宮と明記する。

19 Descahmps, op.cit., pp.138‐139.

20 Ibid., p.144. 及び Condominas (1991). 参照。

21 第3章、p.154。

22 Deschamps, op.cit., pp.175-180.

23 Ibid., p.238 & p.245. Condominas, op.cit., p.204.

24 第1章、pp.65-70。

25 Deschamps, op.cit., p.180.

26 Id.

27 Condominas, op.cit., p.103.

28 Ibid. op.cit.

29 2001年9月30日、アンタナナリボにて歴史学者 Hadj Soudjay Bachir Adehame のインタビュー。

30 Chazan-Gillig (1991) p.20.

31 Deschamps, op.cit., p.199.

32 Tiersonnier (1991) pp.33-34, p.70 et pp.83-84.

33 Deschamps, op.cit., pp.258-262.

34 1942年5〜11月まで行われた「マダガスカルの戦い」。Ibid., pp.262-264.

35 Ibid., p.270.

36 Chazan-Gillig, op.cit., p.21.

37 Deschamps, op.cit., p.270.

38 Wauthier (1995) p.89.

39 Delorme et Gaud (1997) pp.40-50.

40 Deschamps, op.cit., pp.272-273.

41 Wauthier, op.cit., pp.261-263.

42 Ordonnance n° 72-001 du 5 juin 1972 sur l'état de nécessité nationale.

43 Discours-programme du général Ramanantsoa du 31 août 1973.

44 Id. «la maîtrise de l'économie nationale conformément aux intérêts de la nation.»

45 Cadoux (1989) «Vers l'édification d'un État de type nouveau», pp.13-14. C'est sur ces bases juridiques, qui légalisaient en théorie une véritable dictature militaire (…), que le Gouvernement Ramanantsoa devait préparer l'avenir:il s'accordait une pause maximum de cinq ans (…) pour instaurer «dans un esprit démocratique»

46 Ordonnance n° 73-009 du 24 mars 1973, cité par Cadoux, ibid., p.14. «la maîtrise populaire du développement»

47 Ordonnance n° 75-001, art.1er, du 11 février, publiée au Journal officiel de la

République malagasy (J.O.R.M.) du 18 février 1975 , p.594.

48　Programme en dix points, daté du 14 avril 1975, cité par Cadoux, art.cit., pp.17-18.

49　2001 年 9 月 11 日、アンタナナリボにて。

50　Ratsiraka (1975).

51　Bois de Gaudusson, Conac et Dessouches (1997). 参照。

52　*Le Monde*, le 28 décembre 1977, p.7. «Il est clair que les partis politiques ont dangereusement perpétué les divisions et que l'intérêt bien compris de la révolution semble résider dans l'instauration du parti unique.(…) Le moment venu, nous verrons ce qu'il conviendra de décider sans rien imposer, (…) Nous ne le mettrons sur pied (le parti unique) que si le Peuple est d'accord et prét.»

53　Calvet (1989) «Une année électorale», p.89.

54　Ibid., p.99.

55　Deleris (1986) p.114.

56　第 3 章、pp.176-177. 参照。

57　Deleris, op.cit. p.105.

58　第 3 章、pp. 177-178, 184-188。

59　Ratsitaka, op.cit., p. 36.

60　Bois de Gaudusson, Conac et Dessouches, op.cit., «Les travailleurs et les citoyens animés de l'idéal révolutionnaire et patriotique, qui constituent l'avant-garde du mouvement d'édification du socialisme, sont encouragés à s'associer démocratiquement pour animer, diriger et contrôler les organisations de défense de la Révolution.»

61　Ibid., «Les droits et libertés fondamentaux sont l'expression des rapports socialistes et démocratiques dans lesquels les citoyens se libèrent de toute exploitation et de tout arbitraire, et créent, par le travail personnel et par le travail associé, les conditions nécessaires à l'épanouissement de l'homme dans la liberté et la dignité.»

62　Ibid., «Les droits et libertés du citoyen trouvent également leurs limites dans la loi et les impératifs de la nécessité nationale.»

63　Ratsiraka, op.cit., p. 9, «le développement intégral de tout homme et de tout l'homme»

64　Deleris, op.cit., p.44, «d'une démocratie véritable impliquant la suppression de l'exploitation de l'homme par l'homme».

65　Ratsiraka, op.cit., p. 9, «Nous disons bien « indépendance formelle de 1960 » car cette indépendance-là fut vidée de tout contenu par le reflux néo-colonialiste, par le truchement de « l'aide à la recolonisation » et par l'échange inégal.»

66　Ibid., p. 25, «Madagascar libre se doit de rester fidèle à lui-même, il a obtenu son indépendance grâce à ses propres efforts certes, mais aussi grâce au sacrifice d'autres peuples ayant lutté contre l'ennemi commun : l'impérialisme.»

67　国家ブルジョワジーについては、第 3 章 pp.178-180. 参照。

68　Ibid., p. 16, « Ce (colonialisme)qui a eu pour effet de transformer la lutte des classes du peuple malgache en lutte de race (tribalisme) et en lutte de places des bourgeoisies nationales. Le « tribalisme » transformé en instrument politique d' exploitation et de domination ne saurait être limité et expliqué par une opposition et une différence de coloration de la peau ni en différence de crêpage de chevelure. Il se fonde sur les conflits d' intérêts des couches sociales minoritaires dominantes qui utilisent le déséquilibre régional dans lequel vit le peuple pour le diviser.»

69  Ibid., p. 16, « (⋯) tant que les Malgaches ne se considèrent pas comme également Malgaches, tant que subsistent les inégalités flagrantes entre les régions, entre les villes et les campagnes, entre les classes sociales et entre les individus, il ne peut pas y avoir d'unité nationale véritable, condition absolue de notre libération et de notre indépendance nationales. »

70  Ibid,p.12, «Avant 1896, Madagascar, contrairement au cas de beaucoup de pays colonisés, était déjà une nation, aux imperfections dues à différents facteurs inhérents à l'histoire peut-être, mais une nation tout de même, unie dans la diversité. Le peuple malgache était fier de ses différentes coutumes, traditions et de sa civilisation afro-asiatique.»

71  Ibid.,p.19, «Le Peuple Malgache constitue une Nation organisée en État fondé sur la communauté socialiste et démocratique, le Fokonolona.»

72  Ibid.,p.35,«Nous sommes sûrs également que seul le socialisme dans le fokonolona est le moyen le plus efficace et le plus rapide d'atteindre nos objectifs de développement global, autonome, juste et équilibré.»

73  第 3 章 p.161-166. 参照。

74  Ibid., p. 42, « (⋯) le peuple malgache, (⋯), a une tradition communautaire séculaire (entr'aide, solidarité ⋯). »

75  Ibid.,p.12, «La révolution nationale malgache n'est pas le fruit d'une parthéno-genèse ; elle prend ses racines dans l'âme malgache, elle est conditionnée (conditions objectives) par son environnement historique (domination coloniale)et géographique (position stratégique).»

76  Ibid., p. 21.

77  Ibid., p.19, «(⋯)la décentralisation est à nos yeux une des conditions essentielles à la consolidation de notre unité nationale.»

78  Ibid., p. 54, « En effet, si le fokotany (assemblée des Fokonolona)est le pouvoir révolutionnaire au niveau des villages, l'État représente le pouvoir révolutionnaire à l'échelle de la Nation.»

79  Ministère de l' intérieur de Madagascar  (1985), Section 1, art.1er,p.149,«Une Collectivité décentralisée est une portion du territoire national dans laquelle l'ensemble de ses habitants électeurs de nationalité Malagasy, dirige l'activité locale en vue du développement économique, social, culturel et édilitaire.»

80  Ratsiraka, op.cit., p. 56, «Prendre l'agriculture comme base et l'industrie comme moteur principal de l'économie. - Compter sur ses propres forces (auto-suffisance). - De chacun selon ses capacités, à chacun selon son travail. Tels sont les principes qui

doivent régir l'édification économique autonome et socialiste à Madagascar»

81　Ministère de l'intérieur de Madagascar, op.cit., art.4 et 5, p.150 et Ordonnance n° 77-050 du 16 septembre 1977 art.16, ibid., p.153.

82　Ratsiraka, op.cit., p. 37, «L'État révolutionnaire, puissant facteur d'unité nationale et moyen de lutte efficace contre les tentatives de porter atteinte sous une forme ou sous une autre à l'intégrité territoriale, est un État de type nouveau, expression des intérêts des masses laborieuses»

83　Ministère de l'intérieur de Madagascar, op.cit., p.151. Ordonnance n° 78-008 du 5 mai 1978.

84　Calvet, art. cit., p.95.

85　Ministère de l'intérieur de Madagascar, op.cit., p.148. Ordonnance modifiée n° 76-044 du 27 décembre 1976 : «Les principes du centralisme démocratique et ceux de la responsabilité des élus devant leurs électeurs régissent le contrôle des Collectivités. En d'autres termes : les organismes de chaque Collectivité décentralisée doivent recueillir l'opinion de ceux des Collectivités décentralisée composantes ; (…)»
「民主的中央集権の原則と選挙で選ばれた人の権限により、自治体は統制される。つまり、各分権的自治体は、構成自治体の意見を受け入れなければならない（略）」

86　Ibid., p.192, art.25. «La tutelle a pour but d'harmoniser et de contrôler le fonctionnement et les actes des Collectivités décentralisées selon les règles du centralisme démocratique.»

87　Ibid.,p.148. «Au sommet de la hiérarchie, les Faritany sont placés sous la tutelle du pouvoir central qui, exceptionnellement, peut décider de prendre directement en charge la tutelle d'autres Collectivités décentralisées.»

88　Ratsiraka, op.cit., pp.62-63 et 65. «Nous menons actuellement une lutte anti-impérialiste et anti-féodale par une révolution nationale démocratique. L'État révolutionnaire doit donc abolir les rapports de propriété foncière féodaux et colonialistes dans les campagnes. (…) Le morcellement et la micro exploitation constituent l'obstacle principal du développement agricole. Il s'agit donc de récupérer les terres par l'application des textes appropriés concernant l'absentéisme la limitation de propriété et la transformation des rapports coloniaux en rapport socialiste de propriété (…) et les redistribuer gratuitement aux paysans en créant des coopératives qui doivent démontrer l'intérêt du groupement selon le principe du libre consentement.»

89　Calvet (1989) «Priorité à la politique économique», note 18, pp.151-152.

90　Althabé (1982) p.36 et 53.

91　Ibid., p. 41.

92　Pavageau (1981) *Jeunes paysans sans terre*, p.156 et p.159.

93　Pavageau (1981) «Culture villageoise et idéologies dominantes à Madagascar», p.164.

94　第 3 章、p.163, p.191。

95　Deleris, op.cit., pp.93-94.

96　2001 年 9 月インタビュー。

97　Schlemmer (1998). 参照。

98　2001 年 9 月 22 日、Ambohidratrimo 副知事とのインタビューより。

99　本章、pp. 121-122 。

100　Calvet, « Une année (…) », art.cit., pp.96-97.

101　Deleris, op.cit., p.107

102　Razafimpahanana (1991). 全 国 選 挙 監 視 委 員 会 (Comité National pour l'
　　　Observation des Elections) はラチラカ政権の『赤本』を疑問視することから発足した。
　　　その後、国民投票や憲法改正、選挙や権力の在り方（集中と分散、正統性）、技術的問題
　　　（広報の仕方や有権者登録、投票・開票）、報道の自由、市民教育と民主主義などについて
　　　分析と見解を述べている。同委員会は自らを、政治・社会のアクターとなったと述べてい
　　　る。（コミュニケ集、Rabemora F., 著、前書き参照。）

103　Deleris, op.cit., pp.107-114.

104　Tiersonnier, op.cit., ラチラカ社会主義 政権への見解参照。

105　Deleris, op.cit., p.110.

106　マルクスが「宗教は阿片である」と言って、労働者地位向上には宗教からの解放が必
　　　要と考えた。レーニンは、ロシア正教会は腐敗しているとして弾圧し「宗教は毒酒だ」と
　　　の言葉を残している。スターリンは神学生だったが、無神論者になっていった。また、農
　　　業集団化には、信仰心から農民が農作物を納める教会を排除する必要があった。

107　Razafimpahanana, op.cit., p.127 et p.138.

108　Ibid., p.43 et p.60.

109　CNOE のコミュニケによると、当時の政権の問題点は三権の融合、一部の権力者によ
　　　る国家の富の独占、国家予算の浪費によって福祉が行き届かないこと、また潜在力がある
　　　にもかかわらず、最貧国になってしまったことである。その結果、人々は政権交代を求め
　　　たと分析している。また、CNOE は FV 強硬派に賛同するとしている。（1991 年 8 月 23
　　　日 CNOE 全国事務所 Bureau National 記述。）

110　Razafimpahanana, op.cit., p.127 et p.138.

111　Ibid., p. 23 et pp.55-57.

112　Ibid,pp.97-98.«En tout cas, les Forces Vives ont bien calculé leur coup, et ont
　　　accepté le risque d'une riposte sanglante de la part de la garde républicaine. (…) Le
　　　Président est tombé dans un piège d'où il n'a pas pu en sortir honorablement.»

113　Randriania (1997). 参照。

114　Ibid. pp.31-35.

115　大統領は首相を「議員を駄目にする嘘つきで偽善者」と非難している。«Madagascar:
　　　A hue et à dia», Lettre de l'Océan Indien, le 8 juin 1995. また、同大統領は「この国は、
　　　首相が共和国大統領と見解を一致させなければ、正しく進むことはできない」と述べて
　　　いる。Honoré Razafintsalama, Marchés Tropicaux, le 11 août 1995.

116　CNOE はコミュニケにて国民投票の際の問題点として、国民への情報公開、登録と投
　　　票数の混乱、組織体の失敗、妨害行為、選挙違反への制裁の欠如を挙げている。（1995 年
　　　10 月 6 日付け アンタナナリボ発行 CNOE コミュニケ参照。）

117　前掲スティグリッツ、序論 pp.7-18、及び第 9 章「世界を幸せにするグローバリズムの道」pp.305-355。

118　1996 年 2 月インタビュー。

119　本章、p. 91 写真 3 参照。

120　インド洋諸国との関係ではインド洋構想の参加国であるが、肝心なインドとは国内で商売に成功しているインド系への嫉妬心からなかなか親密になりきれない。Blanchy（1995）p. 15.

121　クロロキン網膜症という副作用。長年のクロロキン服用で、眼底黄斑が害され、網膜血管が細くなり視野が狭くなってしまう。

122　CNOE はまた、今回と 1995 年 9 月のザフィー大統領によるものを含み、これまでの国民投票全てが大統領の個人的利害に都合のよいものだったと指摘している。（1998 年 2 月 6 日付け アンタナナリボ発行 CNOE コミュニケ pp.217-230。）

123　Razafindrakoto et Roubaud (2002). から引用した数値。

124　Fabienne P., «Le président Marc Ravalomanana règne sur Antananarivo», *Le Monde*, le 26 février 2002, p.3.

125　«La loi martiale a été décrétée à Antananarivo», Le Monde, le 2 mars 2002, p.3 ; Source d'AFP, AP et Reuters.

126　Bozonnet J.-J., « L'armée malgache hésite à rallier le camp du « président bis » Marc Ravalomanana », *Le Monde*, le 9 mars 2002, p.4.

127　Razafindrakoto et Roubaud, op.cit.

128　Bozonnet J.-J., « Didier Ratsiraka affirme vouloir conjurer le spectre d'une « guerre ethnique » à Madagascar», *Le Monde*, le 19 février 2002, p.3.

129　Geslin J.-D., « Pays au bord de la crise de nerfs. », *Jeune Afrique L'Intelligent*, n° 2157 du 13 au 19 mai 2002, pp.26-27.

130　本文中の都市名は全てフランス語。それぞれマダガスカル語ではトアマシナ、アンツィラナナ、マハジュンガ、トリアラ。本章 p87 の地図参照。

131　野村財団基金 2007 年度（上期）国際交流助成により調査を実施。
　　 ＊8 月 21 日札幌発、パリ経由で 23 日アンタナナリボ着。
　　 ＊26 日より 30 日まで東部タマタブ滞在。
　　 ＊アンタナナリボに戻った後、9 月 2 日より 6 日まで、マジュンガ滞在。
　　 ＊6 日より 13 日までアンタナナリボ滞在。
　　 ＊14 日〜 16 日までパリにて資料収集。17 日に帰国。

132　「誰に投票したか」の質問については、怖がってほぼ解答なし。筆者も無神経な質問とは思ったが、外国人研究者であるので、あえてしてみた。「フクヌルナの伝統的首長から投票についての指示があったか」についても、選挙規定と投票の自律性からしてみると愚問。

133　A (2002). 参照。

134　Rakotolahy (2002). 参照。

135　Id.

136　«Le texte de l'accord signé à Dakar», *Le Monde*, le 20 avril 2002, p.4. 実は、アフリカ統一機構 OAU の独立記念日が国民の祝日であるという認識が普及していない程、ア

フリカへの帰属意識はないと言われている。93 年には OAU 首脳会議により設立された東部・南部アフリカ共同体 COMESA の加盟国になった。

137　昨今のマダガスカル情勢について言及しておく。2007 年にアンタナナリボ市長に選出されたラジョエリナ（Andry N. Rajoelina）は元ディスク・ジョッキー。同市長はラバロマナナ政権批判を繰り返し、2008 年には国外追放となったラチラカを自らのテレビ局に出演させ、同テレビ局は閉鎖の命令を受けた。2009 年 1 月、ラジョエリナはラバロマナナ大統領が外遊中にデモ隊を先導してクーデターを起こし、治安部隊との流血の事態となり、憲法裁判所から市長免職となった。それでもラバロマナナ大統領辞任を要求すると、野党勢力や軍部はラジョエリナ寄りとなり、大統領は辞任し亡命。全権を得た軍部は政権をラジョエリナに委譲して、同氏は暫定大統領中に憲法裁判所の承認を得た後、大統領就任を強行。前政権が締結した経済協力案件をほぼ全て白紙に戻したうえ、アフリカ連合 AU や南部アフリカ共同体 SADC から資格停止の制裁を受け、対外的には承認を得られずに孤立を深めた。その後、（AU）と（SADC）などの仲介で、政治的危機の打開に向けたロードマップが作成されたが、大統領選挙は二度にわたって延期され、漸く実施されたのは 2013 年 10 月であった。その結果、ラジャオマンピアニナ（Hery Rajaonarimampianina）が選出され就任した。

## 【参考文献】

A, «Tamatave et le tribalisme», *Politique africaine : Madagascar, les urnes et la rue*, n° 86, juin 2002, pp.103-119.

Adelaar A., "The Indonesian migrations to Madagascar : making sense of the multidisciplinary evidence", in Peregrine P. N., Peiros I. & Feldman M., *Austonesian Diaspora and the Ethnogenesis of People in the Indonesia Archipelago*, LIPI Press, Jakarta, 2006, pp.205-232

Althabé G, *Oppression et libération dans l'imaginaire: les communautés villageoises de la côte orientale de Madagascar*, Paris, F. Maspero, 1982.

Blanchy S, *Karana et Banians : les communautés commerçantes d'origine indienne Madagascar*, Paris, L' Harmattan, 1995.

Bois de Gaudusson J. du, Conac G. et Dessouches C., *Les Constitutions africaines publiées en langue française*, Paris, Documentation française, 1997.

Centre d'Etudes de Géographie Tropicale (CEGET) / Centre d' Etudes et de Recherches sur les Sociétés d l' Océan Indien (CERSOI), *La Deuxième République Malgache*, Aix-en-Provence, Presses universitaire d'Aix-Marseille, 1989.

　- Cadoux Ch., « Vers l'édification d'un État de type nouveau », in CEGET / CERSOI, 1989, pp.9-52.

　- Calvet J.-L., «Une année électorale», in CEGET / CERSOI, pp.79-144.

　- Calvet J.-L., «Priorité à la politique économique», in CEGET / CERSOI, pp145-172.

Chazan-Gillig S., *La société sakalave*, Paris, Karthala-ORSTOM, 1991.

Condominas G., *Fokon'olona et collectivité rurales en Imerina*, Paris, ORSTOM, 1991.

Deleris F., Ratsiraka : *Socialisme et misère à Madagascar*, Paris, L'Harmattan, 1986.

Delorme O. et Gaud M., «Chronologie politique depuis l'indépendance », *Afrique contemporaine*, n° 181, janvier-mars 1997, pp.40-50.

Deschamps H., *Histoire de Madagascar*, Paris, Berger-Levrault, 1972.

小山直樹『マダガスカル島：西インド地域研究入門』東海大学出版会、2009 年。

Mazéran A H., *Géopolitique de l'océan indien*, Centre des Hautes Études sur l' Afrique et l' Asie moderne, Paris, 1994.

Ministère de l'intérieur de Madagascar (Ministeran' Ny Attranu), *Recueil des textes officiels : sur le fonctionnement et les attributions des collectivités décentralisées* (*Didy Aman-Dalana : Mikasika Ny Fomba Fiasa Sy Ny Anfara Raharahan' Ny Vondrom-Bahoaka Itsinjaram-Rahefana*), Antananarivo, 1985.

森山工『墓を生きる人々：マダガスカル、シハナカにおける社会的実践』東京大学出版会、1996 年。

Office de la recherche scientifique et technique outre-mer, *Changements sociaux dans l'Ouest malgache*, Paris, ORSTOM, 1980.

Pavageau J., *Jeunes paysans sans terre*, Paris, L'Harmattan, 1981.

Pavageau J., «Culture villageoise et idéologies dominantes à Madagascar», De Lauwe C. et Henry P., *Transformations sociales et dynamique culturelle*, Paris, Édition du CNRS, 1981, pp.151-166.

Peux M. D., *Manjakaminadana Tananarive* (*Madagascar*)*dit aussi : Palais de la reine*, L' Harmattan, 1996.

Plotkin M. et al., *Ethnobotany in Madagascar : Overview/ Action Plan/ Database*, 1995.

Poirier J. et Daz J. Les groupes Ethniques de Madagascar : Rapports Préliminaires sur un Inventaire des Tribus, Facultés des Lettres et Sciences Humaines, Tananarive, 1963.

Rajaonah F. V., «Les imaginaires de l' étranger dans la crise malgache», *Politique africaine*, n° 86, op.cit., pp.152-170.

Rakotolahy Ch. F., «Stratégies territoriales de la crise malgache», ibid., pp.138-152.

Randriania S., «Entre restauration autoritaire et réseaux mafieux», *L'Afrique politique*, Karthala et CEAN, 1997, pp.21-38

Ratsiraka D., *Charte de la Révolution Socialiste Malgache Tous Azimuts, Antananarivo*, Ouvrages éducatifs, 1975.

Razafimpahanana B., *Changement de Régime Politique à Madagascar*, Antananarivo, Librairie Mixte, 1991.

Razafindrakoto M. et Roubaud F., «Le scrutin présidentiel du 16 décembre 2001 : les enjeux d' une élection contestée», *Politique africaine*, n° 86, juin 2002, pp.18-45.

Razafy-Andriamihaingo S. R., *Le Rova d'Antananarivo*, L' Harmattan, 1989.

A. サン＝テグジュペリ『星の王子さま』内藤濯訳、岩波書店、2000 年。

Schlemmer B., «Crise et recomposition des identités à Madagascar», *Revue Tiers Monde*, Tome 36, n° 141, mars 1998, pp.129-144.

Soodyall H. et al. "Polynesian' mtDNA in the Malagasy, *Nat. Genet.*, 10, 1995, pp.377-378.

Soodyall H. et al. "The peopling of Madagascar" , in A. J. & Mascie-Taylor C.G.N. (eds.) , *Molecular Biology and Human Diversity*, Boyce Cambridge University Press, 1996, pp. 156-170.

Tiersonnier J. s.j., *Au cœur de l'île rouge : 50 ans de vie à Madagascar, Église aux quatre vents*, Éditeur Beauchesne à Paris et Édition Ambozontany à Antananarivo, 1991.

Vérin P., *Madagascar (2e édition revue et actualisée)*, Paris, Karthala, 1990.

Wauthier C., *Quatre présidents et l'Afrique*, Paris, Seuil, 1995.

山口洋一『マダガスカル：アフリカに一番近いアジアの国』サイマル出版会、1991 年。

# 第3章

# アフリカ政治社会学

ブルキナファソの木綿生産者達（筆者撮影）。

　本章では、アフリカの農村共同体から「民族」勢力が台頭する過程と構造を説明する。

　第1章では、農村はその文化様式から、権力にとって予想外の政治勢力になり得ると説いた。そして第2章においてマダガスカルを例に、国家政策と国際秩序の介入により文化変容を起こし、周縁化した農村の民族意識の形成を実証した。しかし依然として、文化的意識としての民族が政治化、つまり民族の利害を争点とし、排外的になるメカニズムの解明が課題として残っている。アフリカの民族紛争の根源は、各国様々な要因で生じており、画一的な一般化はむしろ、事実を歪曲しかねない。一方で、共通する要因を追求しなければ、瑣末な政治分析に終始してしまう。そこでマダガスカルの事例から得られたことを一般化したり、他のアフリカの事例と比較したりして、アフリカ民族紛争の広範な理論化を目指す。


# 第1節　大国への反発から生まれた戦略


　民族とは本来、同じ文化様式を共有する集団に過ぎなかった。それがなぜ、他者に対して排他的で攻撃的になるのか。アフリカにおいて、文化と民族が政治現象を引き起こす事実を植民地の歴史から説明してみる。国際政治の中で生き残りを掛けたアフリカの戦略としたたかさも見えてくる。


## 1　ヨーロッパの植民地政策：「侮蔑」

　資本主義と国民国家が非ヨーロッパ世界へ拡大していく帝国主義と植民地政策については既に述べた。ヨーロッパの中では、資本主義を担うブルジョワジーとプロレタリアが生まれ、資本主義の非適格者として農民や女性が残されていた。それに対して、非ヨーロッパ世界に目を向けると、およそ近代国家や市民社会、資本主義経済など理解できない異人種で、異文化の人々がいた。これらのエトニの人々に対してヨーロッパの人々が抱いた感情は「未開」であった。

未開は近代開発の初期の段階と考えられたが、「原始的」な現地の人々の生活文化様式をみていると、とてもヨーロッパのように発展するとは思えなかった[1]。当時、ライフスタイルや社会の発展の在り方には、ヨーロッパの近代文明のみが最終目標で、他の文化形態を認める広い視点などなかったのである。「未開」の人々を啓蒙する使命感を持って現地に渡った人々もいた。健全な動機に見えるが、その裏には哀れみと侮蔑があった。「かわいそうな人達を我々のように豊かにしてやろう」という傲慢で、独善的な動機であった。「社会ダーウィニズム」といって、動植物の進化理論を科学的根拠もなく応用し、人種別に優劣を決める偏見も背景にはあった。これを根拠に、優秀な白人が黒人の未開の地を開発するのはヨーロッパの責務であると公然と論じる者もいた[2]。これは植民地政策を正当化するスローガンとなり、「文明的」な白人に対して「未開で野蛮」な黒人といった差別意識が根強く植え付けられた。2003年に亡くなったアメリカ在住のパレスチナ人サイード（Edward W. Said）は、いわゆる当時の帝国主義文学の中に、従属を押し付ける西洋の独善性と愚行、懐古主義を見つける作業を徹底的に行っている。一方で、現地の変容から生まれる権力欲と虚構の国民国家を批判している[3]。

　以下に具体的な史実を追って、植民地政策でアフリカに何が起こり、どのような変化をもたらしたかを述べる。

## （1）暗黒大陸の探検

　19世紀当初のヨーロッパにとって、経済進出したいものの、アフリカは依然「暗黒大陸」であった。「暗黒」とは、未知の意味も含むが、黒人の地であり、未開の非文明という侮蔑をも示していた。未知の地について、まず探検をして、知識を増やす必要があった。そこで、各国は宣教師や探検家を使って暗黒の地に分け入らせた。最大の海軍国家イギリスは、ゴールドコースト、シエラレオネ、ガンビアなどを開拓した。フランスが初めてアフリカに進出したのは、1830年、アルジェリアであった。当時、フランス革命とナポレオンの帝政を経て、王政復古への不満が噴出しており、この国内の不満の目を海外に向けて、牽制する必要があったと言われている。その後、19世紀のフランスは激動の国内政治を経るが、むしろ共和制になっても、進出を加速させ、セネガ

ル、ガボンを探検していった。ポルトガルは英仏よりも早く大航海時代に世界進出を果たし、アンゴラ、モザンビークを開拓していた。レオポルト（Léopold）2世の治世下のベルギーは、中部アフリカのコンゴ王国の調査のため、冒険家スタンレー（Sir Henry M. Stanley）を雇った。スタンレーは私生児で、アメリカ新大陸にも渡ったことのある出世欲の強い苦労人であった。ところが、イギリスからの命で探検をしていたリビングストン（David Livingstone）が行方不明になり、スタンレーがアフリカ中部のタンガニーカ湖畔でリビングストンを探索・救出することがあった。リビングストンは宣教師であり、対照的な二人の冒険談は、未知のアフリカに果敢に挑む憧れを喚起した[4]。

## (2) ヨーロッパ列強の利害

　ベルギーは、コンゴ王国の土地をコンゴ自由国として、レオポルト2世の私有地にしていた。そこでは、現地の人々にゴムの採取を義務付け、ノルマの採取量に達しないときは、腕を切り落とす罰則を与えていた。こういった状況は、モレル（Edmund D. Morel）作『赤いゴム』の小説の中に描かれている[5]。コンゴ自由国における目に余る所業に、他のヨーロッパ諸国が異を唱え、1884年、ベルリン会議にて植民地政策について話し合われた。しかし、実際に話し合われたのは非人道的行為への非難ではなく、アフリカ分割についてであった。文字通り地図を広げて、現地の人々の生活圏や社会への影響も考慮せず、大国間の妥協と利害だけで譲ったり、認め合ったに過ぎなかった。かくしてベルリン会議以降、お墨付きをもらい、イギリスは縦断、フランスは横断と、縦横無尽にアフリカ各地を獲得していった。結局、「劣った」人種がどうなろうと、西欧列強には関係なく、興味はなかったのである。

　しかし、帝国列強はアフリカにおいて初めて一触即発の事態に陥った。1898年のファショダ事件では、アフリカ縦断政策を敷くイギリスと、アフリカ横断政策のフランスとが、1905年第一次と1911年の第二次モロッコ事件では、フランスとドイツがモロッコの沿岸にてあわや軍事衝突かという事態になった。第一次モロッコ事件をタンジール事件、第二次モロッコ事件をアガディール事件ともいう。しかし結局、両国の交渉・妥協により直接の衝突は回避できた。たかがアフリカのことで列強どうしが軍事衝突を起こすことは、あ

まりに損失が大きいと見込まれ、回避した。つまり、相変わらず現地の被害よりも、大国間で戦略的に妥協が図られたということだ[6]。

## （3）直接統治と間接統治

　ヨーロッパ人の入植により、伝統的農村共同体が破壊された。それは、本国に輸出する農作物を組織的に生産するため、プランテーション導入のための土地収用であった。1833年にイギリスが奴隷制を廃止したのに伴ない、プランテーションで働く労働者にするため、伝統的共同体から奴隷を引き離した。この植民地経済システムを機能させるために、キリスト教宣教師が人々にヨーロッパ言語を含む近代教育を与えたことは既に述べた。フランスの直接統治においては、フランス語の普及とフランス革命の精神の教育が実施された。フランス革命の「自由、平等、博愛」という精神は他の国にも普遍的に重要な概念であり、それを理解するにはフランス語を話せることが条件となった。フランス語が話せれば、近代性や市民社会を理解したとみなし、フランスの市民権を与えたが、そうでなければ「未開」で「野蛮」な「現地人」という分類に入れた。裸体に施された装身具も宗教的戒律から「猥雑」として、子供達にズボンとシャツを着せた。これは、フランス文化による同化政策であり、アフリカの言語や生活様式、宗教などの文化の否定であった。現在のフランスへの外国人移民にもフランス語能力が課せられている[7]。

　1944年、フランスはコンゴのブラザビル会議において、直接統治の放棄を決定した。直接統治のコストを考慮して、イギリスが行っていた間接統治への切り替えを選択した。直接統治では、教育に時間がかかり、現地の反発が強かったからである。主にイギリスが行った間接統治は、近代的な階級創設と同時に「民族」をも人工的に捏造する過程でもあった。植民地総督は、伝統的支配層の首長を行政区画の長に任命した。人々の反発を防止・抑制して、指揮命令系統が整備できると考えてのことだった。しかも、その行政区画は「民族」の名の下に作られたものであった。その経緯について、歴史学者アイリフ（John Iliff）はタンザニアを例に次のように検証している。

　　「間接統治（indirect rule）とは、歴史の誤解に基づいているから、元来

保守的であっても、実際には急進的である。イギリス人はタンガニーカ人
が部族に属していると誤解したので、タンガニーカ人の植民地の区画が機
能するよう、部族を創設した[8]。」

　当時のヨーロッパ帝国主義は、後にアフリカに反ヨーロッパのナショナリズ
ムが生まれることも、アフリカ人に独立国家を運営する能力があるとも考えて
いなかった。故に、無理矢理結集する拠点を捏造したのである。しかしイギリ
ス政府は、アフリカでは個人は農村共同体に帰属しているにもかかわらず、「部
族」もしくは「民族」[9] に属しているのだと誤解した。しかも民族グループは
より大きい民族集団の一部となっている[10]。部族あるいは民族の差別化・区別
は、植民地当局が「民族」という行政組織を人工的に設定し、その区画に現地
の人々を当てはめて、出来上がったものである。こうして、新しい民族が社会
の編成の中で生まれ、新しい帰属意識や民族サブ・ナショナリズムが成立し
た[11]。
　直接統治と間接統治は体制が異なるように見えるが、結果はほぼ同じである。
アフリカの人々の生活と社会はヨーロッパ化と伝統の間で引き裂かれるように
なった。即ち、エリートとそうでない「現地人」を生み、植民地行政から派生
する利権を巡って「民族」が競争対立を深めた。サブ・ナショナリズムを人工
的に作ることによって、労働条件やポストなどの利権・権力争いが新たに生ま
れた。このとき、「排除の論理」で権力闘争を繰り広げる民族が出現したと考
えられる。アフリカの社会は近代化の過程で多層化し、人工の「民族」を核に
して新たな権力闘争が繰り広げられた。

## 2　独立運動とアフリカの復権：作られる「伝統」と「民族」

　植民地とは、アフリカの価値観や文化を否定し、抹殺しようとした制度・体
制であった。それは、ヨーロッパの文明と資本主義の合理性からかけ離れたア
フリカ文化への軽蔑であった。川田順造によると、ヨーロッパ人は暗黒文明ア
フリカに対して認識を変えていった。隔絶された「未開」への驚愕から「野蛮」
に変わる過程で、ヨーロッパ文明批判の反面教師としてアフリカを捉えていっ

た。野蛮を意味する sauvage の語源は「森の人」であり、野獣や精霊の領域を示した。やがて「善き野蛮人」として異国趣味、エキゾチズムの好奇の対象になった。このとき、アフリカは「他者」として認識され、自己異化としてヨーロッパ人は自己の再発見をしたという[12]。蔑まれたアフリカ人は、自信をなくし、自己否定し、精神的に病んでいった。一方で、否定を拒否し、自己とアフリカ文化の復権を計ろうとした人々もいた。

　アフリカ復権の動きは、パン・アフリカニズム運動として、当初は 19 世紀末のカリブ海・西インド諸島で展開された。この段階は、アフリカ出身のアメリカ大陸在住の黒人、即ち 16 世紀に奴隷として新大陸に連れて来られた人々が、祖国アフリカを憂いて始めたものである。奴隷貿易は、労働力が減った南米に、また北米には木綿のプランテーションのために黒人を送り込んだのであるが、その非人道性には言葉を失う。写真は奴隷貿易の拠点のひとつであったセネガルのゴレ島にある「奴隷の家」である。ここで家族は引き離され、海に面するこの出口から奴隷に不適格な者は海に落とされ、働き手とみなされた者は過密で劣悪な衛生環境の奴隷船に乗せられたのであった。

　1900 年には英領トリニダードの弁護士、シルベスター＝ウィリアムズ（Henry Sylvester-Williams）が、ロンドンにてパン・アフリカ会議（Pan-African Conference）を開催し、祖国アフリカの救済と人種差別反対を訴えた。その後、アメリカの黒人活動家デュボイス（William E. B. Du Bois）によって引き継がれ、パン・アフリカ会議（Pan-African Congress）にてアフリカの国際的保護、自治の導入、教育の普及、資源の分配を訴え、同会議を 4 回まで開催した。一方、カリスマ的黒人達の過激な活動も目を引く。1920 年代には、ジャマイカ人ガーベイ（Marcus Garvey）が人種的誇りを唱え、ニューヨークのハーレムで黒人運動を展開した。そしてアフリカへの帰還運動を展開するが、リベリアの受け入れ拒否により、祖国への夢は挫折した。しかし 1945 年、第 5 回パン・アフリカ会議ではパン・アフリカニズムの運動はアフリカ人中心となり、非アフリカ圏外の黒人達は撤退していった[13]。

　これは何を意味するのか。奴隷の境遇が過酷で悲惨だったことも事実であるが、黒人にとっての悲劇は、奴隷貿易の仲介人が同じ黒人の中にいたことである。ヨーロッパ人の指示で仲間を売り、仲間をいたぶることで威信を得た。ま

写真1　セネガルのゴレ島。1978年、ユネスコの世界遺産登録。「負の世界遺産」に数えられる。

写真2　奴隷を拘束する道具展示

た、アメリカ大陸での待遇と、植民地アフリカでの社会的立場は異なり、訴え要求する内容も異なっていった。つまり、黒人のアイデンティティーは決して一枚岩ではなく、統一されてもいないということだ。各環境や立場、社会的地位によって、黒人のアイデンティティーは歴史的に多様に形成されていった。

　アンダーソンは著書『想像の共同体』でナショナリズム形成の理論を示した。アンダーソンにとってナショナリズムとは、想像の域内で作られた忠誠・帰属意識に過ぎない。「公定ナショナリズム」が有名であるが、アフリカについては「植民地ナショナリズム」との比較、検討が有効である。植民地ナショナリズムとは、反植民地運動の地理的展開が独立後の国境と一致すれば、

新興国の一体感、ナショナリズムは成立するとの仮説である [14]。ところが、地図 1 を参照すると判明するように、アフリカの反植民地運動の実態は、現在の国境とはかけ離れ、前述の人工的に形成された「民族」を基盤に展開されたのである。

　アフリカの反植民地・独立運動は独立後の区画で起こったものではなく、アンダーソンの理論は通用しない。またアフリカの場合、植民地時代だけではなく、独立以後も綿々と虚構のナショナリズムを人為的に作ろうとした。次に詳細な反植民地闘争の事例を紹介する。かくして、この闘争の間、アフリカのナショナリズムがいかに形成されたかを検証したい。

## （1）宗教による抵抗

　初期の反植民地運動は 19 世紀の終わり、宗教的価値観や経済問題を巡っての宗教戦争として現れた。例えば 1832 年から 47 年まで、アルジェリアで起こったアブドゥル・カーディル（'Abd al-Qâdir）の反仏闘争は、イスラム教徒の聖戦、ジハードとなって現れた。1882 年から 98 年までの西アフリカでは、サモリ帝国の皇帝、サモリ・トゥーレ（Samory Touré）がフランスに対して乱を起こした。この帝国もやはりイスラム化していた。タンガニーカでは 1905 から 07 年、ドイツに対してマジマジの反乱が起こる。第一次世界大戦で敗戦する以前には、ドイツも帝国列強の一員であった。マジ（maji）とは伝統的祈禱師が呪術をかけた水のことであり、これを飲むと、不死身になると信じ、近代兵器の前に飛び込み、立ち向かって打ち倒された。また、ソマリアでもイスラムによるサイード・ムハンマド（Sayyid Muhammad）の反英運動が繰り広げられた。

## （2）戦間期

　ふたつの世界大戦では、アフリカ人は宗主国の国籍で兵役についた。アフリカ人は第一次世界大戦ではヴェルダンの戦いに 93 万人が、第二次世界大戦では対ナチス・ドイツ戦に 34 万人が参加している。1959 年、当時のド・ゴール・フランス大統領は、旧植民地軍人への恩給・年金をこの年の支給額に凍結することを決定した。以後、アフリカ人は、戦火の下で同じように危険に晒されたのにフランス人と同額の恩給を得られなかった [15]。

160

地図1 アフリカの反植民地闘争。
出典：勝俣（1992年）、p.80。

　ヴェルサイユ体制の「民族自決」により、独立の機運が高まったことは述べた。植民地への反発とナショナリズムという概念の芽生えから、ナショナリズム運動と政党結成の動きが顕著になった。簡単に例を挙げてみると、チュニジアのデストゥール党（Parti Destour）、エジプトのワフド党（Wafd Party）、アルジェリア人民党（Parti du peuple algérien）、英領西アフリカ民族会議（National Congress of British West Africa）、ナイジェリア国民民主党（Nigerian National Democratic Party）、ゴールドコースト青年運動（後のガーナ）（Gold Coast Youth Conference）、ケニアのキクユ協会（Kikuyu Association）、タンガニーカ・アフリカ人協会（Tanganyika African Association）などがある。

## （3）建国の父による政党結成

　1940年代から50年代には、植民地教育でエリートとして養成された建国の父達がナショナリズム運動を展開した。エリート達は国民国家と市民社会の概念を植え付けられたアフリカ人である。ブーメディエン（Houari Boumedienne）の民族解放戦線（Front de Libération National, FLN）は、1956年から63年までのアルジェリア独立戦争に至ることになる。エンクルマ（Francis N. K. Nkrumah）はゴールドコースト会議人民党（Convention People's Party）を、コートジボワールのウフエ＝ボアニ（Félix Houphouët-Boigny）はアフリカ民主連合（Rassemblement démocratique africain）を率いた。そして、セネガルのサンゴール（Léopold S. Senghor）はネグリチュード（Négritude）という、思想・学芸運動を展開した。サンゴールは、まさに植民地エリートの典型であった。キリスト教徒となり、フランス語を使いこなし、アフリカ人初の高等教育教授資格を取得した。教師であり、詩人であり、思想家、政治家と、様々な分野で兼業した。

## （4）引き裂かれるアフリカ性

　ネグリチュードは二面性を持つ思想である。宗主国フランスとの共存を説きつつも、アフリカ人らしさを追求し、アフリカ人を侮蔑する表現、表象を批判した。そして、アフリカの一体性や共通性を探すのであるが、それは植民地によって否定され、蔑ろにされたアフリカの復権を意味するはずだった。サンゴー

ルによるアフリカ性の定義を以下の引用からみてみよう。

> 「それ（ネグリチュード）は、いろいろな価値や文明の融合が伝統的に社会主義の特徴を示している。我々のニグロ・アフリカ社会は階級のない社会で、（中略）精神的・民主的価値観に基づいた社会的序列、即ち権威から成り立った社会である。問題は、どうしたら人間による人間の搾取をやめられるかではなく、こういった政治経済の民主主義を復元させ、搾取がもはや起こらないようにすることである。（中略）実際、これらの肯定的要素はネグリチュードに根付いているはずであり、同時に社会主義の精神により豊かになり、成果を生むはずである [16]。」

個人重視のヨーロッパ文明と比較して、黒人文化とは伝統的ヒューマニズムであり、精神的な交流、集団による共同体的連帯だと考えた。一方で、アフリカ性を否定したフランスを拒絶したり敵視したりすることもなく、共存と協力によるアフリカの発展を説いている。

> 「故に、（マリ国家連合は）フランスとの自由な連携によるネグロ・アフリカ国家建設への第一歩である [17]。」

> 「今日、アフリカがヨーロッパを必要とするならば、それは武器を借り入れるためではなく、平和裏な戦略的方法を得るためである。まずはヨーロッパに対してアフリカは自己防衛しなければならない [18]。」

マルティニック人の精神科医で活動家のファノン（Frantz O. Fanon）は、ネグリチュードの虚構を批判した。統一された「アフリカらしさ」など存在しない。著書『白い仮面、黒い皮膚』の中で、反植民地運動に加わっていても、それさえ植民地の産物たる概念ではないかと苦悩している [19]。前述のように、近代化が生んだ階層と人工的な民族へのアイデンティティー、即ち忠誠心と帰属意識が形成された。反植民地を掲げ、外国人、ヨーロッパ人に対峙して、初めて彼らは「自分達」の意識を確立するのであって、決して国民国家として一体

となっていたわけではなかった。サンゴールはネグリチュードを実現するため、セネガル独立後、マリとの統合国家を締結・実施するが、結局、国家方針の一致は見出せず、挫折した。アフリカの統一は現実には困難であることが判明した。

### (5) アフリカン・エリートと宗主国との関係

　この頃、アフリカのリーダーの中でも独立を巡る動きに格差が見られるようになった。サンゴールのように独立までは要求せず、自治やアフリカ人の復権のみを求める者として、ウフエ＝ボアニなどがブラザビル・グループと呼ばれた[20]。一方、マリのケイタ（Modibo Keita）、ガーナのエンクルマ、そしてギニアのトゥーレ（Sékou Touré）のカサブランカ・グループは自治区の待遇だけでは満足せず、植民地の独立を過激に要求するようになった。一方、宗主国の方も政治状況の変化に直面していた。フランスのド・ゴール政権は、アルジェリア戦争とインドシナ戦争によるショックを隠せずにいた。反フランス感情の鎮圧にかかる混乱と戦費は、フランスの植民地外交の見直しを迫るものであった[21]。

　独立過程を巡っては、列強ごとにおおよそ次のような特徴が見られる。まず、英領においては、アフリカ現地で反植民地・独立を要望する暴動が発生すると、各人種や伝統的首長、宗教権威など現地の代表で構成される円卓会議を設定する。この会議で独立へのプロセスと独立後の国家の形が話し合われ、暫定政府を発足させる。そうして一時、国連に主権統治を委託した後、独立を果たす。一方、ド・ゴール仏大統領は植民地に、独立後にフランス共同体に加盟することを提案した。これに加盟することで、旧仏領はフランスと密接な外交を維持することになる。経済的には、フランス・フランと固定相場にあるCFAフランを自国通貨にすることで、フランスからの援助が容易になり、フランスの援助に依存する構造になった。また、フランス語を公用語とするなど、フランス語文化の普及も盛り込まれていた。旧英領によるコモンウェルズ（Commonwealth of Nations）の方が外交関係上、緩やかであるのに対して、フランス共同体の方が関係維持の枠組・拘束が厳格だと言える。これに対して急進独立派であったギニアのトゥーレは「ノン（Non!）」を突きつけ、加盟拒否した。

　　「我々は正統で当然の我々の独立への権利を決してあきらめない。(中略)
　我々は奴隷の身分で豊かでいるよりも、自由で貧しい方を望む[22]。」

　結局、仏領は独立後、共同体に加盟する国としない国に二分した。前者の中
で、フランス寄りの文民政権が、正統性を巡ってナショナリストの軍事クーデ
ターを被ったのは、マダガスカルでみた。
　一説では、間接統治の方が現地勢力を温存、または現地のアクターを近代行
政の末端組織として養成し、このエリート達が独立過程を担ったため、スムー
ズに独立に移行し、紛争は少なかったという。一方、直接統治は現地社会の仕
組みを壊し、その反動が激しく、アルジェリアやインドシナで大きな紛争が起
こったという。これは説得力を持つように見えるが、直接統治と間接統治は実
質上、それ程違いがないと先に述べた。フランスは、1944年のブラザビル会
議で間接統治の採用を決定した。また、近代エリートの養成についても両者は
徹底していた。現地の文化や価値の否定に対する反発にしても、間接統治であっ
ても、民族のレッテルを人工的に付けたもので、同じものがあった。
　さらに、ベルギー領とポルトガル領については、外交上、準備期間の短い唐
突なもので、さらに混乱に満ちた独立過程となった。これについては、実例に
よって後述する。

## (6) パン・アフリカニズムとアフリカ的社会主義

　アフリカは一体ではない、アフリカ性など反植民地の結束のための虚像の
シンボルに過ぎない。そう検証してきたが、多くのアフリカ諸国が独立した
1960年以降、アフリカ人エリートは、パン・アフリカニズムを新たに掲げな
ければ、アフリカ人のアイデンティティーは崩壊すると考えた。アフリカの復
権とアフリカ性の見直しのためには、旧宗主国を外敵にする必要があった。そ
の思想的基盤として、ネグリチュードをはじめ、伝統回帰に依拠した。以下に、
独立の父のひとりであるタンザニアのニエレレ（Julius K. Nyerere）の演説の
抜粋を見てみよう。

　　「我々の第一歩は、自分自身を再教育すること、すなわち我々が以前持っ

ていたような精神の在り方を回復することでなければならない。我が伝統的なアフリカ社会においては、我々は共同体のなかの個人であった。共同体の世話をしたのは我々であったし、我々の世話をしたのは共同体であった。我々は仲間を搾取する必要もなかったし、搾取したいとも思わなかった[23]。」

　「既に述べたように、我々は原点の精神性、即ち我々の伝統的アフリカ社会主義を再認識し、そして今日、創設しようとしている新しい社会にそれを適合させるべきである[24]。」

　これがマダガスカルを例に説明した、いわゆるアフリカ的社会主義の基となった。共同体的な相互扶助や連帯を伝統とみなし、これを国家建設に国民を動員する根拠とした。これは、思想的に国民を統制し、労働に駆り立てる、いわゆる開発独裁であろうか。少なくとも、アプターは近代化過程における国民動員の形態だとみなした。また、リンスの権威主義論との比較も重要になってくる。精神的な拘束、プロパガンダを用いた政治は、これに当てはまる。しかし何より、重要な特徴は「伝統」の解釈である。アフリカに共通する「伝統」など存在しないのである。これまで述べてきたように、文化、宗教神話、農村形態、封建制か否か、遊牧か定住農耕かなど、様々なのである。このような「伝統」は新たなナショナリズムであり、国民国家建設のために作られた虚構であった。
　マダガスカルのフクヌメナの再解釈と捏造についても、またアフリカ的社会主義やパン・アフリカニズムについても、ホブズボウム（Eric Hobsbawm）の「創られた伝統」という説明が当てはまるであろう。ホブズボウムは、急激な社会変動としての近代化の中で、共同体の権威の失墜により伝統の実践が難しくなったとき、「新たな伝統」が創設されると仮説を立てている。ホブズボウムも、国民国家建設を目的とした伝統の創造を想定しているが、本書ではさらにナショナリズムに利用された伝統を強調する[25]。
　繰り返し強調するが、アフリカのナショナリズムは統一されていない。競争的で排他的になった民族は、国家ナショナリズムとは合致していない。にもかかわらず、1963年発足のアフリカ統一機構（OAU）憲章には、主権と領土の

尊重が明記されている[26]。主権国家を維持するには、敵と想定した植民地勢力が押し付けた国境を認めざるをえなかった。ひとつのナショナリズムしか認めない国民国家と不整合を起こし、分離独立、サブ・ナショナリズムを形成した。アフリカ的社会主義は「内なる敵」である「民族」分離独立派に対して、そして「外なる敵」新植民地主義への抵抗と防御として、ナショナリズムの捏造をしてでも、国民国家とアフリカ性の維持を計ろうとした苦肉の策であったが、基盤なき虚構の矛盾は民主化と民族紛争によって崩壊していくのであった。

## 3 冷戦の「最周辺国」アフリカへの介入：分離独立と「民族」

　1960年代、アフリカ諸国は独立を果たすが、その国家建設を巡る環境は国際政治史上、特異なものであった。時代は冷戦真っ只中であり、超大国は自らの陣営に取り込もうと、経済援助と軍事援助によって、アフリカの権威主義体制を維持温存させた。後述のようにこの時代、アフリカ権威主義国家と超大国にとって、不安定要素とは民族の分離独立運動であり、それが米ソ陣営のどちらに転ぶかが問題であった。世界を二分した集団的自衛体制では、周辺諸国の不安定要素は超大国間の核戦争に繋がる脅威を潜在させており、それは最も避けなければならないことであった。政治的不安定を避けるため、援助で現地勢力、あるいは現地の政権を手なずけ、反体制派が拡大・暴走しないように強権的に統治させた。こうして、国内が自由主義と共産主義勢力に分裂している場合、米ソの援助が内戦を助長・拡大させた。一方、特にデタントの冷戦期、周辺国の政治的不安定が国際秩序の頂点にある米ソに影響を及ばさなければ、その末端にある周辺国の国民がどんなに人権蹂躙に遭い、疲弊していようと、問題視しなかった[27]。

　アメリカにとってアフリカは最も共産化から遠い地域であり、ソ連との直接対決に結びつくリスクの少ない地域で、戦略上の利害は最も少なかった[28]。実際の冷戦構造は、大国と「最周辺国」のアフリカ諸国による複雑な働きかけと駆け引きによって成立していた。アメリカの歴史家コルコ（Gabriel Kolko）によると、アメリカの対アフリカ政策はヨーロッパ依存と現地の権威主義体制温存で一貫している。それに基づいて、当時のキッシンジャー（Henry A.

Kissinger）国務長官の大国重視の外交姿勢とアフリカの軽視[29]、さらに歴代の大統領がアメリカの冷戦戦略の維持のため、アフリカの権威主義国家に依存していた実態を検証した[30]。以下、アメリカ当局高官の発言とコルコの見解を挙げてみる。

　冷戦初期、超大国アメリカにとって、冷戦構造の最も周辺に位置するアフリカを、ヨーロッパの勢力圏に置き、英仏に任せておけばよいとの外交方針であった。加えて、黒人は未熟であり、ヨーロッパ統治下から自立する能力もないと、人種差別の意識もあった[31]。また、アメリカはアフリカに関する情報分析の能力を欠いていたとコルコは言う。当時のヴェトナム戦争と同じロジックであるが、民族主義を共産化と思い込んでいく。民族主義者の主張・レトリックを解釈し、誤解していく過程で、アメリカにとって反植民地運動は共産化であり、その地域が冷戦化するのを避けなければならないと考えた。こうなると制御不能な力学が働き、国内事情を考慮せずに画一的な暴力手段で治安維持を計ろうとするようになったと言う[32]。こうして現地の権威主義体制の政権の強権な治安維持に頼り、具体的には国家を牛耳るエリートに経済・軍事援助をして政権維持に加担することになった[33]。

　契機は、ベルギー領とポルトガル領の拙速な独立過程と、独立後の不安定な情勢であった。経済資源の確保が冷戦戦略上、重要になってくると、嫌でもアフリカに介入せざるを得なくなった。コルコによると、アメリカは経済文明社会で、消費できないことへの脅迫観念があり、そのために第三諸国を経済的に支配下に置こうとする。手なずけるには、自由経済体制になってくれれば都合がいいが、アフリカ諸国は国内の社会経済システムから、そうはなれなかった。それでアメリカの対アフリカ政策が二次的になったとコルコは考えている。また、反旧宗主国運動はどうやら共産化でないようだと分かってきても、民族主義者の台頭は西側である英仏の国際的地位を弱めるし、ソ連への抵抗力としても期待できなかった[34]。

　アメリカのアフリカ介入について筆者は、米ソ超大国とヨーロッパ旧宗主国、そしてアフリカの三層構造、即ち大国と最周辺国であるアフリカ諸国の間の複雑な駆け引きにその原因を探る。アメリカには常に現地の共産化ドミノ現象への脅迫観念があり[35]、ソ連はアフリカをマルクス・レーニン主義でイデオロギー

化してしまいたかった[36]。一方、英仏は旧植民地とのコネクションを維持しよ
うと、アフリカ固有の問題として米ソの力を借りずに現地の安定化を計り、冷
戦構造から隔離しようとした。アメリカはヨーロッパの弱体化を恐れ、アフリ
カの扱いを巡ってイギリスとフランスと連携・協力しようとするが、ヨーロッ
パはアメリカを排除する。例えば当時の中東情勢については、アメリカはソ連
の介入を牽制するためヨーロッパ大国と協力し、同時にイギリスに取って代わ
ろうと協力と競争の両義的関係にあったのに対して、アフリカに関しては、ア
メリカは北大西洋条約機構（NATO）によってヨーロッパの安全を保障する代
わりに、対アフリカ政策についてはヨーロッパ大国に依存しようとするが、ヨー
ロッパはこれを嫌った[37]。つまりヨーロッパ旧宗主国は、自分達の利害のため
にアフリカを囲い込み、アメリカが意図するように、冷戦の構造と結びつけて
国際政治の場に引きずり込みたくなかった。それに対してアフリカ権威主義国
家は、超大国の利害とヨーロッパの威信を実はうまく利用して、経済・軍事援
助を引き出そうとしているのであった。

　こういった事例を、以下のコンゴ動乱とシャバ紛争、アンゴラ紛争と南部ア
フリカの黒人共産主義政権、ソマリア紛争に見てみる。

### （1）コンゴ動乱

　コンゴ動乱は 1960 年 7 月、ベルギー人将校の待遇に不満を持つコンゴ人下
級兵士の反乱で始まった。前年のレオポルトヴィル暴動に衝撃を受けたベル
ギー本国は、1 週間の円卓会議後、わずか半年の 1960 年 6 月にコンゴの独立
を認めてしまった[38]。独立直後の兵士の反乱であり、在留ベルギー人の保護
を理由にベルギー軍が出動されると、当時のコンゴ大統領カサブブ（Joseph
Kasavubu）と首相ルムンバ（Patrice E. Lumumba）は独立国家への「侵略」
として国連に訴えた。折しも国内のカタンガ州が分離独立運動を展開した。こ
こは植民地時代から有数な銅の産出地域であった。さらに、コンゴは 2 つの
政権が競合する異常事態に陥り、1961 年、対立政権にルムンバは暗殺されて
しまう。このようなコンゴ国内の対立に対して、国連を舞台に大国の利害と思
惑が交錯する。

　国連事務総長ハマーショルド（Dag Hammarskjöld）は個人的にルムンバを

嫌っていたが、ルムンバ支持のアフリカ諸国の反発に直面する。OAU 諸国の動きはパン・アフリカニズムを根拠に、ルムンバを支持、ハマーショルドを非難、さらには英仏のカタンガへの戦略をネオ・コロニアリズム的だとするものの、実際は国連支持を表明するしかなかった[39]。ベルギーとフランス、イギリスはカタンガ問題をコンゴの国内問題とみなし、紛争を国際化せずに銅の流通の独占を目論んだ[40]。一方、ソ連はパン・アフリカニズムの象徴であるルムンバを共産主義者だと支援していた[41]。国連事務総長ウ・タント（U Thant）は、前任のハマーショルドよりもアメリカ重視だと言われている。アメリカはルムンバ派を敵視し、さらにカタンガ問題も共産勢力の脅威を招くとして、PKOによる排除に乗り出したが、英仏の反発を招いた[42]。1963 年、国連は資金不足を理由にコンゴより撤収。ルムンバ派のゲリラ闘争と新政権内で対立が展開される中、1965 年、クーデターによって政権についたモブツ（Mobutu Sese Seko）がその後 30 年余り、アメリカの支援を受けて権威主義的な体制を維持することになった。

### （2）シャバ紛争

　国名をザイールと変えたモブツ体制は多くの要素が雑多に混ざった複雑なものであり、絶対王制的だったり、独立期の動員型権威主義だったり、特定の民族・部族を優遇するクライアンテリズム、あるいはネオ・パトリアモニアリズムの典型だとも言われている[43]。モブツ政権が約 30 年も維持されたのは、アメリカとフランスの肩入れのおかげであった。1977 年、アンゴラに基地を置く反ザイール政府組織、コンゴ解放民族戦線（FNLC）がザイール南東部のシャバ州の都市コルウェジに侵攻した。これに対してモロッコがザイール支援軍を派遣すると、その背後でフランスは輸送機を提供した。この軍事援助が功を奏し、第一次シャバ紛争は終了した。しかし翌年、再び FNLC はザンビア経由でシャバ州に侵攻してきた。

　フランスとベルギーがパラシュート部隊を降下させ、米英も輸送機を出し、FNLC はアンゴラに撤退した。フランスは介入と駐留をモブツ政権に認めさせ、自らの勢力下にザイールを囲い込むことに成功した。アメリカは、第一次シャバ紛争についてはザイール国内の問題とやり過ごしていたが、第二次に

おいては、にわかにソ連とキューバからの FNLC への援助を疑い始めた。しかし、その後の検証でもソ連からの援助があったかは不明で、モブツの吹聴ではなかったかと思われる[44]。人権外交を掲げたアメリカ・カーター（Jimmy Carter）政権であったが、冷戦の強迫観念には勝てず、人権蹂躙の噂の絶えないモブツを援助してしまった[45]。アメリカとフランス、そしてザイールとそれぞれの立場で戦略の違いが明らかだ[46]。シャバ紛争では、フランス・ベルギー軍と入れ替わって、西側に近いアフリカ諸国から成る「アフリカ多国籍軍」がベルギーの資金で派遣された。その後、1975 年にフランスはアフリカ平和維持軍創設の提案をしたが、アフリカ諸国から、アフリカ以外の国がアフリカの防衛に関与するのは、アフリカを冷戦構造の支配下に置こうとするものだと強い反発が起こった[47]。

## (3) アンゴラ紛争

デタントの時代の 1975 年、米ソはアフリカを冷戦代理戦争の舞台にした。周辺国で冷戦の分捕り合戦を展開しても、超大国間の直接決戦の恐れは減ったからである。同年に独立したアンゴラは政権を巡って内戦に突入した。マルクス・レーニン主義を標榜するアンゴラ解放人民戦線（MPLA）にはソ連とキューバが、自由主義を掲げたアンゴラ全面独立民族同盟（UNITA）とアンゴラ解放民族戦線（FNLA）にはアメリカと中国、そして南アフリカ共和国が支援・参戦した。当時は中ソ対立にあり、アンゴラ内戦を舞台に中国がソ連と敵対し、アメリカと組みするなど、アフリカにおける冷戦のねじれ現象であり、実に大国は恣意的である。また、人種差別政策を執っていた南アは、南部アフリカの周辺諸国が共産化した黒人政権になっていくのが脅威で、MPLA に反対した。アメリカは、自国内の黒人の反発を招いたが、冷戦戦略のため、アパルトヘイト政権の味方になった。結果としてこのような大国の思惑の中、石油が出る MPLA の北部占領地には地雷が撒かれ、多くの農民が犠牲者となったのである。

ポルトガルでは 1974 年のクーデター後、軍事政権が植民地切り捨てを実施した。アメリカはポルトガルのファシスト独裁政権のサラザール（António de O. Salazar）の流れを汲むカエターノ（Marcello J. das N. A. Caetano）から中道左派政権のソアレス（Mário A. N. L. Soares）支持に乗り換える機会となった。一方、

ポルトガル植民地にも援助をし、両者と関係を維持しようと二重外交を展開し、結局は両者から不信を招いた。当時、アメリカ外交は中国と台湾に対しても二重外交を展開していた[48]。コルコによると、当時のアメリカ国務長官キッシンジャーは、アフリカを含む第三諸国のことなど取るに足らないこととみなしており、ヴェトナム化、即ちアジア・アフリカの内政に介入して冷戦の泥沼から抜け出せなくなるような結果を避けたかった。結局、中国共産党にすり寄るアメリカは、アンゴラの自由主義勢力から中途半端だと反発と不信を招いたので、石油の利権をアンゴラではなく、ナイジェリアに移したのであった[49]。

　コルコはキッシンジャーの対アフリカ政策を、アフリカの無知から発した非合理的な方針であり、現地の問題を複雑にしたと批判する。支持したアフリカの権威主義体制に翻弄されることもあった。軍事介入することで、現地の対立を増幅し、憎悪を拡大した。地雷で村人が心身ともに傷ついても致し方ないとした。国益維持の方が第三世界の一市民の生命より優先するのは、アメリカの常套手段である。そしてアメリカは、アンゴラを含む南部アフリカの共産勢力の脅威と、それを牽制する拠点となる南アフリカ共和国の人種差別政策とを秤<sub>はかり</sub>にかけるのであった。

## (4)　南アのアパルトヘイト政策とフロントライン諸国

　アンゴラ、モザンビーク、ローデシア（後のジンバブエ）を南アの周辺諸国、フロントライン諸国と言うが、これらの諸国へのアメリカの対応を述べる前に、南アのアパルトヘイト政策がなぜ始まったのかを歴史的に説明しようと思う。

　南アの人種差別政策は、オランダ系移民ボーア（Boer）人とイギリス系との白人間の葛藤の結果、生み出された。ボーア人とは、17 世紀、オランダ東インド会社の経由地であるケープ植民地に住むオランダ系の白人のことである。現地のアフリカーンス語で「アフリカーナ（Afrikaner）」とも言う。18 世紀末からのナポレオン戦争で、イギリスはケープがフランスの手に落ちるのを危惧し、この地に進出、1814 年にイギリス領として占領した。こうして追われたオランダ系は内陸へ逃亡する。これを 1835 年の「グレートトレック」と呼ぶ。追われたボーア人は 38 年にナタール共和国を、52 年にトランスバール共和国、54 年オレンジ自由国を設立した。67 年、キンバリーでダイヤモンド鉱

山が、ラントでは金鉱が発見されると、イギリスが割譲を要求してきた。こうして99年、鉱脈の採掘権を巡ってイギリスとオランダ系の間でボーア戦争が勃発した。ボーア人は敗退し、1910年に南アフリカ連邦に従属した。こうした歴史の結果として、オランダ系のプア・ホワイト、貧困層が出現するに至ったのである。

　アパルトヘイトとは、オランダ系が生き残りをかけて、人種差別を制度化したものである。つまり、プア・ホワイトから脱して都市部に進出するには、アフリカ有色人種の労働条件を制度的に不利に追い込み、その労働力を利用できるようにしなければならなかった。1913年、アフリカ人が所有できる土地を法律で9％に限定する原住民土地法が成立した。24年、ボーア人の利害を実現しようとする国民党の内閣が成立する。38年、国民党はアフリカーナ共和国創設を謳った。つまり、国民党は有色人種への土地制限と人種差別を正当化し、将来的には有色人種達を分離して独立国家を成立させるつもりだった[50]。そこまでして人種に執着し、純血を守り、異人種と離れたいのか。1948年に国民党は大勝利し、第一党に輝くと人種差別を制度化・立法化できるようになった。翌年には人種間通婚禁止法、50年には異人種間の恋愛を禁じた背徳法と「パス法」と呼ばれる人口登録法が成立した。公衆トイレ、バス、郵便局などの公共機関は人種別の利用となった。黒人には義務教育もなく、黒人専用の大学にしか進学できず、教育予算は白人の教育機関にまわされた。当然、学歴の違いによって職種も制限された。また、白人以外に選挙権はなかった。59年、居住地で人口増と土地不足が発生しているにもかかわらず、バンツー自治促進法が成立する。国土の13％に相当するバンツー・ホームランドに10の居住区を指定し、部族ごとに自治を与えた。有色人種の土地を奪って、いわゆるアパルトヘイトという狭い居住地に彼らを押し込め、将来的に独立させるのが目的だった。

　1960年代頃から反人種隔離の抵抗運動が活発になる。その中心となったのが、アフリカ民族会議（ANC）で、設立当初の1912年頃は非暴力を標榜していたが、この時期、武力闘争化していった。60年にシャープビルで学生と民衆の抵抗運動が展開されると、ANCは当局によって非合法化された。61年にはイギリス連邦を脱退し、国名を南アフリカ共和国とした。76年、い

わゆるソウェト蜂起の後、首謀者とみなされたビーコウ (Stephen B. "Steve" Biko) が獄中死した。この史実について、イギリス系の友人、ウッズ（Donald Woods）が手記『ビーコウ、アパルトヘイトとの限りなき戦い』[51]で記録し、アッテンボロー（Richard S. Attenborough）監督が『遠い夜明け』というタイトルで映画化している[52]。ビーコウは人懐っこく、気さくで、ウッズとの友情が描かれているのは、この時代の救いのような気がする。

　ANC によるアパルトヘイトの見直しと労働団体交渉権の要求に対し、当局は体制維持のためアパルトヘイトの緩和を計るが、これは「飴」と「鞭」であった。79 年、ボータ（Pieter W. Botha）政権が成立する。同政権下、84 年に人種別三院制議会が発足するも、国内反体制派には厳格な対応で、非常事態宣言を出して鎮圧にかかった。外交では、いわゆるフロントライン諸国に対して不安定政策を実施した。というのは、周辺諸国に黒人による左翼政権が登場し、それが ANC を軍事的・経済的に支援していたからであった。例えば、75 年にローデシアで白人優位のスミス（Ian Douglas Smith）政権が倒れ、ムガベ（Robert G. Mugabe）が社会主義的な黒人政権を確立した。ジンバブエと国名を変えるが、そこには ANC がゲリラ戦を展開する基地を構えていた。ボータ政権は黒人と共産主義という二重の脅威を排除し、冷戦の超大国アメリカと結束するため、フロントライン諸国の内戦を拡大させたり、実際に攻撃したりして、政治的不安定を画策した。実際、ナミビアの黒人政権による独立を武力により阻止し、支配を実施し続けた[53]。また、モザンビークの反体制派を支援し内戦を激化させたし[54]、アンゴラ内戦に参戦したのも共産勢力を排除するためであった[55]。

## (5) ソマリア紛争

　アフリカにおける冷戦構造の事例の最後に、ソマリア紛争を取り上げる。歴史を遡るが、19 世紀末、エチオピア独立のため、英仏伊でソマリアを分割することが合意された。このエチオピアと西洋列強との取り決めに対して、ソマリア勢力はパン・ソマリズムを掲げ、失地回復運動を展開した。同勢力は西ソマリア解放戦線 WSLF として武装集団化し、「エチオピアからの解放」を目標に、祖国の分裂を招いたエチオピアに軍事攻撃を仕掛けた。一方、エチオピアでは、皇帝ハイレ・セラシエ（Haile Selassie）が米国と親交を維持するように

なった。しかし 1974 年、貧富の差に喘ぐ人々の現状に軍事クーデターが起こり、帝政が廃された。いわゆるエチオピア社会主義革命である。マルクス・レーニン主義を掲げた新軍事政権は、ソ連とキューバから戦車や弾薬の援助を受け、将校派遣により軍事訓練も受けた。すると、WSLF はアメリカから支援を受けるようになり、77 年から本格的に武装闘争を展開し、オガデン地方を占領するに至る。つまり、エチオピアが共産化したため、アメリカは支援相手をすげ替えたのであるが、その後の歴史では再びソマリアを敵視することになった。

　88 年よりソマリアの政権を巡って、ソマリア国民運動（SNM）や統一ソマリア会議（USC）など、複数でゲリラ戦を展開するようになった。91 年には政権が崩壊し、アリ・マハディ（Ali Mahdi Muhammad）大統領による暫定政府が成立するが、政権内で同大統領とアイディド（Mohamed F. Aidid）将軍の対立から内戦に発展する。折しも国連では、ガリ（Boutros Boutros-Ghali）国連事務総長が『平和への課題』を発表し、国連平和維持軍（PKF）の権限強化を訴えた。ところが、冷戦終焉後のアメリカはこれを唯一の国際警察と解釈していく。91 年の第一次湾岸戦争時と同様、停戦合意がなされる前に、93 年にはアメリカ中心の多国籍軍が介入した。アメリカはアイディド将軍さえ排除すれば、問題は解決すると考えており、アイディドの背後にある氏族や民族、利害集団としての派閥などには考えが及ばなかった。それは従来、対アフリカ政策はヨーロッパに依存し、アフリカの社会・国家構造の理解に至らなかったからである。結果、殺害されたアメリカ兵の遺体が引きずり回される映像がCNN で流され、アメリカ世論は一気にソマリアからの撤退に傾いた。黒人からの支持を得た当時のクリントン（Bill Clinton）政権は、世界の警察としての権威を失い、積極的な対アフリカ政策も失敗に終わった。97 年、和平交渉が決裂し、2000 年より暫定政府が成立したが、その後、イスラム原理主義勢力が入り、暫定政府と抗争を繰り広げている。暫定政府にはイギリスが援助しているが、大国の傀儡のような政権には正統性がなく、統治能力の欠如からソマリアは無法状態のままである。このようなアナーキーの中では、国民の安全保障も経済開発もできず、貧困に喘ぐ漁師が航行船舶に海賊行為を行っている[56]。

　93 年の失敗以来、アメリカはアフリカへの関与を避けるようになった。「ソマリア・シンドローム」とも呼ばれる。それが 94 年のルワンダ虐殺に対する

国連安全保障理事会での折衝に現れる。腰が引けたアメリカの対応により、ジェノサイドを放置したとも言え、これについては後述する。ここでは、アフリカ国内のナショナリズムの分裂と大国の介入について、複雑な三層構造を描き出した。この構造がアフリカ権威主義政権を温存し、強権的に国内分裂を食い止めようとする中で、反体制の民族勢力が逆説的に生まれてくる。次に権威主義体制下のアクターを見ていくが、国家から乖離した農民がこの構造の中で民族に帰属意識を見出し、結集していく過程が明らかになるだろう。

# 第 2 節　　国家との乖離から生まれたアクター

　マダガスカルの事例から分かるように、農民は国家の統制から抜け落ちたアクターとなった。アフリカ全体を見てみると、自ら脱落した場合も、国家から見放されたり、迫害されたりした場合もある。農民がアフリカ国家の中で疎外され周縁化していく構造を、国家を構成するアクター間の折衝や交渉から理論化する。

## 1　国家エリート

　マダガスカル人が植民地統制下に置かれた結果、植民地教育を受け、植民地の行政当局の仕事をする階層が生まれたことは既述した。これが近代化をアフリカにもたらしたエリートであり、アフリカの中に国民国家と資本主義を実践し得る人々が養成された。ここでは、アフリカ人エリートの形成過程とその特徴を説明し、農民を国家から乖離させる体制を明らかにしようと思う。

### （1）ネオ・コロニアリスト

　まず特徴の 1 つ目は、旧宗主国とのルートを確保するアフリカ・エリートがいたことである。ガルトゥングが「構造的暴力」と呼んでいるように、先進国のエリートと途上国のエリートが結託しているので、結局、途上国の大衆は

この両国のエリートに支配され、搾取されているという構造である[57]。

　フランスとアフリカのエリートの結託の例を見てみよう。ド・ゴール大統領は、仏語圏アフリカを植民地から「フランス共同体」へ、共同体から独立国家へとフランスから切り放し、植民地運営のコストと外交のリスクを抑えてきた。同時に対外援助によりアフリカ諸国との関係を維持し、アフリカにおけるフランスの国益の実現を計ってきた。フランス現代史の中で対アフリカ政策を担当してきたのは大統領府と外務省、協力省である。その中でも大統領の側近、アフリカ・マダガスカル担当局長フォカール（Jacques Focard）は、仏語圏アフリカ諸国におけるスパイ・諜報活動や武器輸出、暗殺に深く関わっていると言われており、対アフリカ政策の闇の仕掛人として知られている。大統領府には、市民行動隊（Service d'action civique, SAC）と国外情報防諜部（Service de documentation et de contre-espionnage, SDECE）がある。これらはフォカールの2大機関といわれ、SDECE は別名「フォカール・ネットワーク」または「フォック」と称し、アフリカ人親仏エリートとの人脈を指す。フランスは植民地時代にフランス人教育者や軍人をアフリカに送り込んで同化政策を行い、フランス語を解する現地の行政エリートを養成した。これらアフリカ人エリートの中には、ド・ゴール仏大統領を友や父と呼ぶものもおり[58]、権力者同士の親密さにはうさん臭さを覚える。また、個人的人脈に左右される政策決定は、恣意的で分かりにくいものとなっている。

## (2)　クーデターと軍事政権

　こういったネオ・コロニアリズムの状況に対して、疑問を持つエリートが出現する。特に、植民地時代に近代的教育を受けた軍士官であり、彼らは近代思想からナショナリズムを学び、旧宗主国と繋がる文民政権に反感を持つようになった。故に2つ目の特徴として、1960・70年代、アフリカでは軍事クーデターが非常に多かった。しかも、これらの軍人が社会主義や革命思想に感化されていると、使命感を持つようになった。1974年のエチオピアの軍事クーデターは、マルクス・レーニン主義を標榜する軍人が起こした。エチオピアはリベリアとともに植民地支配を受けなかった数少ない国で、元来は土地所有制がないアフリカには珍しく、皇帝を頂点に封建制が成立していた。皇帝を守る近衛兵が近

代化の過程で先鋭化した軍隊に変わり、封建制による身分制と格差に疑問を呈して軍事クーデターを起こした[59]。

　小田英郎によると、こういった軍事クーデター後の政権は、短期的なものと長期的なものに分類できるという。短期的とは、腐敗・麻痺した文民政権を一掃することだけを目的とし、これが実施できれば撤収して、国軍としての権限を逸脱しない。ところが長期的政権は、クーデター後、自らの信条に基づいて改革を目指し、政権延長を計るようになる。その過程で軍事政権は軍服を脱ぎ始めるが、実態は軍事予算や軍人の待遇など軍部の利権を優先し、治安維持の名の下、軍の権限を強化して非民主的な体制になってしまった[60]。ナショナリズムが何であるか、どのようにそれを「上から」形成すればよいか、制度だけではなく、暴力や武器を手にしての脅迫や強要も植民地教育によってよく心得ていた。

## （3）社会主義

　3つ目の特徴として、社会主義国家の出現である。但しアフリカには、マルクス・レーニン主義とアフリカ的社会主義の区別がある。前者にはエチオピアやコンゴ・ブラザビルなど、後者にはガーナとセネガル、ギニア、タンザニア、マダガスカルが相当する。アフリカ諸国の独立当時、社会主義は途上国の希望と憧れであった。第1章でも触れたが、スターリンの伝統的農村ミールを集団化し、農業を国家開発とナショナリズムの基盤に据えた社会主義は、社会主義の土着化であり、アフリカにとって国家建設のモデルとなった。マダガスカルについて2章で述べたが、第一次共和制後の暫定軍事政権と第二次共和制は、アフリカ的社会主義の体現であった。具体的には、伝統的農村共同体をナショナリズムの象徴とし、これを行政の単位として大衆を動員した開発独裁体制であった[61]。アフリカ性の復権には、伝統的農村共同体という「アフリカらしさ」を人為的に創設しての国家建設とナショナリズムの形成が有効と考えられた。

## （4）農村政策と開発独裁

　4つ目として開発独裁が挙げられる。開発独裁とは権威主義体制のひとつで、思想の統制とナショナリズムの強要を行い、国民を労働に駆り立て、国家建設

のための開発経済に動員していく。これに社会主義と軍事政権が一体となる場合がある。大衆が忠誠心を持つ社会組織を動員の行政組織として再編する。まさにそれがアフリカ的社会主義の農村共同体であったわけだが、実態は「上」からの命令で従来の生活・社会組織とはかけ離れたものを強いた。また、開発といっても、植民地時代に本国への輸出用農作物のみを生産する体制になっており、モノカルチャーしかその手段はなかった。ベイツ（Robert H. Bates）は、合理的選択理論に基づいてこういったアフリカ諸国の農業政策を論じた。それによると、小農搾取型の政策を、経済的には他の選択の方が有効であるが、政治的安定には合理的と考えた。換言すれば、アフリカはそうしなければならない政治状況にあったということである。確かに、ベイツの論にはアフリカの実状や特徴への考慮が見える。しかし政治学的には、一部の集団の利益を優先し、農民を貧困に追いやる政治的暴走を許容する矛盾を孕んでいる[62]。一連の農業政策は現地住民の生産手段に合わず、また代替作物がないのだから、天災でその作物が不作になると生き延びる手段がなかった。そして社会主義の国では、国有・公営企業が農作物の流通・輸出を担うのであるが、輸送手段や貯蔵施設の不足のみならず、横領や汚職による機能麻痺で、せっかくの収穫は集められずに腐ることが頻繁に起こった[63]。こうして、無理な組織編制と生活に合わない農作物、徒労に終わる労働体制に不満が募り、後にみるように、農民の反発の原因となった。

## （5）ネオ・パトリモニアリズムと国家ブルジョワジー

　そして最後に、新家産国家（ネオ・パトリモニアリズム）といって、民族・部族・氏族の縁故による国家体制を特徴として挙げる。これは大統領とその側近などの権威が非常に強く、自分と同じ民族・部族・氏族などに国営・公営企業のみならず、海外援助や農業助成金の恩恵を与え、汚職・横領の蔓延を引き起こした。

　混同しがちな次の諸概念と比較してみよう。ヴェーバーによると、パトリモニアリズムは「世襲の遺産」を意味し、伝統的権威による支配であり、国家財産は王の所有物なので、公私の区別がない。一方、クライアンテリズムとは政治中央と一定集団との庇護関係である。国家が組織化されておらず、新しい体制に向けて社会集団の競争と参加を計るとき、権力当局が一定の集団と政治的

に結託する。故に、大衆政党による開発動員とは根本的に異なるし、社会の変革や反体制を好まない。こうして「下」の社会集団が自律的な「階級」にならないように「上」が煽動・コントロールしている。何よりアフリカでは、階級は自己完結的で、自己認識によるものなので、政治単位にならず、クライアンテリズムに完結してしまう。その結果、アフリカでは政府の経済的利権が個人的な経済的権力に繋がり、ネポティズムや部族主義、不正が混在している[64]。

　それに対して、ネオ・パトリモニアリズムには伝統的要素はなく、植民地の遺産と現地社会の力関係の矛盾を反映した国家体制だと考えられる。植民地体制がもたらした社会階層の形成を、バヤール（Jean-François Bayart）は「社会の多層化」と呼び、国の政治と経済の権益を享受できる立場にあるエリートを「国家ブルジョワジー」としている。このような権力者が公的な地位を使って自らの、あるいは氏族や民族などの利益を得る状況を「腹腸政治」と呼んでいる。公私混同する支配層によって国庫の枯渇を招き、国民に不平等をもたらす正統性のない状態のことである[65]。ネオ・パトリモニアリズムは近代行政の官僚とクライアンテリズムの矛盾した結合から起因しているという。

　バヤールを含むネオ・パトリモニアリズムを論じる学者は、このようにエリートが国家権力に依存する体質の根源を追求した。特にメダール（Jean-François Médard）は、「ビック・マン」と呼ばれる権力者に権力が集中するアフリカ国家の特徴を描き出している。ビック・マンとは、国家の中枢にいるエリートであり、最大の権力者である国家元首の側近である。国家元首と近しい理由は、権力の目的と利害が一致していたり、氏族や民族が同じという場合もある。しかしメダールによると、このビック・マンは必ずしも安泰ではなく、変動する余地がある。つまり、国家元首が側近の間の不平等を招いたりして、側近からの信頼が揺らぐと、権力構造は維持できなくなり、台頭してきた対抗馬によって転覆されるのである[66]。メダールは、ネオ・パトリモニアリズムは政権の交代といった政治のダイナミズムを説明する変動の政治学であると主張している。しかし、そこには権力者側だけで農民大衆の考察はない。政治的に流動的で、追従的にも反逆的にもなる農民が政治動向に与える影響はマダガスカルの例で既に見た。アフリカの国家エリート達は、農民の労働力を土台にして強大な権力を手に入れようとしたが、反逆する農民には権力体制の方向性に変更を迫る

力がある。支配者と被支配者あるいは体制側と反逆者の相互関係から発生する
ダイナミズムを考察しなければ、アフリカ国家の構造を説明しているとは言え
ない。

## (6) アフリカ権威主義体制総括

　植民地の負の遺産としての民族形成に脅かされ、エリートによる権力体制を
備えたアフリカ国家は、大衆農民を動員して独立後の開発を急ぐ権威主義体制
となった。そして、前述のリンスの権威主義体制についての理論に依拠・比較
をしつつ、アフリカの特徴を総括しよう。

　本来、三権分立では、権力の集中と腐敗を避けるため、三権が牽制・独立し
ている。それに対して、アフリカの権威主義体制には国会も裁判所もあり、三
権はかろうじて存在するが、行政権が圧倒的に強い。一党独裁で、その党首は
大統領である。国会にはこの党員しかおらず、大統領から提出される立法案は
ほぼ100％可決される。これは立法府と行政府の権力の癒着であり、この国家
の中枢に特定のイデオロギーを持った軍人エリートが民族の利害を持ち込んで
介入することがある。また、最高裁判所長官の任命権は大統領にある。そのう
えで大統領は、自らが立案した法律を憲法違反だと判決する裁判官をわざわざ
選ぶだろうか。元来、国家権力の暴走を抑えるべき裁判所が、行政の長による
関与で機能麻痺に陥っている。社会では、人々の思想や表現の自由は制限され、
デモも禁止、国民は全員党員とされた。党は地方行政にまで入り込み、自治体
の幹部は党員が占めた。大統領や党によるプロパガンダの教育や演説がなされ、
思想的に国家建設とナショナリズムに煽動・動員された。しかし、検閲はあっ
たものの、テレビや新聞のメディアも残っており、党青年団や婦人団もあった。
これがリンスの言う「限られた自由」であり、後に説明するが、社会経済の危
機に際して、権威主義体制に対して自由を主張し、異議を唱え、体制を揺るが
す存在となるのであった。

　ところで、なぜアフリカでは権威主義体制の国家が必要だったのか。国民国
家は、国境と国民の範囲において唯一のナショナリズムしか認めない。しかし
実態は、反植民地だけで結束したナショナリズムがあるだけで、植民地時代に
行政単位として植え付けられた「民族」を掲げた分離独立派の乱立になりかね

ず、それを抑えるためには強権的な体制が必要だった。それは、アフリカ・エリートと冷戦超大国にとって都合がよかった。しかしながら、新家産国家は国民国家の成立条件に矛盾して、自ら民族意識を煽り、自己崩壊の道筋を引くかのようだった。アフリカの権威主義体制は強権的のようであるが、国民国家として危うい条件でかろうじて成立していたと言える。

## 2　大衆農民と伝統的首長

　伝統的共同体に植民地による変革が起こり、社会の多層化が起こった結果、農民は近代化から取り残された。それでも、彼らはもはや伝統的ではなかった。近代化と国民国家建設の中で、経済的・文化的役割も社会的地位もかつてとは異なった。さらに、国家に依存し、生存競争に勝って行く農民と、農政や福祉が及ばず、自給自足の経済も破壊され、周縁化していく農民に分化した。本書の仮説である、農民が国民国家から乖離する存在となった歴史的経緯について述べる。

　「伝統的」とは、植民地になる以前のアフリカ社会を示す。伝統的社会とは村落共同体のことであり、人々の帰属意識やアイデンティティーの拠り所となった。農耕の他に遊牧民の場合もあるし、狩猟採集の生活形態をとるなど様々な形態がある。しかし、一農村や一民族を研究対象とする人類学的手法とは異なり、あえてアフリカ一般の特徴を描くことにする。さもないと、政治社会学における地域研究は視野の狭いものになりかねないが、個々の特徴を無視することは科学的ではない。共通の特徴と事例・ケースにも言及することで、重層的で多様なアフリカを描けるのだと思う。共通の特徴として、そもそも大半のブラック・アフリカの社会には、土地を所有するという概念がなかった。

　村では独自の世界観や文化を体現し、西アフリカのドゴン族のように神話世界や世界創造の言い伝えを再現する儀式や祭式を行って、村の一員としてのアイデンティティーを確認していた[67]。アフリカ各地には、先祖崇拝のアニミズムがあり、共同体の地は先祖と精霊が生きる精力を与えてくれる場であった[68]。ナイジェリアとベナンに居住するヨルバ族の宗教観を引用してみよう。

「至上神であるオロドゥマレは、また、オルロン（天国の持主）として知られ、その最高位を占める。かれの代理人たち、すなわち従属神（オリシャ）たちは第2の層に属し、ある種のヒエラルキィ的秩序を形作っている。オバタラは、これら下位神のなかでは最も重要なものである。この従属神につぐのは、つまり第3層には、シャンゴのような神聖化された祖先たちがいる。そしてそこには、大地（イレ）、川、山、木などの自然現象と結びついたさまざまな精霊がいる[69]。」

　社会組織としても分節的で[70]、一権力が統率することはなかった。同じ祖先を持つ血族・氏族や長老制、自由身分と奴隷の階級、職業集団、男女の役割分担など、様々な社会集団が併存していたが、いずれかの集団にも統治権や政策決定権があるものではなかった。職業集団には、鍛冶屋や呪術を行う祈禱師、先祖からの伝承の歴史を語る楽士のグリオなどがいた。農民は先祖の土地を耕すので、尊い職業とされた。当時の奴隷制は貨幣経済とは無縁で、経済的強者が弱者を搾取するものではなかった。戦争の敗者が奴隷に身をやつすこともあったが、特に母系社会では奴隷は家産や家内労働力であり、自由身分の者は奴隷の生計の世話をやき、自らの家族に組み入れることもあった[71]。こうした社会集団間の力関係や駆け引き、交渉によって社会は動いていくのであった。このような社会は土地を媒体にしたものではなく、村は先祖代々、居住し占有している場所であった。特に、定住して農耕・牧畜を営むのではなく、狩猟採集によって季節ごとに、あるいは暫定的に移動している人々には土地所有によって蓄積される富や金銭という概念はなかった（図1参照）。

　そして、伝統的共同体は王国や帝国に組み込まれていた。これもヨーロッパを起源とした王制や主権国家とは異なっていた。まず、領土は確定しておらず、小国が属国として併合されていたが、取り込んだ王国との間には国境もない。国土が決まっていないのだから、人々の出入りは制約なく自由である。王は行政を行わず、王国・帝国は伝統的社会とはほとんど接点がなかった。西アフリカのガーナ（Ghana）王国（8〜11世紀）やマリ（Mali）帝国（13〜15世紀）、ソンガイ（Songhai）帝国（15〜16世紀）は、交易を軍事で擁護し、税を課した数少ない国であった。ガーナ王国は塩と黄金交易の中心地であったし、ソン

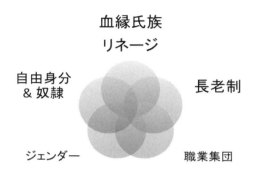

血縁氏族
リネージ

自由身分
＆奴隷

長老制

ジェンダー

職業集団

**図1　アフリカの伝統的共同体イメージ**

ガイ帝国は首長領を征服して貢納を要求した。しかし本来、伝統的な儀式を執り行う王は、各村落共同体にとって現実世界とはかけ離れた存在であった。王は、伝統文化が確立した神や精霊と村人とを繋ぐ仲介者であり、象徴的存在でしかなかった。ディオプ（Cheikh Anta Diop）は、エジプトのファラオがこれを確立し、西アフリカに伝わったと考えている[72]。但し、7世紀にイスラム教が北部及び西部アフリカに伝わり、信仰する人々が増えてくると、王が改宗すれば、伝統を重んじる住民にとって裏切りとなるし、住民が改宗すれば、王は邪教を司っているとみなされた。いずれにせよ、王の統治権力は実際の村の社会生活には影響を及ぼさないが、伝統的信仰のためにその存在理由があった（図2参照）。

　このようにアフリカの伝統的社会は、統治者と被統治者といった権力体制が確立した国民国家とは根本的に違う。構成員の力関係や社会状況に応じて、独自の論理で流動的に発展していく力学を備えていた。これを「分節的」とバランディエは言っている。ヨーロッパにおいては封建制を通じて、土地所有を巡る貨幣経済と身分制の下克上が資本主義の発展に決定的な要因となったが、アフリカではこれとは全く違う経済システム、生産体系であった。貨幣経済の基盤がなく、利潤追求や経済活動の自由の保障など、「合理性」を実践する資本家という社会階級も存在しなかった。19世紀、このようなアフリカ伝統社会に対してヨーロッパの帝国主義諸国は植民地制度を敷いた。植民地とは、西

**図2　アフリカの伝統的国家イメージ**

洋列強が「未開」の人間を支配して労働させただけに留まらない。植民地の法律や統治制度の導入によって価値観の衝突や生活様式の融合が起こった。これこそがアフリカ農村社会の文化変容であり、農民の社会的地位やアイデンティティーの変化は本書にとって重要な検証対象である。

　植民地制度はまず、アフリカの農村共同体を解体することから始めた。共同体の秩序であるリネージ（血縁・氏族）は相続争いを繰り広げ、植民地の安定にとって弊害となった。村の伝統的儀式や身分制から人々を引き離して、プランテーションで働く労働者を確保しなければならなかった。実は、それまでのアメリカ大陸に向けての奴隷貿易は非効率となっていた。1833年、イギリスで奴隷制が廃止され、新大陸に連れて行かず、アフリカで働く労働力を求めた。搾取して消耗するだけの奴隷ではなく、賃金を受け取り、労働に従事するための生活力を備えた労働者階級、プロレタリアートがアフリカで生まれるはずであった。農村から奴隷を解放し、ヨーロッパ企業が直接雇用する農業労働者にする必要があった。もはや農業は、共同体構成員のための自給の農業ではなく、輸出用モノカルチャーとなった[73]。しかし前述したように、アフリカの伝統的奴隷は搾取される奴隷ではなかった。アフリカの現地では、奴隷廃止の大義名分が伝統的身分の解体と労働力確保に利用されたのであった。

　フランスの直接統治においては、フランス語もフランス市民社会の仕組みも分からない大衆農民が生まれ、間接統治では、伝統的首長を行政の末端組織の長に任命することで、やはり農村の中で、エリートとそうでない大衆が創出さ

れた。この人為的行政システムは、農村における排他的「民族」概念の形成に重要となり、第4節に詳しく述べる。植民地下で、既に農村の社会システムは壊され、伝統は変容させられてしまった。奴隷出身者も農業労働者としてプランテーションに駆り出され、土地を所有できるようになった。また、伝統的首長で、植民地総督から「民族」の長に任命された農民は、その報酬から裕福になったが、「外部」との仲介者、あるいはその手先となったため、村人からの信頼も失うことが多かった[74]。これら農民の多層化は、独立後の国家政策の中でさらに根深くなっていく。

　アフリカ・エリート達は国民国家建設のため、こういった大衆農民をいかに動員するかに苦心した。しかも、「民族」の名の下に分離独立を引き起こすかもしれないサブ・ナショナリズムの火種を抱えての国民統合であった。パン・アフリカニズムや伝統的農村共同体を基盤にしたアフリカ的社会主義は、動員のために「アフリカ性」を捏造するナショナリズムであった。具体的には、人工的に伝統的農村共同体を創設して、農政改革と地方分権化を計ろうとした。マダガスカルを例に説明したところであるが、その実態は農村の現実とは適合しないものであった。以下に例を紹介しよう。

## （1）タンザニア：ウジャマー村

　アフリカ的社会主義の典型とされるのが、タンザニアの「ウジャマー（Ujamaa）村」である。創設者である建国の父、ニエレレは、イギリス教育を受けて教師となった現地エリートであった。ウジャマーとはスワヒリ語で家族や連帯を意味する。しかし、タンザニアの国民全員がスワヒリ語を話すわけではない。また、開発のため、政府は人口密度の低い地域に移住政策を強制し、農業労働人口を確保しようとした。他のアフリカ諸国にも共通するが、土地の所有はこの時期、中国のような徹底した集団化が進んだわけではない。マダガスカルのように銀行の農業基金を通じて、村や自治体の単位で種や農具、肥料が支給された。しかし、ウジャマー村は伝統的な共同体ではなかった。一緒に農作業をする仲間も移動政策で編制された移住者であった。慣れない土地で、祖先から引き継いだ農法を阻まれ、戸惑いと労働意欲の減退を招いた[75]。

　ニエレレは、大衆農民を国家に組み入れ、旧宗主国に対抗して自給自足の経

済体制を作りたかったがため、このような政策を取った。また、民族を隠蔽し、国民ナショナリズムを形成するため、本来の文化的多様性を認めず、一党独裁を採用した。以下にニエレレの演説を引用する。

「かつては個人財産がなくとも、何人も食糧や人間的尊厳のない困窮の中で生きてはいなかった。それぞれ自分が構成員である共同体の財産に頼ることができた。これが当時の社会主義であって、今日でも（中略）分配の正義が社会主義の本質である[76]。」

「タンザニアの経済は農業と牧畜を基盤としているので、タンザニア人は海外援助なしでも、適切な方法で土地を活用すれば、きちんと生活できる。（中略）なぜなら、土地は国のものであり、政府は国全体の利益となるように土地が使われているか注意を払う義務がある。（中略）国で十分な食糧と輸出用の換金作物を生産するよう注意するのは TANU（タンザニア国家連合党）の役目である。我々の国民が、近代的な農作方法に必要な道具や職業訓練、指導を得られているかに気を配るのは、政府や農協の役割である[77]。」

## (2) ギニア

筆者はその他、ギニアのトゥーレ政権とセネガルのサンゴール政権にもアフリカ的社会主義の農地改革と農業政策が見られると考えている。トゥーレは独立時、最も過激で、旧宗主国に従順ではない国家元首であった。ド・ゴールのフランス共同体への加入を拒否し、植民地の非人道性を下記のように弾劾した。

「いかなる植民地国家や帝国主義国家も、人種的、文化的あるいは経済的優位への野望をもはや公に主張できない。かつて弾圧と搾取の体制を正当化しようとした年老いた哲学者達は、今日、新しい形を隠れ蓑にしようとしている。その中でも新植民地主義は、後進社会にいる人々の覚醒に無私無欲で貢献したいと言って、温情主義の振りをして最も危険である[78]。」

　「アフリカ社会に深く根付いた集団的、あるいは『共同体的』性質は、
植民地支配では徹底的に利用できなかったが、住民の政治的活動を確立し、
社会関係の質を安定させるものである。社会が多様であっても、アフリカ
の共同体は有用なアイデンティティーに基づいた密接な人間関係をいまだ
に維持している[79]。」

　そして土地を国有化し、農業は農機具や種の配給制となるが、農民の失望感
は強かった。党の命令による農法は土地に合わず収穫が少なかった。収穫を集
荷し、国際市場の流通に乗せるのは国営企業の役割だったが、トラック不足と
集積システムの未確立により、生産物は腐ってしまった[80]。また各国は地方分
権化こそ国家開発の人材を生かす方法と謳い上げているが、実際のところは国
家党が送り込んだ地方公務員の指示・命令によって村の農業はがんじがらめと
なった。自由主義の国では想像し難いが、社会主義の国では公務員とは中立で
はなく、一党独裁の党員であった。それが、村のレベルから市や県などの行政
の長につき、ピラミッド状に下部組織を拘束していった。確かに、住民委員会
は住民選挙で選出されたが、たとえ農政に不満があっても、この行政のヒエラ
ルキーにもみ消された[81]。タンザニアでもギニアでも、こういった国家政策を
実施するため、公務員に採用された元農民と、そうではない農民とで階級分化
が現れたのであった。

## (3)　セネガル

　また、セネガルの階級分化も特徴的であった。先にも述べたが、サンゴール
は親仏家であった。にもかかわらず、アフリカらしさの復権のため、「ネグリ
チュード」という文芸思想運動を作り上げた。その一環に伝統的農村共同体
の再編成があった。セネガルでは元々は村の自給自足のため、タロイモやミ
レットなどの雑穀を作っていたが、植民地時代、ピーナッツの生産と輸出に
変えられてしまった。植民地の遺産たるモノカルチャーを抱え、サンゴール
は農地改革を行って、農村を再編成、そこに農業技術を指導・監督する指導員
（Animateur）を派遣した。しかし、セネガルの農村改革は、その恩恵を受け
る者と、受けられない者との農民の分化を招いた。ル・ロワ（Étienne Le Roy）

は次のように指摘している。

　　　「改革はそれでも利点があり、古い組織機構を簡易にし、現代の事情に
　　合わせようとする政治的意思が見られた。しかし、それは農民に受け入れ
　　られる新しい制度になったのだろうか。起こり得る変化の重要性を軽視し
　　なかったか。『社会経済グループの責任ある参加』を口実に、新しい農村
　　ブルジョワジーの出現を求めはしなかったか。政権党にとって政治的クラ
　　イアントを集めようと呪術師の見習いを演じて、制御不能な新たな対立を
　　導入しているのではないのか[82]。」

　セネガルにはマラブー（marabout）と呼ばれるイスラムの聖職者がいる。彼
らも農民であるが、タリベ（talibé）と呼ばれる従属する農民による貢ぎ物で
生計を立てている。タリベのマラブーへの強い信頼と尊敬を外部権力は利用し
てきた。フランス植民地当局も、サンゴール政権もマラブーを仲介者として
頼ってきた。政策を押し進める上で、住民を説得するのに、マラブーを利用し
た。行政当局としては政策を穏便且つ確実に進められ、マラブー側は政権を笠
にタリベにその権威を示すことができた[83]。つまり政権とマラブーは、持ちつ
持たれつの利害関係であるパトロン・クライアント関係であった。
　ヒデーンは比較政治の方法を取って、アフリカではなぜヨーロッパのように
国民国家が成立しないかという問題提起をしている。その答えは、市民社会で
はなく、慣習や宗教に基づく共同体や氏族に正統性があるからだという。共同
体社会から成り立つアフリカの国家は、ヨーロッパの合理性とは違う論理で機
能している[84]。アフリカの伝統的農村共同体が植民地体制下で変容し、農民は
社会の多層化でも、そして独立後のエリートとの格差の中でも、国家から乖離
した存在に追いやられた。しかも、農民は流動的にアイデンティティーと機能
を「民族」に変えていくのである。ヒデーンはこのアフリカの状況に民主的国
家と市民社会の可能性はないと失望しているが、筆者はそれだけでは農民は終
わらないと考えている。農民は既存の近代的概念を壊す潜在性があるのではな
いか。

## 3　アフリカにとっての民主化

　アフリカ農民の中央秩序からの乖離・周縁化の過程は、いわゆる IMF・世銀の構造調整時代に激化した。なぜか。その理由を、当時の国際政治経済の構造変化と、それに呼応するアフリカ国内内部のダイナミズムに追わなければならない。実際、冷戦からグローバリゼーションへの変動に反応したのは、アフリカの野党エリートのみならず、貧困に喘ぐ農民もだった。そこで、アフリカ農民の民主化における政治的社会的ダイナミズムを立証して、これまでの農民を無視・軽視した理論に反論する。コンストラクティビズムの旗手、ウェントが国外と折衝ができると想定しているのは、あくまで国家エージェンシーであり、農民は理性的・合理的判断ができないので、これに該当しないとした[85]。資本主義経済の下、中産階級がいなければ民主化は起こらないとしたり、先に触れたダールの「ポリアーキー」に参加できるのは、合理的判断ができる企業や労働団体などの圧力団体だけで、慣習や土着性に固執する農民には参加民主主義は無理だといった主張が、間違いであることが判明する[86]。

　1980 年代の IMF・世銀の構造調整プログラムは、アフリカのどの国に対しても、その前提も実施方法も予想される結果も画一的である。即ちアフリカ経済は、権威主義体制が運営してきた公営企業と、補助金と関税率で保護してきた農業部門とで成り立っており、財政負担と 70 年代終わりの先進国企業の撤退から、深刻なマクロ経済の悪化に見舞われている。それに対して、公務員の削減と農業への補助金カットで財政赤字の解消が見込まれるし、変動相場制導入と公営企業の民営化は輸出業の自由競争を促進するだろうと考えた。そして国家には、この過程で発生する問題を調整・解決する「よい統治」能力が問われたわけである[87]。

　その間、農業資源に頼るアフリカ諸国はその産業・経済構造の激変から混乱に見舞われた。IMF・世銀は徹底して自由経済を押し進め、アフリカ権威主義政権が執っていた農業の補助金を削減させた。変動相場制移行は現地通貨を暴落させ、工業品や生活物資など輸入品の高騰を招いた。比較優位の原則に基づき、アフリカにとって優位性のある農作物の輸出が伸びると期待されたが、一

次産品の世界市場での相場は暴落した。既存の流通システムが壊され、農産物が自由競争の市場に取られ、細々とした農家ではとても生き残れなかった。生活必需品や医療品も輸入品に頼っており、値段が高騰して買えなくなった。村を捨て、村の仲間との関係を断ち切って地方から都市に流れ込むが、職は見つからず、結局郊外や国境近くで窃盗・略奪の犯罪に走る。女性は売春し、エイズなどの性感染症の犠牲者となった。グローバリゼーションによる貧困と社会不安が起き、農民のモラルの荒廃と生活水準の悪化は著しかった[88]。

こういった過程はマダガスカルを事例に見たところである。グローバリゼーションとは、いかなる僻地の農村にも、国際経済や文化変容の波が押し寄せ、それまでの社会構造を変えてしまうことと定義する。マジュンガを例に、漁のやり方や漁獲量、他民族との関係が変化したことを述べた。そして野党エリートは、政権交代を狙うため、都市に流れて来た貧困・不満分子を暴動や非合法的手段に駆り立て利用するのであった。当局による発砲で流血に至れば、正統性への疑問を呈し、一挙に憲法改正と大統領選に持ち込み、政権交代を目論んだ。アフリカの民主化は権威主義体制の失策と矛盾に対する抗議運動でもあった。貧困と頻発する犯罪によって生活の安全保障を脅かされた人々が、体制変換と複数政党制移行を実現した。

但し、構造調整が民主化と直結したかというと、必ずしもそうではない。アフリカを論じるときは、アフリカ全体に共通する要素と各国事情を考慮して論述しなければならない。これまで論じてきたのは、アフリカの民主化に共通する理論であるが、これを乱暴に押し付ければ、各国の背景と現実を無視する危険がある。そこで、構造調整が原因で政治体制が変動した例としてタンザニアとザンビアを、国内外が連動しなかった例をコートジボワールとケニア、チャドに見る。

タンザニアでは1967年のアリューシャ宣言により、ニエレレ大統領が社会主義を本格的に体現化した。一党制の下、「ウジャマー村」と称する農村共存体に学校や病院、水道設備などを備え、自力更正能力のある行政単位に作り上げようとした。アフリカ的社会主義の典型である。しかし、公務員や公団・公社の職員の肥大化が財政破綻を招き、石油ショックと対ウガンダ戦争（1978年）が追い打ちをかけた。80年代、IMF・世銀の融資を受けるにあたって、就

労人口の約 74％を占める国家セクター職員の人員削減が最大の懸案となった。解雇や賃金問題、若者の就職難も手伝って、構造調整を実施する政府に対して反対運動が起こり、92 年、ついにタンザニアは複数政党制に移行した[89]。

　ザンビアでは、銅生産だけが世界市場にアクセスできる主要産業である。構造調整が銅工場の民営化に及ぶと、都市部の労働者のみならず、地方から出稼ぎに来ている農民をも巻き込んで、国家的争点になった。切実な雇用問題を巡って、労働者は自らの意見を吸い上げるシステムを要求し始めた。91 年の憲法改正によって一党制が廃止され、複数政党制が成立した[90]。モノカルチャー故に国民を民主化に動員し易かったとも言えるかもしれない。

　一方、次の 3 つの例では構造調整が国内政治に直結していない。

　1970 年代、コートジボワールではコーヒー、ココアなどの輸出による収入が増大し、高度経済成長を達成した。ところが 80 年代になると、コーヒーとココアの価格が国際市場で下落し、一転して経済危機に陥った。IMF・世銀はこのようなコートジボワールに対し、生産過剰のコーヒー・ココアの公営企業の民営化と輸出増進のための通貨切り下げを打ち出した。その際、フランス・フランを基軸とした 1 対 50 の固定レート、CFA フランが障害となった。94 年、国内経済の悪化に悩むフランスは対アフリカ予算の削減を決定し、IMF・世銀の勧告に屈する形で CFA フランの切り下げを決定した。それにもかかわらずコートジボワールの輸出は伸び悩み、コーヒー・ココアの価格下落は IMF・世銀の予想を上回った。公務員の給与切り下げ案を契機に反政府運動が起こり、90 年に複数政党制が実現した。しかし、経済危機の克服は構造調整でも政治体制の変更でも対応できず、92 年のデモで事態は収拾できなくなり、民主化も中断してしまった[91]。その後、内戦に至る経緯は後述する。

　ケニアは元来、アフリカ諸国の中では国内経済が発達し、中産階級が存在していた。モイ（Daniel T. A. Moi）大統領は前政権時代のエリート、キクユ（Kikuyu）民族を政治経済の中枢から排除しようとした。窮地に追い込まれたキクユ側から複数政党制の要求が出された。これにキリスト教会の民主化運動も加わり、92 年に複数政党選挙が実施された。IMF・世銀はケニアに対して、財政改善や汚職の排除などの介入を行ったが、民主化が生じたのは国内要因に因るところが大きい[92]。

　チャドは構造調整の成功例として報じられたが、構造調整が政治的影響をもたらしたのではなく、長年の内戦をクーデターで収拾したデビ（Idriss Déby）体制の確立には経済改革が必要だった。90年のクーデター後、暫定政権を経て97年、デビ大統領は対立していた南北の和解を謳った憲法の発布と複数政党による総選挙、国民和解内閣の発足をもって民主化を達成した。チャドの主要産業である木綿とゴムの生産に関しては、仲介業者を廃して低コストにする改革を行った。CFAフランの切り下げは同製品の輸出に功を奏した。財政改革も国家セクターの合弁やインフォーマル・セクターからの税収入で改善して、95年には構造改革融資を受けている[93]。しかしその後、政権争いから内戦に至っている。

　構造調整に伴う経済政策が今日のアフリカの民主化を一様に招いたと断定するのは、上記コートジボワール、ケニア、チャドの例から適切ではない。これら3国のケースでは国際市場の価格変動や国内利益団体の圧力、内戦後の秩序回復といった要因で、タンザニアやザンビアのようには構造調整と民主化は直結しておらず、経済問題と政治的な反発の間に齟齬が生じている。アフリカの場合、経済界が自由化を国家に求めた例はほとんどない。農村とインフォーマル・セクター、国有独占企業から成る社会では、自由経済を追求する社会層が成長してこなかった。IMF・世銀の構造調整は、新しい経済政策に対応できる階層が成熟する前に市場原理をアフリカに持ち込んだことになる。スティグリッツが、途上国における市場の自由化や産業構造の民営化、金融の解放をIMFの失敗であったと痛烈に批判したと述べた。そこには自由市場の絶対化の妄想があり、各国経済の構造的問題の根本には切り込んでいなかった[94]。

　そしてネオ・リベラリズムは、自由経済とかけ離れたアフリカ農民など国際政治経済の体制にはとるに足らない存在であり、押さえ込めると考えていたが、迂闊であった。暴動などの爆発的な反発や、「民族」のダイナミズムを備えたアフリカの政治文化など、念頭になかったのである。アケ（Claude Ake）はアフリカの1990年代の民主化について次のように指摘している。

　　「最も強い忠誠心は、文化的意義があり、日常的に実践している民族性に起因している。通常、民族やナショナリズムは個人にとって最も価値の

ある忠誠心の拠り所なのだ[95]。」

　アフリカは民主化を経て、政治的意思を表明できるようになり、自己の帰属意識、即ち新たなアイデンティティーの模索を求めるようになった。構造調整がアフリカの貧困を悪化させた中、アケが指摘しているように「民族」にアイデンティティーを求め、排他的で暴力的アクターが台頭してきたアフリカの民主化の帰結に、国際秩序は唖然とし、おののくのであった。

# 第3節　暴力の構造

　アフリカにおいて、これまで顧みられなかった農民が、民主化の重要なアクターになった。しかし、グローバリゼーションの下、社会経済の変革の中で犯罪者に落ちていく農民がいる。危機の中、排他的「民族」の概念が浸透すると、民族中心主義者に変わっていく。ここでは、アフリカ社会の犯罪化について述べ、暴力的民族中心主義者がはびこる土壌を指摘する。

## 1　国家による犯罪

　国家が反理性的な政策決定をし、テロ集団など国家以外の暴力アクターが増えていることをどのように理解すればよいのか。アリソン（Graham T. Allison）のキューバ危機を題材にした政策決定論では、実は合理的でない要素が入ることにより、政策決定が迷走する可能性が示されている。国家が単一の行為主体として合理的決定を下すとする「合理的行為者モデル」と、省内組織内の作業手続きマニュアルに乗っ取って政策決定が成される「組織過程モデル」、関係官僚による個々の駆け引きの相互作用の産物としての「政府内政治モデル」が呈示されている。さらに佐藤英夫は、人間の心理過程を考慮に入れた「認識過程モデル」も提示している[96]。現代は、イスラムなどの宗教権威の国家もあれば、アフリカのように貧富の差が激しく民族衝突の火種を抱えてい

る国もある。しかも国民国家だけが国際政治のアクターではなくなり、アクターは外交の世論形成や国境を超えた活動を行っている。主権国家の国益追求以外に、何が合理性かの基準は実に多様になったのである。

　にもかかわらず、アメリカのブッシュ大統領によるネオ・リベラリズム、新自由主義が世界を席巻したように見えた。当時のネオ・コンと言われる一派は、アメリカが唯一、世界の秩序を維持できる価値観と能力があると考えていた。故に、アメリカ人が世銀総裁のポストに就くことは自明のことで、アメリカのような自由経済をアフリカにももたらそうとした。民主主義とは、多分に土着化することが多いが、それを認めず、普遍的たるアメリカのやり方を押し付けた。これまで見てきたように、グローバリゼーションはアフリカ諸国に甚大なる影響を与えた。外界から隔離されたような伝統的社会にも、その手は及んだ。グローバリゼーションとは大国中心の秩序に過ぎないのか。そして、これらを実践していくには力、即ち軍事力が必要となった。これが 9.11 以降の対アフガニスタン戦争、イラク戦争となって現れた。イラクに大量破壊兵器があるとの脅迫観念による外交の失策であったが、アメリカによる現地市民の犠牲を伴う泥沼の戦争はこれが最初ではなかった。太平洋戦争中の東京などの空襲や広島・長崎への原爆投下、ヴェトナム戦争時の北爆の枯れ葉剤投与など、一般市民が大量に犠牲となる可能性が高いにもかかわらず、踏み切った。そしてイラクとアフガニスタンへの空爆である。

　アメリカの社会と国家の歴史的成立の特殊性については、第一章で永井陽一郎を参照した。永井のアメリカ修正主義批判を参照すると、アメリカの攻撃性と危うさが見えてくる。歴史的にモンロー主義といって、アメリカが国際舞台から引きこもってしまうのは、第一次世界大戦後の国際連盟非加盟やソマリア介入後の撤退などに現れた。また、この極端な修正主義は自らの狭い共同体的価値観を守り、それを認めなければ敵と見なし、攻撃性を募らせる。実は第三世界に軍事介入する原理と表裏一体なのである[97]。また、ドキュメンタリー映画のムーア（Michael Moore）監督が、アメリカ建国以来、西部開拓時代からのフロンティア精神と自己防衛の暴力行使をアメリカの好戦性の原点として、映画『ボウリング・フォー・コロンバイン（Bowling for Columbine）』でアメリカの銃社会を批判している[98]。

　国際安全保障は大国や主権国家がコントロールできない時代に入っている。アメリカによるアル・カイダとの攻防、またはイラクの旧フセイン（Saddam Hussein）勢力との攻防は、世界の軍事力を牛耳るアメリカが、国際社会で暗躍する武装集団を追う形となった。国際政治の中で、軍事力を動かし得るパワーは国家を離れるようになった。武力行使の主体も、武力の用いられ方や質も、紛争の状況によって様々で複雑になっている。オルソン（William Olson）は、エスニック・グループの武装集団は市民社会に根ざしたものではなく、法治国家の権限が及ばない存在と分析している。オルソンは小規模戦闘を複雑化している要素として、国家以外の武器の保持者、テロやマフィアの存在、麻薬の流通を挙げている。麻薬を使って武器調達の資金源にしたり、武器を少数民族分離独立派のテロリストに売ることもある。ソ連崩壊後、分裂した共和国には核兵器が分散し、それを盗み、売りさばく一団もいる[99]。また藤原帰一は、2002 年 9 月 11 日のアメリカ同時多発テロに至るアフガニスタンの情勢について次のように述べている。

　　　「ソ連撤退後のアフガンでは、抗戦勢力が分裂するごとに急進的な武装集団が生まれていった。（中略）冷戦終結が地域紛争を生み出したというのは極論に過ぎない。だが、大国による軍事介入を経験した諸国では、軍事的には高度な武器が移転され、温存される一方で、大国に使い捨てにされた怒りが残る。そして長く続いた紛争のため、国家による暴力独占が壊れ、社会のなかに兵器が大量に流出することになる[100]。」

　冷戦時代、大国からの武器援助によって内戦を展開していた武装集団が存続し、膨張している。暴力に満ちた今日の危うさを指摘している。
　このような国際情勢の中、アフリカの現場に視点を移そう。IMF・世銀の構造調整の結果、アフリカでは社会不安と貧困が惹起された。このような社会問題に対応できない国家体制に疑問を呈し、反体制派が市民のデモ運動や暴動を利用して複数政党制を導入、政権奪取を計ったのが、アフリカ諸国が 1990 年代に経験した民主化であった。多くの公務員は失業し、農業生産者は国からの補助金を失った。アフリカ各国の通貨が経済状況を反映して下落すると、高騰

した輸入品を買える富裕層と、買えない貧困層が現れた。工業生産力がないア
フリカ諸国は生活物資や日用品を輸入品に頼っており、それが買えなくなった
人々は、貨幣賃金を求めて都市に押し寄せた。構造調整後に経済が自由化し、
外資投資が雇用を設けるのは、まだ先のことである。貧困層は都市で路上生活
を始める。物乞いや売春、ストリート・チルドレンによる小遣い稼ぎなどのイ
ンフォーマルな経済活動が増え、犯罪も多発するようになった。国家予算が枯
渇している状況では、教育や福祉に回す予算もない。

　国家財政の圧迫と社会の混乱の中で、アフリカの国家自体が犯罪を犯す例を
リベリアとシエラレオネに見てみよう。リベリアには、祖国帰還として移民し
てきたアメリカ黒人と、先住のアフリカ人との対立があった。この国はエチオ
ピアの他に、植民地化されなかった唯一の国である。1980年、先住アフリカ
人ドゥ（Samuel K. Doe）曹長がクーデターによって政権を掌握し、統一解放
運動（ULIMO）という一政党制を敷いた。これに対して1989年、反政府組織、
リベリア愛国戦線（NPFL）のテーラー（Charles MacA. G. Taylor）が内戦を起
こした。テーラーは1997年に大統領に就任したが、2003年にはリベリア和解・
民主連合（LURD）に対して内戦を起こした。テーラーはシエラレオネの反政
府勢力、革命統一戦線（RUF）と結託していた。テーラーには隣国シエラレオ
ネの反体制派勢力から密輸ダイヤモンドが流れ、これがテーラーの武器購入の
資金源となった。しかもそのダイヤは、近隣から拉致されたり、孤児となった
りした子供が重労働により採掘したものである。

　リベリアの内戦のような非合法で危険なネットワークがアフリカには存在す
るのである。アフリカの場合、グローバリゼーションがこのような危険で理不
尽な人とモノの流れを作ったのも事実である。そして、このいわゆる「紛争ダイ
ヤ」は先進国に流れている[101]。マダガスカルでも第三次共和制の下、構造
調整かブラック・マネーかを巡って政局が麻痺する事態が起こった。経済が不
安定な中、牛泥棒やインド系富裕層の誘拐事件も増えたと指摘した。こういっ
た局面をグローバリゼーションの「闇の構造」と呼ぶことにする。アフリカ政
治学者バヤールは、エリートや国家権力から遠い被支配者から発する政治、い
わゆる「下からの政治」を提唱した。社会学の要素を取り入れたアフリカ政治
の理論と評される。アフリカ社会は国家との関係によって様々なアイデンティ

ティーを創出していくと指摘した。特に、非合法で暴力的な社会勢力、例えば
分離独立の民族紛争等に国家の権力者が加担する「国家の犯罪」は人々に甚大
な被害を及ぼす。この背景には、先に説明したネオ・パトリモニアリズムと権
力の集中、国家の私物化による不正・横領の構造がその温床となり、さらには
グローバリゼーションによる国境を超えた犯罪組織との結託、資金洗浄や武器・
麻薬の密売が拡大を助長する[102]。

## 2　安全保障の問題

　安全保障はもはや、一国では保障できない。国家のみが軍や武器などの暴力
手段を独占する時代は終わった。閉鎖的な思想、例えばイスラム原理主義や、
民族中心主義に基づくサブ・ナショナリズムによって、民兵や暴力集団が形成
され、グローバリゼーションの闇の構造を利用して武器を手に入れて暴力に走
る。そして、アフリカの安全保障が危ういのは、国境の特殊事情に因る[103]。

### （1）国　境

　アフリカの国境線は、植民地の経緯から、ヨーロッパ列強が現地の国民の
同一性を考慮することなく、勝手に引いたものであった。暗黒大陸探検の後、
1884 年のベルリン会議にて、ヨーロッパ帝国主義諸国は文字通り、地図を広
げて取り分を決めた。その結果、文化的に繋がりがある民族や、血縁による氏
族、村落共同体、その上位にある宗教的権威の王国・帝国は、分断されてしまっ
た。それが植民地行政を通じて人工的に排他的な「民族」として形成されたと
本書では述べている。つまり、アフリカの国境では国民国家を脅かす元凶が生
まれる環境となり易い。民族意識によって凝り固まり、暴力手段を手に入れる
集団が形成される。マダガスカルを例にとれば、2002 年の大統領選で分離独
立を宣言したタマタブがこれに相当する。
　アフリカでは、国境警察による検問は人員不足や怠慢、汚職によって徹底さ
れていない。職業意識とモラルの低さもさることながら、密室性が高い検問で
は、傲慢に権力を振りかざし、サディスティックな心理が芽生える。また、国
家財政が悪いので、警察の末端まで給料が支払われているか疑わしい。このよ

うな要因で賄賂の要求や暴力が起こる。筆者もアフリカの警官や憲兵には、度々車を止められてはコーヒー代や酒代の小銭を要求された。正当な要求ではないのだから断ればよいのだが、断れば何をされるか分からない。それこそ連行されるか、その場で激高して暴力沙汰にもなりかねない。こちらも事なかれ主義と妥協に走ってしまった。

## (2) 難　民

　国境は、武器や貴金属の不正取引のみならず、人の往来も激しい。仕事を求めた正規の移民だけではない。ここでは、アフリカの危機を特徴的に物語る難民について取り上げたい。

　新聞記者ソティネル（Thomas Sotinel）は、リベリアからギニアに難民が押し寄せた際に、「国境は植民地以来の不可思議（mystère des frontières coloniales）」だと言っている[104]。同じ国民ではないのに、言葉は通じ、お互い知り合いであるからだ。完全に同じ言葉でなくとも、同じ系統の言葉であれば、方言の差の程度で理解できると言う。筆者は不甲斐なくも旧宗主国の言葉で調査するので、その実感は分からないが、言語学の梶茂樹は、アフリカにおける多言語性、特に植民地以来の外来の公用語と部族・民族語の併存・共生について述べている[105]。難民が庇護を求めても、人工的に国境を引き、民族を分断した歴史的経緯から、受け入れ国に同じ民族が居住していたり、敵対している民族が待ち受けている場合がある。後に取り上げるルワンダのケースでは、フツ族難民が旧ザイールに逃げ込むと、その国境沿いではツチ系民族が居住しており、新たな紛争が生まれるのであった。

　難民とは、1951年発効の「難民の地位に関する条約」第1条A（2）によると、以下のように定義されている。

　　「人種、宗教、国籍もしくは特定の社会集団の構成員であることまたは政治的意見を理由に迫害を受けるおそれがあるという十分に理由のある恐怖を有するために、国籍国の外にいる者であって、その国籍国の保護を受けることができない者またはそのような恐怖を有するためにその国籍国の保護を望まない者およびこれらの事件の結果として常居所を有していた国

の外にいる無国籍者であって、当該常居所を有していた国に帰ることができない者またはそのような恐怖を有するために当該常居所を有していた国に帰ることを望まない者[106]。」

　これによると、難民として認定される条件には国外に脱出できていることが必要であり、また経済的困窮を理由にできない。しかし現実には、国外に出られず、戦火を逃げ惑っている「国内避難民」が多く存在する。また経済的理由も、実は内戦と迫害から生じていることが多いのである。難民を取り巻く様相は国際情勢によって刻々と変化し、国連難民高等弁務官事務所（UNHCR）はそれに既に気がついている。また難民認定には、本国で生命を脅かされるどのような迫害があったか、保護申請をした国にて審査される。難民と認定したならば、ノン・ルフールマン原則に乗っ取り、危険が伴う祖国に強制送還してはならない。しかしたいてい、命からがら逃げて来た人にはパスポートもなく、ビザもない。不法入国か否かの審査は時間を要し、さらなる疲弊と非人道的待遇にもなりかねない。

　アフリカで難民が発生する原因はもっと多様である。アフリカの難民規定は、「難民の地位に関する条約」よりもさらに広い解釈になっており、内戦や大量虐殺で祖国を離れざるを得なかった人々をも難民と認めている。

　　「『難民』とはまた、外部からの侵略、占領、外国の支配または出身国もしくは国籍国の一部もしくは全体における公の秩序を著しく乱す事件の故に出身国または国籍国外に避難所を求めるため常居住地を去ることを余儀なくされた者にも適用される。」（1969 年アフリカにおける難民問題の特殊な側面を規定するアフリカ統一機構条約、第 1 条 2.）

　そして、アフリカの難民は陸伝いの隣国に大量に流入するのが特徴である。これについては、2005 年 1 月の統計を表 1 と表 2 にて参照する。

表1　世界各地の難民数

| 地域 | 認定難民 | 保護申請者 | 帰還難民 | UNHCR が携わる国内避難民 |
|---|---|---|---|---|
| アフリカ | 3,023,000 | 207,000 | 330,000 | 1,200,000 |
| アジア | 3,471,000 | 56,000 | 1,146,000 | 1,328,000 |
| ヨーロッパ | 2,068,000 | 270,000 | 19,000 | 900,000 |
| ラテン・アメリカとカリブ海諸国 | 36,000 | 8,000 | 90 | 2,000,000 |
| 北アメリカ | 562,000 | 291,000 | — | — |
| オセアニア | 76,000 | 6,000 | — | — |
| 合計 | 9,236,000 | 838,000 | 1,495,090 | 5,428,000 |

表2　アフリカにおける難民の出身国と移動先

| 出身国 | 保護申請国 | 難民数 |
|---|---|---|
| スーダン | チャド | 225,000 |
| | ウガンダ | 215,000 |
| | エチオピア | 91,000 |
| | ケニア | 68,000 |
| | コンゴ民主共和国 | 45,000 |
| ブルンジ | タンザニア | 444,000 |
| | コンゴ民主共和国 | 19,000 |
| | ルワンダ | 4,700 |
| | 南アフリカ | 2,100 |
| | カナダ | 1,900 |
| コンゴ民主共和国 | タンザニア | 153,000 |
| | ザンビア | 66,000 |
| | コンゴ共和国 | 59,000 |
| | ブルンジ | 48,000 |
| | ルワンダ | 45,000 |
| ソマリア | ケニア | 154,000 |
| | イエメン | 64,000 |
| | イギリス | 37,000 |
| | アメリカ | 31,000 |
| | ジブチ | 17,000 |
| リベリア | ギニア | 127,000 |
| | コートジボワール | 70,000 |
| | シエラレオネ | 65,000 |
| | ガーナ | 41,000 |
| | アメリカ | 20,000 |

出典：UNHCR, *The State of the World's Refugees 2006 :Human Displacement in the New Millennium*, 2006, p.10 &p.16. [107]

　筆者は 1994 年 6 月、スーダンとの国境近く、ケニアのカクマ難民キャンプにて約 1 ヶ月、研修をしたことがある。それは UNHCR が主催した「キャンプ・サダコ」のプログラムであった。UNHCR と NGO による難民キャンプ運営を体験し、難民との交流により、難民になった経緯やその社会構造、難民がいかなる生活をし、どんな地位に追いやられたかを理解する目的だった。そして、キャンプでの経験を帰国後、様々な講演会で話して、UNHCR と難民問題の理解を促す広報活動をするようにとのことだった。

　難民とは、祖国を追われ、国民としての権利を奪われた人達である。国際政治とアフリカ政治が、個人の人生設計と尊厳を踏みにじってしまった。当時、国際政治学の修士課程を修了したばかりの筆者は、その実態を知りたいと思った。難民とは教育や医療、福祉の機会を奪われた「廃人」だと思い、悲惨さと向き合う覚悟を決めていた。確かに、人々が大量に押し寄せたキャンプでは、食糧もなく、衛生環境の悪化から感染症が蔓延することもある。しかし、筆者が観た難民の実態は、わずかな食糧で祖国の料理をし、命からがら持って来た衣装で踊って文化を再現し、職業訓練や心身のリハビリによって人間性の回復が計られていた。一方、難民とは、出身国の政権にとっては政治的インパクトを運ぶ政治犯に他ならない。後に、ルワンダ難民を取り巻く情勢で検証するように、難民キャンプは武装化し、それを出身国の政権が襲撃する。キャンプ周辺の住民にとっても、食糧や燃料の不足、治安の悪化などの影響が及ぶのである[108]。

## （3）子供兵と教育

　戦火を逃れる難民の子供にも、また武装集団に拉致された子供にも、心身の傷は深い。リベリアの例で触れたが、武装集団に襲撃された村の子供は拉致され、殺人兵器として洗脳されていく。大人に言われた通り殺さなければ、食べさせてもらえない。怖さを忘れるため、麻薬で正常な思考を停止させる。そのうち、相手に家族や人生があるなどと考えられなくなっていく。国連児童基金（UNICEF）は、子供に体験した戦争の絵を描かせるプロジェクトを実施している。恐ろしい体験の共有と、トラウマに対して心理的カウンセリングになるという。子供兵が人間性を回復するには、さらには社会や国家の復興には教育

が不可欠である。相手の痛みを理解して詫びる能力、自分の置かれた状況を理解する能力、さらには自分で人生の選択ができる可能性を教育は示さなければならない。ところが、アフリカの教育環境は問題山積である。国家財政の悪化から教育予算の不足、そして教師不足。紛争で教師が殺されてしまっている場合もある。教育の質も問題で、植民地教育のひずみと国民教育の偏狭性が残る。かつての反植民地主義や極端な社会主義など国民動員のナショナリズムの教育では、自分で人生を切り開ける能力は開花しない。

　確かに、近代的国民教育は読み書きを教え、経済・社会活動に必要である。しかし、近代教育で「よき市民になるため」とのスローガンを掲げ、農村共同体における伝統的価値や口承文化の伝播などを否定してよいのだろうか。近代教育にとって悪例として登場するのが、セネガルのマラブーのムスリム教育である。タリベの子供達はマラブーに言われ、施しをもらいに町に立つが、マラブーへの信頼と憧れは絶大である。精神的支えを外来の近代的価値観で根こそぎ除去していいのか。また、西アフリカや中部アフリカで実施されている女性器切除（Female Genital Mutilation、FGM）も、一定の「宗教」や「伝統」の固定概念から生まれたものである。女性器陰核の一部を切除する儀式は、処女性の維持や女性の性欲コントロールに効果的との迷信から派生している。非衛生的な方法で医学的知識もなく縫合するので、排尿ができなくなったり、産道を傷つけてしまったりする。何より、儀式として共同体の構成員に晒すことで、精神的な傷を負うことがある。近代法では、FGM は禁止されている。しかし、現実にその措置を受けていない女性は結婚できず、村八分になってしまう。迷信について、科学的な新しい知識と説得で、男女ともが自ら変革、選び取っていくことが最も長期的に安定していくことになるであろう[109]。

## （4）エイズ

　また、母親が貧困から売春をしてエイズにかかり、子供が孤児になるケースは、まさにグローバリゼーションから取り残された現象と言えよう。母子感染により HIV 罹患者になる場合もある[110]。親がいない彼らは、子供兵になるか、あるいはストリート・チルドレンとして働くしかない。彼らが労働で得た小銭をむしり取って生きる大人達がいる。それでも、彼らに少しでも食事が渡る。

この悪循環を断ち切らなければ、低い就学率は変わらない[111]。

　エイズのアフリカの惨状を統計で確認しよう。

表 3　世界のエイズ患者数に占めるアフリカの感染者数

| | | HIV 感染<br>生存者<br>( 大人と子供 )<br>万人 | 新たな HIV<br>感染者<br>( 大人と子供 )<br>万人 | 大人の感染率<br>% | エイズによる死亡<br>( 大人と子供 )<br>万人 |
|---|---|---|---|---|---|
| サハラ以南<br>アフリカ | 2001 年 | 2,090 | 220 | 5.8 | 140 |
| | 2007 年 | 2,250 | 170 | 5.0 | 160 |
| | 2011 年 | 2,350 | 180 | 4.9 | 120 |
| 世界全体 | 2001 年 | 2,900 | 320 | 0.8 | 170 |
| | 2007 年 | 3,320 | 250 | 0.8 | 210 |
| | 2011 年 | 3,400 | 250 | 0.8 | 170 |

出典：ONUSIDA, *Le point sur l'épidémie de sida*, 2007. ONUSIDA, 2012 *Global Report.*

　エイズ蔓延の理由は、様々な社会構造にある。まず、伝統的価値観の堅持と性教育の情報不足が挙げられる。一夫多妻を実践すれば、複数の性交渉によって感染する確率が高くなる。ケニアでは当初、キリスト教団体がコンドームの使用に反対し、男性優位の社会では普及しなかった。アフリカ南部では「処女と性的関係を持つと病気が治る」とのデマが飛んだ[112]。エイズの感染経路について科学的理解が求められる。また戦時下では、戦利品を得たような優越感から、敵の女性に対して性的虐待を侵す場合が多い。集団レイプは感染の経路の一つである。そして、貧困から薬が買えず、偏見により社会から隔離・拒絶されて治療も受けずに孤独死を迎えることが多い[113]。大手製薬会社はその知的財産権・特許を主張し、エイズのコピー薬に対して訴訟を起こしたが、結局 2003 年、訴訟を取り下げた。病気による生命への危機感が勝り、貧困による命の格差を疑問視した結果である。そして 2001 年、当時のアナン（Kofi A. Annan）国連事務総長のイニシアティブで、国連エイズ特別総会が開催され、世界エイズ・結核・マラリア対策基金と国連合同エイズ計画も発足した。

　これまで検証してきた国際秩序とアフリカ国家体制の下、医療が行き届かない農村では、貧困と病気に苛まれ、コミュニティーの庇護をも失う。打ちのめされ、悲惨な中で生命を落としていく人もいるが、荒廃した精神は恐怖と狂気を生み、歪んだ攻撃性となって頭をもたげる。生き残りを賭けて拠り所を見つけようとしたとき、「民族」という帰属意識のプロパガンダ、洗脳が入ってくる。

2001 年、セン（Amartya Sen）と緒方貞子は、病気や教育、貧困、福祉、環境など、人間として最低限の生活を維持する「人間の安全保障」を提唱した[114]。これが保障されなければ、綿々と続く、紛争と貧困、新たな武装勢力の台頭という非人道性の連鎖は防げない。安全保障の概念はもはや、クラウゼヴィッツ（Carl Von Clausewitz）が 19 世紀に示した軍事的なものだけではなく、広義の概念となったのである[115]。

## 3　リベラリズムと国際社会の介入

　先に述べたアフリカの非人道的状況に、国際社会が介入してきた歴史について記述する。国際政治学のリベラリズムという学派は、一国や一地域の人道上の問題や内戦、環境問題などに国際社会、特に国連機関や NGO が介入する構造を説明した。地球規模の問題、普遍的な問題に対して、主権国家の枠を超えるこれらのアクターを認めたのである。しかしそれは、大国の利害と国際秩序の保守主義、それに対する途上国側からの反発と妥協という、南北問題の政治史でもあった。

　超国家的機関が世界秩序について協議する歴史は、第一次世界大戦後に始まったと述べた。しかし国連には、大国に依存せざるを得ない制度の限界がある。国際連盟の歴史的教訓から、国連憲章は大国（正確には、第二次世界大戦の連合国側の戦勝国で、核保有国の米・英・露・仏・中の 5 カ国）に安全保障理事会常任理事国の権限、即ち拒否権を認めた。大国の合意を取り付けなければ、国連による平和創設は実行力が伴わなくなる。つまり拒否権が発動されれば、安保理の決定は白紙に戻され、大国の利害が反映されることになる。そして、第二次世界大戦後に制定された国連憲章第 43 章に規定されている国連軍の編成は、東西の対立によって長い間達成されなかった。そこで国連は暫定的に平和維持軍 PKF を派遣するようになった。停戦締結後の紛争地域において兵力引き離しや武装解除の監視、治安の維持を任務とし、国連軍の「軍事的強制行動」とは性格が違う。携帯できる武器も防衛用の軽火器に限定されている。加盟国の部隊で編成され、超国家機関の国連（正確には安保理ないし総会、事務総長、事務総長特別代表、軍司令官の順）が指揮統制するのも、国家のみが掌握する従

来の軍事力ではない。

　ところが、こういった安全保障の構造は冷戦末期に変化してきた。ゴルバチョフ書記長の登場を機に、旧ソ連の外交政策が転換されたとも考えられる。アメリカ経済が停滞したため、援助と武器輸出が追いつかなくなったとも言えるだろう。しかしながら、国家以外のアクターが国際政治に登場したことで、冷戦構造と軍事的脅威が変質した。リベラリズムの旗手、コヘインとナイは、国家が経済力を追求するようになると、軍事紛争を避け、経済発展のための環境作りを国家間で合理的に選択すると検証した [116]。軍事力以外を国力と認めると、国家によるパワーの独占体制は崩壊した。経済拡張や技術開発を担うのは国家ではなく、民間企業や研究機関である。また、NGO は人道援助や開発援助、国際交流などのプロジェクトを途上国で実施する。超国家的組織の EU は、ヒトとモノ、金の流れの増加に則して法制度と政治的統合を試みた。環境問題や人権問題など国内だけでは解決できない問題は、国際機関で扱われるようになった。国境を越える様々なアクターの活動は東西対立の枠では狭すぎ、冷戦の構造変化と相互依存をもたらした [117]。

　冷戦終焉後の 1990 年、国際社会は、多国籍軍という新たな超国家的軍事力によって湾岸危機を乗り切ろうとした。一国の内戦や一地域の軍事紛争は国際社会全体の脅威となり、PKO や国連多国籍軍が派遣された。クウェートにイラクが侵攻すると、アメリカはこれに強く反発。イラクにクウェートからの即時撤退を求めるとともに、西欧諸国や反イラクのアラブ諸国の同意を取り付け、国連安全保障理事会の決議を採択して多国籍軍を結成、イラクを攻撃した。多国籍軍は PKF のように停戦合意を前提とはしておらず、国際社会共通の脅威を排除するため、国連の承認が必要となる。しかし 2004 年から対イラク戦争を決行するにあたり、アメリカとイギリスは国連の決議を無視した。世界の軍事力は、アメリカに集中し始めた [118]。

　何を国際社会共通の脅威と見なすかの決定は、唯一の超大国アメリカの意思が大きく反映され、恣意的となる。アメリカとイギリスによる対イラク戦争に対し、世界各国で反戦・反米英運動が展開された。伝統的に外交は、ウェストファリア条約以降は王族や貴族が、市民革命以後は外交エリートが独占してきた分野であった。しかし、民主化や行政の情報公開が進むにつれ、軍事力行使につ

いて世論が形成され、外交中枢の政策決定に影響を及ぼそうとしている。日本の例では、自衛隊のカンボジアPKOへの参加を巡る是非や、アメリカ兵による少女暴行事件から派生した沖縄米軍基地縮小問題などが挙げられる。

　湾岸戦争の多国籍軍の派兵を経て、当時の国際安全保障の気運に対して1992年、ガリ（Boutros Boutros-Ghali）国連事務総長は『平和への課題』を発表した。この中で、従来のPKOの活動の他に、予防外交と平和創出、平和維持、平和構築の任務を加えた。社会・経済的要素も紛争の要因と認め、予防外交の具体的な手段として、国連への通報や事実調査、早期警報、非武装地帯の設置などを挙げている。そして紛争当事者が武力行使に至った場合、必ずしも停戦合意に至らなくとも、秩序回復をはかる戦闘能力を平和強制部隊に付与した。ところがそれは、ソマリアでの多国籍軍においてはアメリカの戦略に利用され、ソマリアは無政府状態のまま国際社会から放置されている。『平和への課題』は武力による秩序回復に道を開いてしまい、結果的に国際政治の犠牲者の救済には、武力介入だけでは対応できないことが分かった。特に破綻国家は、内戦によって、国家として国民に保障すべき安全保障や治安、医療・福祉・教育、衛生や環境を提供する能力を失っている。そこで登場するのが「人間の安全保障」という考え方である。問題の解決には、国内の格差の是正や、人権問題や環境問題の回復、他民族との異文化理解などの教育の問題など、実は様々な分野の平和構築が必要ではないかと問題提起できる。

　故に、国連などの調停や制裁決議、PKOの他、NGOや国際援助・協力団体の役割分担と連携が重要となっている。それは、研修したカクマ難民キャンプでも実際に見たことである。筆者はNGOによる保健衛生知識の普及活動「ビジュアル・エイド・プログラム」を手伝った。難民の中から養成されたソーシャルワーカーが用いる絵を、スーダン難民とエチオピア難民とともに描いた。「出産にはお湯を湧かした清潔な環境で」とか、「健康のため、肉も魚も野菜も食べましょう」、「排泄は決まった場所で」といった絵を布に描いた。スーダンから逃げてきた人々が難民審査を受けるロクチョキオから難民をキャンプまで運ぶロジスティックスや、幼稚園・小中学校・職業訓練、食糧や物資の配給、それらには専門のNGOが参加している。また、国連とNGOの連携の別の例として、ジュネーブ軍縮会議で検討された小銃・軽火器の撤廃の実施を挙げる。

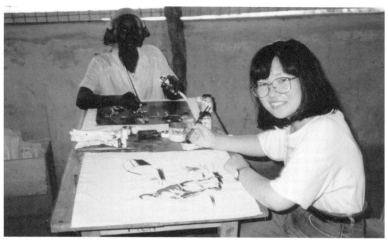

写真 4　ビジュアル・エイド・プログラムに参加しているスーダン難民と筆者

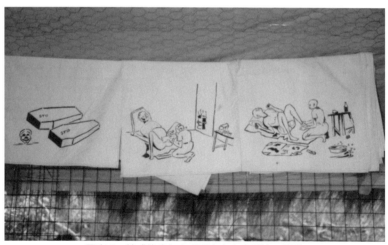

写真 5　性感染症による死亡と出産環境の説明

紛争締結後のアフリカでは武装解除が実施されている。日々暴力に曝されていた人々にとって、防衛手段を失うことは不安と恐怖を伴う。それでも NGO の懸命な説得により、民兵だった人や武装集団に駆り出された人が自らのカラシニコフを手放している。それを使っていたアフリカの子供兵の社会復帰の問題は深刻であり、カウンセリングをしているのも NGO である[119]。

　しかしながら国際社会の介入には、これまで中立性の問題が常に問われ続けてきた。その中で、赤十字国際委員会（ICRC）はデュナン（Jean H. Dunant）が設立したものであるが、中立を貫こうとしている。最近でも、アメリカが 9・11 のムスリムの容疑者を連行・尋問したグアンタナモ収容所に出入りできたのは、中立性に信頼を得ているからである。人道上、問題であることをマスコミなどに公表すべきか常に迷っているが、そこで見たことは、決して口外しないことが徹底されている[120]。

　国際社会がアフリカに介入した挫折と失敗の歴史は、大国の恣意性と利害、アフリカへの無関心と軽視に因るものだ。黒人への蔑視、「野蛮で未開」とみなされた人々の人権軽視。冷戦時代には代理戦争でどんなに農民や村人が死亡しても無関心であった。冷戦時代には不安定化や共産化を防ぐために、政権維持の援助が来ていたが、冷戦終焉後はそれも途絶えた。核兵器を持つ超大国間の戦争の脅威が消えたのだから、どんなにアフリカが不安定化して、犠牲が生まれても大国の懐は痛まない。人道上の問題は普遍的で、国際社会共通の脅威ではなかったのか。現実にはアフリカ人の命は軽く、安いものであった。

　例えば、1967 から約 2 年半に及ぶナイジェリアのビアフラ戦争は、アフリカにおいて大国が初めて介入した内戦である。ナイジェリアは連邦制を巡って対立が深まり、オジュク（Chukwuemeka O.-Ojukwu）率いるイボ族が分離独立を宣言した。イギリスとソ連は連邦政府を支援、一方フランスはビアフラを軍事援助した。その結果、内戦は拡大・延長され、食糧が尽きた人々は飢餓の中で死んでいった。また以前に、コンゴ動乱における PKO 派遣の国連決議は、安全保障理事会で冷戦の戦略上なされたものと述べた。アンゴラ・モザンビークの内戦はアフリカを舞台とした超大国の代理戦争となった。シャバ紛争後、アフリカ軍創設というフランスからの提案を、アフリカ人達はネオ・コロニアリズムとして、旧宗主国の利害を疑った。そして本書では、1993 年のソマリ

アへのアメリカ多国籍軍の介入は、アフリカへの無理解による失敗であると分析した。アイディド将軍を取り除けば、問題は解決するとの浅はかな見通しだった。アイディドの背後には氏族や民族、パトロン・クライアント関係を持つ一派など、多様な人々が控えていたのである。軍事介入では解決できない問題があるのであって、こういった人々の生活再建を念頭に戦略を立てなければ、根本的原因は駆逐できないのだ。脅迫観念から空爆に走るアメリカには、この視点が欠けている[121]。

　本節で述べた国際秩序の暴力性と犯罪性、アフリカ国家の正統性の失墜、社会の疑心暗鬼と脅迫観念、そして国際社会の介入の躊躇と恣意性は、次節で語る民族虐殺に深く関わっているのである。

# 第4節　民族中心主義

　伝統的農村共同体が歴史的に変容し、排他的・暴力的な民族概念が形成されたというのが、本書の仮説である。アフリカの歴史の中で政治的アクターとなった農民について述べてきた。マダガスカルを、農民と政治的な民族操作とが結びつかない例として紹介したが、これが結びついた事例について検討しなければならない。かくして、何が民族を殺戮と狂気に駆り立てるかが見えてくるであろう。

## 1　比較研究：ルワンダ

　1994年、ルワンダで起こったジェノサイドは衝撃的であった。冷戦後、「民族」を軸とした対立が憎悪と暴力として現れ、その惨状に人間性への疑念がほとばしった。当時、国際政治の構造変化を認識して、科学的・規範的問いかけが誠実に行われるべきであった。しかし、国際政治の体制は人道的危機を軽視し、漫然と、あるいは呆然としてやり過ごす無力さを露呈した。

　これまでと同じように、国際政治社会学の方法でルワンダの歴史的変容を記

述して、民族紛争に至る原因を明らかにする。その苛烈な対立の構造が現れて
くる。

　植民地以前、ツチ族とフツ族は元々敵対してはいなかった。伝統社会は、牧
畜のツチ族と農耕のフツ族、それにトゥワと呼ばれるピグミー族で構成されて
いた。人種的には、ツチ族はエチオピアから移住してきたと言われ、背が高く
て彫りが深い顔だと定義された。一方、フツ族はアフリカ中部に見られるずん
ぐりした体型だと言われてきた。ところが、実は両者は長年の混血で、見かけ
では判別できなくなっている。ツチ族は王朝を作り、フツに対して主従関係を
持つが、封建的でも搾取的でもなく、世話をし、面倒をみる関係だった[122]。

　では、それがなぜ変わってしまったか。多くの研究者は植民地体制を原因に
挙げている[123]。筆者もそう認識するが、さらに独立後の国家体制も民族の概
念を誇張し、格差と対立の構造を生んだと考える。

　ルワンダはベルギーによって植民地支配を受けた。ベルギー人は、現地で
ヨーロッパのような国家と市民社会、資本主義経済を担う人材を探したが、伝
統的な主従関係を誤解し、ツチ族をエリートとして教育した。このようにして、
進学や土地所有、仕事のポスト獲得でもツチとフツでは格差が形成された。つ
まり外部の圧力で、ルワンダ人の社会に新たな緊張関係ができてしまった[124]。
1950年代、フツの解放運動の結果、国民投票でツチ王制の廃止が決定し、共
和制に移行すると、ルワンダは1962年に独立を達成した。しかし依然として
社会の混乱は収拾できず、ツチが植民地時代に得た既得権益に対して、フツの
不満は解消されなかった。そこで1973年、軍事クーデターによってハビャリ
マナ（Juvénal Habyarimana）が大統領に就任した。同政権は開発国民革命運
動（MRND）という単一政党によって、権威主義体制を敷いた。ハバリマナ
はツチ族から土地を取り上げ、数に限りがある雇用を民族間で分け合い、民族
間の格差をなくす政策を実施した。しかし、これらの政策は格差是正にならず、
却って緊張を高めてしまった。既得権益を失ったツチ族は隣国ウガンダに亡命
し、ウガンダの反体制組織から軍事訓練を受けて、ルワンダ愛国戦線（RPF）
という武装集団と化した[125]。

　軍事援助や武器の流入については、分かっている限りで、当時のミッテラン
政権のフランスからハバャリナナ政権になされ、一方RPFはウガンダのムセ

ベニ（Yoweri K. Museveni）から、またアメリカ・ブッシュ（George H.W.Bush）
政権からの支援をとりつけた。これらの武器が虐殺と、周辺地域の安全保障の
不安定化に使われた[126]。1991 年、ハビャリマナ政権は、IMF・世銀の構造調
整のコンディショナリティを受け入れて複数政党制に移行した。民主化したに
もかかわらず、民族間の不満は解消されなかった。

　1993 年、RPF が隣国ウガンダからルワンダの領域を攻撃し始めた。これに
対して、国連はアリューシャ停戦条約の締結の下、停戦監視 PKO、MINUAR
を派遣した。しかし 94 年 4 月、大統領の搭乗機が何者かに爆撃され、ハビャ
リマナ大統領は暗殺された。立証されてはいないが、RPF の仕業ではないか
と噂されている。フツ寄りだった大統領の暗殺を契機に、ツチ族の台頭を恐れ
たフツ族は、国内のツチ族虐殺に駆り立てられていった[127]。

　国連安全保障理事会の場では、常任理事国のアメリカとフランスの対ルワン
ダ戦略が露骨になる。アメリカはこの直前にソマリア派兵に失敗している。故
に、アメリカはアフリカの複雑な社会には介入したくないし、世論もそれを
支持しないこともあり、ルワンダへの PKO 強化に消極的になった。漸く担っ
た任務は「希望作戦」という水と食料の供給のみだった。一方フランスは、ア
フリカへの影響力を維持・拡張する戦略を帝国主義の時代から持ち続けていた。
特にルワンダはフランス語圏で、ベルギーに取って変わろうとの思惑があった。
当時のミッテラン政権はハビャリマナ大統領とは家族ぐるみの付き合いで、国
連において、フランスはこうした疑惑を追求された[128]。その間、MINUAR の
カナダ人指揮官ダレール（Romeo A. Dallaire）[129] が、PKO の駐留延期と権限
強化を現場から安保理に要請したが認められず、ルワンダでは虐殺を止める手
段がなかった[130]。結局、フランス軍は「トルコ石作戦」を展開し、非武装地
帯を設けて逃げる人たちを保護した。

　ルワンダの問題はもはや一国だけの問題では収まらなくなった。1994 年 7
月、RPF がキガリまで攻め入り、ルワンダ全土を制圧した。ツチ系の RPF が
権限を握れば、ツチ族を虐殺していた自分達が今度は迫害されるとフツ族は考
え、難民として隣国に逃げた。その中には虐殺をした民兵、インタラハムウェ
（Interahamwe）の残党も紛れていた。筆者は、難民を国家の庇護を失った弱
者とは必ずしも考えていない。むろん、国家から迫害されることはたいへんな

悲劇である。しかし、その中には祖国の政権にとっての政治犯も紛れ、難民キャンプを政治化・武装化する。国境を跨いで対立する民族抗争に火を付ける[131]。

　国境沿いのザイール領域には、バニャムレンゲ（Banyamulenge）といわれるツチ系の住民が居住していた。キブ州ゴマという都市にルワンダ難民のためのキャンプが UNHCR によって設けられるが、フツ系難民とバニャムレンゲの間に摩擦が生じるようになった[132]。アフリカの難民は政治的動乱に伴う食料危機や環境破壊などを避けようと、大量に国境に押し寄せるのが特徴である。国境では突然、人口密度が高くなり、食料や燃料、医療の供給が間に合わなくなってしまった[133]。

　RPF は難民キャンプに潜伏するインタラハムウェを駆逐するため、キガリから攻撃を仕掛けた。事態はザイールの体制崩壊を招き、難民の帰還に帰結していく。カビラ（Laurent-Désiré Kabila）という人物は 1960 年代からザイールのモブツ大統領の政敵で、コンゴ・ザイール解放民主勢力連合（AFDL）を結成し、バニャムレンゲとキガリの RPF とともにツチ連合を作った。カビラは、この支援により 1997 年にモブツ・ザイール政権を崩壊に追い込み、ザイールの首都キンシャサを制圧した。このいわゆるザイール東部紛争に対して、国連安保理は迅速に政策決定できないでいたが、これを期にルワンダ難民が祖国帰還の動きに出ると、事態を放任してしまった。

　ルワンダの RPF カガメ（Paul Kagame）政権は、旧ザイール、コンゴ民主共和国内に潜伏し続けるインタラハムウェの引き渡しを要求したが、カビラはルワンダによる国内問題への干渉を嫌ったので、これを拒否する。こうして、盟友だった両雄は決裂してしまった[134]。ルワンダはコンゴ領域に軍事侵攻し、カビラ政権はアンゴラ、ジンバブエ、ナミビア、チャド、スーダン軍の駐留を容認し、ルワンダに対抗しようとした。しかし 2001 年、カビラは自らの護衛兵によって暗殺されてしまった。

　紛争後の秩序回復として、加害者と被害者の間で国民和解を計って共存するには、謝罪と寛容・赦しによる国民感情形成の長い道のりを要する。具体的には、犯罪者への正当な裁判をしようとしても殺戮により裁判官が不足しており、国際刑事裁判や伝統的首長による仲裁制度「ガチャチャ（Gacaca）」を用いた[135]。また、国家建設をしようとしても、技術者もビジネスマンも、働き盛りの青年

も殺され、人材と労働力が圧倒的に不足していた。その後、国際援助が届き、亡命ツチ族が帰国すると復興プロジェクトを促進しているが、圧倒的に貧困農民層が多いフツ族との格差是正と富の再分配が問題である。一方、コンゴはその後、各地で民族分離運動が勃発、外国駐留軍が居座って国民国家、主権国家としての成立を困難にしている。いわゆる破綻国家であり、普通選挙がやっと実施できたのも 2006 年になってのことだった。

　ルワンダの事例には、これまで検証してきた要素が相まって民族虐殺に至ったと言えよう。植民地統治による民族の先鋭化、民族間関係の歴史的変容、権威主義国家の失策と冷戦時の大国との関係、そしてグローバリゼーションの下、社会・経済システムの変革を迫られ、ヒトとモノ、武装集団と難民、武器の密輸と破壊行為が入り乱れる。また、権威主義体制が民族を隠蔽しようとして、かえってそれを強調、あるいは先鋭化してしまうことはよくあることである。しかし、ルワンダの特異性に注目しなければならない。ルワンダではツチ系の亡命者が隣国で武装集団化する条件が整っていた。 アフリカの人工的な国境の画定から、他の地域にも程度の差はあれ、同じ条件は見つけられるものの、中部アフリカの民族分布の複雑さは特殊な条件・環境だったと言える。

　ルワンダのように民族対立が大量虐殺にまで至るには、歴史的経緯から民族間の格差が確定し、それを巡って社会で生まれた憎悪が、煽動と強迫観念、集団心理で増長し、制御できなくなった。ルワンダの虐殺が衝撃的なのは、残虐行為が日常の中で行われたことである。アウシュビッツ強制収容所はユダヤ人などを日常生活から引き離し、ポーランド郊外などの収容所に連れてきて、延々と虐待した後、ガス室で殺していった。一方、広島・長崎は街や学校など人々の生活が、一瞬のうちに熱線と爆風で廃墟となり、非日常化してしまった。証言によると、燃え盛る炎に建物は壊れ、焼けこげの死体の山の生き地獄だった[136]。

　ルワンダでは、虐殺の場面が学校やキリスト教の教会、広場であった。自分が殺す側にならなければ、その非を責められ、殺される恐怖から、昨日まで穏やかだった隣人が襲ってくる。コンピューターゲームの仮想世界ではない。教会に庇護を求めてやって来た人々を匿まった部屋の扉を開け、インタラハムウェを呼び込んだ神父、修道女はベルギーの裁判にて人道に反する罪で

有罪となった[137]。集団心理による憎悪は、それまで養われた宗教的信仰や正義の観念をも壊していった。ミル・コリンヌ（Radio Télévision Libre des Mille Collines, RTLM）という地元の放送局は、「ツチはゴキブリであるから殺せ。ツチの女性をレイプしろ」と放送し、心理的に人々を駆り立てた[138]。暴力的な行為が英雄視されるようなプロパガンダと考えられる。

　ゴーレイヴィッチ（Philip Gourevich）は、虐殺の要因をいくら分析しても、やはりルワンダの真相は深い心の闇に閉ざされると書いている。

　　「だがなぜバングラディッシュでは、あるいはどこでも、他のひどく貧しくてひどく混み合った国ではジェノサイドが起こらなかったのか？（中略）本当の意味でそれを説明してくれるものはない。すべての要素を考慮してみよう。植民地時代以前の不平等。絶対権力と階層化された集権政治。ベルギー統治下のハム語族神話によるラジカルな二極化。1959年のフツ族革命にはじまる虐殺と追放。80年代後半の経済崩壊。ハビャリマナ大統領がツチ族難民の帰還を拒否したこと。複数政党制にまつわる混乱。RPFの攻撃。戦争。急進派フツ至上主義。プロパガンダ。虐殺の訓練。大量の武器輸入。権力分割と人種統合による平和がハビャリマナの寡頭政治を揺るがす。脅しつけられ、従順で、自由を持たない、そして多くはアル中の農民たちの、極端な貧困、無知、蒙昧と恐怖。外の世界の無関心。それだけの材料を混ぜ合わせれば立派なジェノサイドのレシピとなり、それがいつ起きてもおかしくなかったと言える[139]。」

　筆者もそのように空しく思い、政治社会学の限界を痛感する。しかしながら、アクターの動向を追うこの接近方法に従うと、民族紛争に至るかどうかは、政治的煽動を契機とした社会の暴走だと言える。そして、フツ族には貧しい農民が多く、その中のインテリやリーダーとなった農民が先導、また共和民主運動（MDR）という青年団が村に浸透して、フツ族農民が民族紛争に加担・巻き込まれて行ったのである。

## 2　作られる民族意識：国民国家の下の煽動

　なぜ民族問題は90年代に台頭してきたのだろうか。暴力的民族が突如勃発したかのように描く政治学は、国家権力の上辺しか見ていない。国民国家の統合や行政システムから乖離した社会の中で、格差や生活苦への不満が形成される。これが新たな勢力による権力争いや迫害に発展した場合、民族感情やアイデンティティーを煽動して民族紛争にすり替わってしまうことがある。政治学の研究者は、このような政治的煽動を痛烈に批判すべきである。煽動に失敗したマダガスカルの事例と、成功したルワンダの例を見た。以下、社会の底辺に燻る不満を煽って、排他的・攻撃的な「民族」が政治的に作られた事例を挙げよう。

### （1）セネガル：カザマンス紛争

　セネガルで分離独立を主張しているカザマンスは、ディアヴ（Aminata Diaw）とディウフ（Mamadou Diouf）によると、人工的に作られた民族である。実は、様々な民族が移民してきた経緯があって共存しており[140]、「自分達」の意識は国民国家の介入・関与によって初めて形成されたという[141]。歴史的にもこの地域はポルトガルが支配しており、対ポルトガル反植民地運動のときには隣国のギニア・ビサウのための後方補給基地となっており、密接な関係にある[142]。故に、ディアヴとディウフは、この地域は植民地の負の歴史を負っており、地政学的に分離独立へと仕向けられたのだ、と考えた[143]。1990年5月、カザマンスの首都、ジガンショーで初めて爆発が起こった。これは外国人を域内から追い出すための対人地雷であった。赤十字やNGO職員、地元の農民などがその犠牲となった[144]。こういった武器はどこから、そしてどのような資金で調達されるのか。おそらくいわゆる負のグローバリゼーションのブラックマーケットからの不正資金によって、ギニア・ビサウとカザマンスの武装集団アティカ（Atika）の間で武器の密輸があったのではないかと想定される[145]。

　独立したセネガルは、前述したようにフランスの統治方法と価値観を踏襲しており、強権的中央集権によりカザマンスを多数民族ウォロフに同化しようと

した[146]。トランカ（Pierre X. Trincaz）は、中央と周辺との格差からカザマンスの状況が生まれたと考えている[147]。ダルボン（Dominique Darbon）はカザマンスが先鋭化した理由として、行政組織が確立せず、その恩恵が届かない周縁化・孤立化を挙げている。輸出市場にもアクセスできず、家内労働者やインフォーマルな労働力しか産出できなかった[148]。住民はカザマンスとしてひとつのアイデンティティーを持っているというよりも、ナショナル（つまりセネガル）ではないとの意識を持っている。その結果、反国家的になり、自治・自立を目指したという。このような条件で民族中心主義が形成された。1972年、ディウフ（Abdou Diouf）政権はカザマンスを2つの管轄区に分け、国有化推進のため、ウォロフの公務員が多く移住してきた[149]。クルーズ・オブライエン（Cruise O'Brien）はウォロフ化の国民統合について次のように述べている。

　「国家による地方行政は、カザマンスの人々にとって、あくまで外国人、ウォロフ人によるものを意味し、腐敗した行政権威として反感を募らせた[150]。」

## (2)　コートジボワール内戦

　次にコートジボワール内戦であるが、独立の父で親仏派のウフエ＝ボアニ大統領の1993年の死後、後継者争いからクーデター、そして瞬く間に民族紛争に展開した。経済的には、主要な外貨獲得手段であるカカオの価格が暴落し、構造調整で輸出に有利になっても改善されなかった。1992年より、カカオの暴落によるデモから国会は成立できなくなった[151]。ウフエ＝ボアニの後継者となったベディエ（Henri K. Bédié）が、両親ともに生まれながらのコートジボワール人であることを被選挙資格として1994年に立法化した。大統領選の対立候補、ワタラ（Alassane D. Ouattara）元首相の隣国ブルキナファソとの二重国籍疑惑を提起するためであった。これを期に、ブルキナファソやマリ出身の移民への排撃・暴力沙汰が増えるようになった。1999年、ゲイ（Robert Guéï）元参謀総長によるクーデター後の暫定政権にて、「イボワール人性」条項は憲法の条文に盛り込まれた[152]。かくして、ワタラを支持するイスラム圏北部と南部の「イボワール人性」を巡る民族対立に転化した。2000年、バグ

ボ（Laurent Gbagbo）大統領が選出されたものの、2002 年に北部を掌握した反乱軍と国軍が軍事衝突。2010 年、漸く大統領選を実施するも、その結果を巡りバグボ派とワタラ派の二重政府となったが、2011 年バグボが投降してワタラが大統領に就任した。

### （3）ケニア危機

　2002 年の総選挙後のケニアでは、キバキ（Mwai E. S. Kibaki）率いる政党連合「国民虹の連合（NARC）」が勝利し、独立以来のケニア・アフリカ民族同盟（KANU）による既存の政権の継続を阻止、政権交代が実現した。しかしキバキは、公約である大統領権限削減の憲法改正案を多数派工作で阻止し、自らの出身民族であるキクユ族を露骨に優遇した。結局 2005 年 11 月、大統領権限が 1969 年憲法とほとんど変わらない改正案は国民投票により否決された。そして「国民虹の連合」は、キバキの国民統一党（PNU）と、オディンガ（Raila A. Odinga）率いるオレンジ民主運動（ODM）の改革派に分裂した。

　2007 年の選挙は、オディンガとキバキの一騎打ちとなった。同年 12 月 30 日、選挙管理委員会がキバキ大統領の再選を発表した。しかし、選挙結果を不服とした野党勢力が抗議すると、両派衝突による暴動へと発展した。ナイロビのスラム地区では両派住民の衝突を警官が鎮圧したことで、犠牲者が出た。またリフト・バレー州においては、教会に逃げ込んだ 1000 人以上の避難民を他民族の暴徒が焼き討ちしたり、ODM 議員の暗殺事件も起き、多くの国内避難民を生み出した。2008 年 2 月にアナン国連事務総長による調停の結果、和解の合意がなされ、キバキとオディンガが大統領と首相を分け合う連立政権が成立して政治的混乱は一応収拾された。その後、連立政権は大統領権限の縮小による三権分立の強化など、制度的な民主化を促進する憲法改正作業に着手し、2010 年 8 月の国民投票を経て新憲法が成立した [153]。

### （4）コンゴ民主共和国：ベンバとマイマイ

　ルワンダ難民の流入が起因してザイール東部戦争が勃発し、さらにザイール国家が崩壊し、政権奪取したカビラによるコンゴ民主共和国の成立期、人道に反する組織的暴力が横行した。

　ベンバ（Jean-Pierre Bemba）はモブツ時代の起業家の家系の人物で、コンゴ解放運動（MLC）を1998年に創設し、北ウバンギ州を拠点に反政府武装闘争を展開した。国家の脆弱化を背景に、中央への反発に結束した民族意識を使い、国内の安全保障を脅かして自らの権力欲を満たそうとした。ベンバは隣国、中央アフリカ共和国の内戦の当事者、パタセ（Ange-Félix Patassé）大統領に招かれ、反パタセ勢力を暴力によって一掃する。ここにおいて略奪とレイプ、殺戮が組織的・集団的に行われた。2006年、実に建国以来、初めて行われたコンゴの民主的大統領選挙で、ベンバはカビラ（Joseph Kabila）大統領がルワンダと繋がりが強いと吹聴した。カビラ政権においては副大統領に就任したが、「人道に反する罪」に問われ、亡命先のベルギーで勾留され、国際刑事裁判所（ICC）の被告となっている。

　一方、東部キブ州では、ルワンダの武装勢力、フツ系のルワンダ解放民主軍（FDLR）とツチ系の人民防衛民族会議（CNDP）が展開しているが、これに対抗しようとコンゴ現地の住民から生まれた自衛民兵組織がマイマイである。ところが、マイマイは時にはコンゴ政府と結託して、住民に略奪暴行を働いた。つまり住民は、ルワンダ武装勢力とコンゴ側から二重に生命と安全を脅かされたのである。「国境なき医師団（Médecins sans frontière）」によると、集団レイプにおいて、初潮も迎えていない子供や70歳代の老女、男性も犠牲者となった。しかも、その犠牲者の身体の一部を戦利品として切り取っている。性的欲望を満たすためではなく、自分が他者を従属させる力を持っているとの自己顕示欲や、心理的サディズムが集団意識と政治的状況の中で暴走したと考える[154]。

　ベンバやマイマイの行為については、アフリカにおいて非人道性が形成される背景として今後、政治社会学がもっと踏み込まなければならないと考える。本書の段階では、破綻国家と武器密輸のグローバリゼーションという極めて現代的状況の中で、民族意識の再解釈が暴走し、権力闘争のとてつもない暴力を生んだと分析するに留まる。

## （5）スーダン：ダルフール紛争

　スーダンでは、1956 年の独立以降、内戦が続いてきたが、「21 世紀最悪の
人道危機」と言われるダルフール紛争や 2011 年の南部スーダンの独立と、現
代的な要素を展開している。内戦の一因は、やはりイギリスの間接統治であっ
た。南北を分断し、移動政策を実施した結果、北部はイスラム教徒中心となり、
南部はキリスト教徒と現地宗教を信仰する人々が居住するようになった。これ
も、これまで検証してきたように、近代的植民地統治がもたらした対立であり、
単なる宗教対立でないことは明らかであろう[155]。2004 年にはバシール（Omar
H. A. al-Bashir）大統領が連邦制とイスラム法であるシャーリアの憲法化を掲
げ、また南北境界にある油田の共同運営を提案したが、南部のスーダン人民解
放軍（SPLA）は受け入れなかった。その間、ダルフール地方の村落がジャンジャ
ウィードというイスラム系の民兵に襲撃され、略奪された。ジャンジャウィー
ドはラクダでやってきては、食糧を略奪し、レイプの末、殺戮した。衝撃的に
も、ジャンジャウィードは引き上げるときに村に火を放ち、家畜と農産物の種
をことごとく焼き払った。たとえ生き残っても、食糧も移動手段もなく、配給
を受けるため、国内避難民として遠く離れたキャンプに徒歩でたどり着かなけ
ればならなかった。ジャンジャウィードを陰で操っていたのは、バシール大統
領だと言われており、ICC の人道裁判で真実が明るみになるはずであったが、
スーダンに留まり、国内主権に守られた同大統領は、スーダン内で活動する国
際 NGO の退去を命じ、人々に食糧・医療の人道支援が届かない状況となって
いる。

　栗本英世は、長年のスーダン内戦の中で、国境を超えた新たな民族紛争の展
開について考察している。隣国エチオピアのアニュワ族社会が、貨幣経済の普
及に乗り遅れる一方、成功した入植者に対する格差意識や、政府からの隔絶・
周縁化によってスーダンに逃れて武装集団化した。そしてアニュア族は、スー
ダン難民としてエチオピアに来たヌエル族とディンカ族と対立するようになり、
両者の間で殺戮抗争が起きている。栗本はこれを、1991 年のエチオピアのメ
ンギスツ政権崩壊後の極めて現代的な、地方都市ガンベラの権力闘争と考えて
いる。即ち、もはや社会主義政権以前のヌエルとアニュアとの個々の対立・小

競り合いではなく、国家体制の変動に連動して発生した、密輸武器による全面的な民族紛争なのであった[156]。

　以上の事例研究で明らかになったのは、国民国家による介入と権力闘争によってアイデンティティーの分裂が起こるのであって、単に文化や宗教が異なるだけでは民族紛争は起こらないということだ。ギアーツ（Clifford Geertz）は、国民国家が人々に新しいアイデンティティーを与え、民族がサブ・ナショナリズムとして再結晶化すると、国家ナショナリズムが自己崩壊すると述べている。

　　　「ヨーロッパ発祥の規範が新天地にもたらされると、全ての新興国家が抱えているサブ・ナショナリズムを覚醒させ、地方主義や分離独立派として、新たな人工的なアイデンティティーの下に革命勢力が結集する直接的で目前の脅威をもたらした。」[157]

　国家の分裂防止のために、アフリカには権威主義体制が必要だとされてきたが、実はネオ・パトリモニアリズムの権威主義体制こそがアイデンティティーの歪曲化を招き、民族中心主義を結晶させた。矛盾である。
　そして 1990 年代に民族紛争がアフリカで多発したひとつの理由として、国家の脆弱化が挙げられる。冷戦の終焉によってアフリカの権威主義国家への資金援助がストップし、国家が治安維持や統治ができず、分離独立派や反体制派を弾圧できなかった[158]。キュッシュ（Denis Cuche）は国民国家の弱体化の下、グループ間の力関係が変わる社会の中で、自らのアイデンティティーを作り替えて生き延びる戦略を、シモン（Pierre-Jean Simon）による民族中心主義の定義を引用して説明している。

　　　「それぞれの集団が自分達の慣習こそ唯一最良のものだと考え、他の文化には軽蔑の念が出てくること[159]。」

　　　「民族中心主義は、他の文化・宗教に対して政治的に非寛容性を形成する。それが狡猾にも合理的に見えるのである[160]。」

　アフリカでは権威主義の負の遺産を解消できず、民族中心主義が民主主義を脅かしている。アフリカ人達は内外の変動の中で、文化的アイデンティティーの再編を常に続けているのではないか。彼らのアイデンティティーは、民族から国民、アフリカ人、黒人まで多層的で複合的である。国民としてのアイデンティティーと民族のアイデンティティーが併存、あるいは競合しており、政治的アクターとして国家に反逆することがある。

## 3　農民の「第三のアイデンティティー」

　最後に、今までの歴史的記述を統括し、内外の政治的・社会的変動からアフリカ農民のアイデンティティーを考える。バヤールは、民族化は近代化による社会の多層化と国民国家建設に起因しているとしている。

　　「民族と社会の多層化と国家との関係を（中略）明らかにすることが求められている。民族とは（中略）、所与のものというよりは、文化とアイデンティティーを形成する過程にある。（中略）そもそも、民族の帰属意識は国家の『共有された意味の体系』から発祥している。しかも、これら生成のダイナミズムは、格差と支配の新しいシステムの出現という本質的でより大きな局面にある[161]。」

　社会の多層化と国民国家の影響がどのように農民のアイデンティティーを民族の再編や再結晶に向かわせるか。特に複数政党制の民主主義においては、アフリカの農民の支持の獲得は切実な問題となっている。問題は、その農民を近代的な利益を追求する新種の「民族」に引き入れる政治勢力がいることである。農村共同体が変容していく中で、新しいアイデンティティーの核となるのは民族である。経済的困窮と社会の変化、さらに政治的煽動が民族を攻撃的にする。植民地以前の無垢で純粋な民族などもはや存在しない。これはアフリカ各国で差異があっても、現在の民族紛争の要因を分析する総合的な視点である。
　植民地以前、アフリカの農村共同体は権力機構と決定権が分節的であった。

伝統的王朝もあったが、儀式的権威に過ぎず、領土や国民も画定していなかっ
たと記述した。さらに当時は、今日問題となっている民族の概念も異なってい
た。民族は本来、文化様式や社会組織を共有する集団である。しかしアフリカ
では、人々が拠り所としていたのはあくまでも伝統的共同体社会であり、その
中の血族・氏族であった。この伝統的社会と民族は、地理的範囲もアイデンティ
ティーとしても、重なったりずれたりしていた。共通の文化があれば、大きな
民族が小さな民族を取り込むことがあったし、大きな民族は様々に枝分かれし
たものもあった。西アフリカの王国や帝国の都市では、多くの民族が共生して
いたそうである。つまり、多民族が構成する多元的社会が存在していた。こう
いった状況をノノリ（Okwudiba Nnoli）は「内包的民族」と呼んでいる[162]。

　植民地時代に近代化の価値体系や制度が導入され、伝統的身分は社会階層の
多層化に至り、エリートと大衆農民が生まれた。植民地の間接統治において
イギリス人は、「部族」や「民族」をアフリカの「伝統的組織」だと解釈した。
イギリス人は現地の人々を統治する土着のナショナリズムを探していた。ナ
ショナリズムを、他者に対してアイデンティティーを識別し、一定の統治体制
下で結束する意識と定義すれば、アフリカの伝統社会にその要素があったか疑
わしい。20世紀初頭のキャメロン（Donald Cameron）植民地総督の言葉を借
りれば、インドやアイルランドには侵略したイギリスへの苛烈な反発があった。
これに比べてアフリカには、結集して反植民地運動を起こす組織力がなかっ
た。そこでイギリス当局は「民族」を、ナショナリズム即ち人々が結束する根
拠として人工的に創設することにした。こうして、「民族」の長として伝統社
会の有力者が任命されたが、彼らはイギリス側が確定した行政区画とは縁もな
く、統治する正統性も有していなかった[163]。植民地行政の導入と現地社会の
変容によって、伝統村落共同体は「民族」に再編成され、分断されてしまった。
「民族」は植民地権力や資本主義経済の競争単位となった。例えば、「民族」を
単位に行政ポストを巡って争ったり、別の「民族」より多くの利益を得たいと
思うようになった。近代化による競争原理と権力闘争が生まれた。ノノリによ
ると、植民地以前には小民族を取り込む内包的論理を持った民族意識が、植民
地以後は排他的で敵対的な集団に変わった[164]。

　アムセル（Jean-Loup Amselle）によると、こういった植民地行政は帝国主

義を永続させるため、そして資本主義の生産システムを確立するため、民族関係を操作・支配したものだった。アムセルは、元来の民族概念は多元的な「混血の論理（logique de métissage）」で成り立っているとした。例えば、一般にフラニ族とはフルフルデ語を話し、牧畜を生業とするとされるが、この定義に当てはまらないのに、自らをフラニ族だと自覚している人々もいる。故に、ヨーロッパ植民者が行った間接統治による民族の分類は無意味であり、伝統的首長が民族の名を掲げた行政区画の長に任命されたに過ぎない。植民地以前の農村共同体は血族・氏族で構成され、共同体内の首長の相続を巡って、グループ内で争いが起きていた。しかし、この抗争は植民地行政とプランテーションを阻害するので、これを制御するため、共同体を植民地行政の間接統治の区画に統合して、「植民地の平和（la paix coloniale）」を実現したという。アムセルの見解の核心は、このように伝統的農村共同体が政治的な民族に併合され、人工的に民族に仕立て上げられることを指摘したことにある[165]。

　これまで強調してきたように、アフリカでは独立時には分裂要素となる「民族」を抱えて国民国家が誕生した。エリート内で、親旧宗主国派と反ヨーロッパを唱える派が、国民国家建設とナショナリズムを巡って対立し、ときには軍事クーデターに至った。エリート達は分裂の可能性のある大衆農民を国家に統合しなければならなかった。その典型が、マダガスカルを例にしたアフリカ的社会主義だと紹介した。国民共通の伝統的農村文化といった実体のないものを捏造し、これを国民性の象徴にして民族を隠蔽したのであった。農地改革や地方自治の下、農民にとって国家とは西欧植民者が導入した制度と変わりなく、独立国家は植民地のやり方を踏襲しているに過ぎなかった[166]。国家党による締め付けや中央集権的行政機構により、農民が農業政策に政治参加できない鬱屈した状況で、民族意識は魅力的で郷愁を誘った。しかし、これはもはや従来の文化的な民族概念ではなかった。

　「国民的伝統」を持つ唯一の統一した国民を作り上げようとして失敗した権威主義が崩壊すると、複数政党制の中で政治家達は農民大衆の支持が不可欠となった。民族中心主義者は国家の経済政策の失敗を非難し、「民族」の名の下に農民を動員・煽動していった。農民はもはや国家を信用しようとはしなかった。これまで伝統的共同体の生活を脅かし、壊してきたからであり、自分達の

安全や人権も守れないからである。かくして農民は、自己防衛のため、国家に反逆・復讐するために作られた「民族」に依拠、忠誠を誓うようになる。権威主義体制が農村共同体に介入し、開発独裁の農業政策を押し付けたので、これに反発した農村共同体は民族中心主義の温床に変わってしまったのだ。

　そして、グローバリゼーションの現象は人と人とのネットワークを生み、民族紛争はこれに乗じて拡大する。社会・経済の危機の中で農民は国家だけではなく、内外に敵を作って政治化してしまうのである。マダガスカルでは、国際社会の介入が仲裁や国境を超えた経済的支援ネットワークとして、不安定で危険な情勢を抑制しようと作用した。しかし、ザイール東部紛争は難民に紛れてフツ系民兵が移動したことで危機を増した。リベリアとシエラレオネで採掘されるダイヤモンドはブラック・マネーとして武器の購入と子供兵の調達に使われた。

　カルドー（Mary Kaldor）はボスニア・ヘルツェゴビナやアフリカの民族紛争について、「新しい戦争」と呼んでいる。国境を超えて浸透するナショナリズムと資金、武器を現代のグローバリゼーションの文脈で描いているし、国家間紛争でない点が従来とは異なる。国家の正統性が失われ、暴力と憎悪が膨張していく過程で、民族内部の力関係や権力意識が変化してくると言う。また、国家から乖離した勢力は「下」の社会として、国家が独占していた暴力手段を獲得し、国家である「上」を浸食し始める。この「下」は象徴を使って扇動し、アイデンティティーを形成して、いわゆる市民性を排除する[167]。しかし、アフリカの文化変容の歴史に照らしてみると、民族という概念を固有で不変とした点と、市民を民族の対抗軸にしようとしている点に疑問を持つ。カルドーの記述では、市民性とは近代化から派生したものであり、国家に対して自律的で対抗する存在という画一性を超越できていない。

　民族意識は変容し、形成されていくものだとカルドーに反論する。相変わらずの「理性的市民性」を掲げているが、その市民が民族中心主義者に成り下がることもあるし、アフリカの農村共同体には本来、独自の規範と理性があったのである。民族とは、政治社会の構造の下で歴史的に概念を変え、排他的・暴力的に形成されてきたものだと検証した。国家と対立する民族とは、伝統と近代性、国家との相克から生まれたものではなかろうか[168]。アフリカの近代化

の下、伝統的共同体が変容し、経済的困窮の中でアイデンティティーが危機に陥ると、農民は自分たちにとって異質の文化を敵とみなしていった。国家の手先となる伝統的権威にも失望を抱いた。これはもはや元来の農村共同体の文化・価値観ではないし、かつての内包的な民族でもない。伝統的権威と国家の正統性失墜から生まれた人為的な「幻想」の第三のアイデンティティーなのである。

　例えば、クルーズ・オブライエンはセネガルの民主化の動きを「第三の計画」と呼んでいる。

　　　「西洋化と、それに反するムスリムの伝統の目指すところは明らかに相
　　　容れない。しかし、権力側につくか、反体制派になるか以外の第三の局面
　　　があるはずである [169]。」

　クルーズ・オブライエンによると、ムスリム権威のマラブーとパトロン・クライアント関係を保っていたサンゴール政権時、カザマンスでは分離独立運動は勃興していなかった。カザマンスは統一した共同体ではなく、他の地域をまねてキリスト教を信仰しているに過ぎなかった。にもかかわらず民族意識が台頭した背景には、パトロン・クライアント関係を築いていた伝統権威の失墜や地理的な周縁化が原因ではないかと考えられる。IMF・世銀の構造調整の影響を農村地帯が被り、その煽りを受けて、ダカールの都市部の住民達は反構造調整のデモを行った。そして 1988 年の選挙では、ソピ（sopi）と呼ばれる社会変革運動に発展した。しかし、マラブーはディウフ政権支持を決定したので、人々はマラブーと国家とのクライエンテリズムや癒着に失望してしまった。マガスバ（Moriba Magassouba）によると、これが史上初の人々のマラブーへの反逆であった [170]。忠誠の対象を失うと、新たなアイデンティティーの模索が始まり、民族中心主義となった人々は外国人排斥を訴えてベルベル人達を攻撃した [171]。首都中央が国家とマラブーに対する不信感と構造調整による社会変動で混乱している隙に、マラブーと政権の結束に頼れなくなったカザマンスの人々はウォロフ化に反対し、攻撃的な民族意識を形成していったのである。

　このような第三のアイデンティティーの複雑な形成について、バランディエはアフリカ農村のダイナミズムとして説明している。マダガスカルを例に、農

226

村共同体は伝統と近代化の二元性を備えており、農民はこの二元性の下で自ら
の存在価値を見失ったと考えた。伝統は農民の近代化と発展を阻む一方で、外
来の近代化と外国権力は祖先伝来の生活様式を脅かした。そこで彼らは自分達
らしさを発揮するため、第三のアイデンティティーを探すのであった。それに
ついてバランディエを引用しよう。

　　　「それ（ベツィミサラカの宗教儀式、トロンバ）によって、（瓦解している）
　　　伝統体系と（外部から押し付けられた）近代性との間で、弁証法が経験から
　　　得られる。弁証法は、その発祥が伝統と近代の対立と関わる、不安定な第
　　　三タイプの文化社会として現れる[172]。」

　国家の介入による社会の変動、即ち、多層化から生じる「第三のアイデンティ
ティー」を見逃しては、今日の民族問題は語れない。独立以来、アフリカの国
家は国民統合と開発を達成するため「外敵」を想定してきたが、一方で国家エ
リートは、常に国内の敵、即ち第三のアイデンティティーの民族中心主義が台
頭することに怯えていた。農民は、近代行政側との仲介を計って裏切ったと伝
統的首長を非難し、もはや国家も信用しておらず、両者から乖離して帰属意識
を変化させていった。新しい民族意識を持った農民が国境を超え、隣国と結託
して反体制派となる。第三のアイデンティティーとは、国家行政による同化に
反発し、周縁化による社会経済の危機の中で、アイデンティティーの模索と歪
みから生じた攻撃的な民族中心主義のことである。

【注】
1　前掲、川田、参照。バランディエは、ヘイゲン（E. E. Hagen）やロストウ（W. W.
　　Rostow）、レーニン（V. I. Lenin）、ウォルカー（E. A. Walker）などの学者達を画一
　　的な視点と批判した。一方、アフリカの伝統的社会の多様性とダイナミズムを認めたフラ
　　ンケル（S. H. Frankel）を評価している。Balandier, op. cit.（1971）.
2　ルガート（Frederick J. D. Lugard）、「イギリス領熱帯アフリカにおける二重の委任」
　　1922年。伊谷（1989年）、p.466引用。
3　サイード（1993年）。サイードの批評は、『闇の中』（1902年）のコンラッド（J.Conrad）、

『ジャングル・ブック』（1894 年）のキップリング（R.Kipling）、『異邦人』（1942 年）のカミュ（A.Camus）、オペラ「アイーダ（1871 年）」のヴェルディ（G.F.F.Verdi）などに至る。カミュはアルジェリアで育ったフランス人として、アイデンティティーの模索で苦しんでいるはずだと思うが、サイードは、カミュは全く現地の現実を見ていないと辛辣である。

4　スタンレー（1994 年）。『デイヴィッド・リヴィングストンの中央アフリカでの最後の日記』を同時収録。

5　Morel (1906).

6　Darby, op. cit., pp.8-30.

7　前掲、川田の「未開」や「野蛮」の概念を参照。

8　Iliffe,op. cit., p.318. "The policy was indirect rule. Although conservative in origin it was radial in effect because it rested on historical misunderstanding. The British wrongly believed that Tanganyikans belonged to tribes; Tanganyikans created tribes to function within the colonial framework."

9　「部族（tribe）」についても、同じ言語と文化を共有する集団との定義があるが、「民族」と混同するので、最近はあまり使われない。民族より社会的利害が先鋭化している集団との解釈や、民族の下部組織との誤用もみられる。

10　Iliffe, op.cit., pp.330-334. Mpangala (1998) pp.316-319.

11　Iliffe, op.cit., pp.318-334.

12　Lévi-Strauss, op.cit. 及び第 1 章 p.53 参照。

13　小田（1989 年）第 2 章を参考に内容を抜粋。アメリカの黒人運動は、1960 年代、マルコム X（Malcolm X）の黒人ムスリム運動や、キング（Martin Luther King, Jr.）牧師の公民権運動へと展開される。パン・アフリカニズムのスローガン「黒いことは美しい Black is beautiful.」は、黒人アメリカ人で奴隷廃止論者ロック（John Rock）が 1858 年の演説で用いたと言われている。その後、マルコム X や南アのビーコウ（本章、pp.172-173）も引用した。

14　前掲、アンダーソン。

15　2010 年、憲法評議会は、フランス人と旧植民地出身者間の元軍人の待遇の差別を撤廃すべく、2011 年 1 月までに恩給・年金法の撤廃を政府に勧告した。2011 年 7 月、当時のサルコジ（Nicols Sarkozy）大統領は、アフリカ 12 か国の首脳を前に旧植民地出身者の元兵士にも同額の支給を約束した。

16　1961 年、オックスフォードでのセネガル大統領講演 West Africa, November 11, 1961. Fiedland & Rosberg（1964）p265-266. による引用。

17　Zuccarelli (1988) pp.70-71. 引用。

18　Senghor (1971) p. 150.

19　ファノン（1998 年）。

20　その他、コンゴ共和国、モーリタニア、オートボルタ（ブルキナファソ）、ニジェール、ダオメー（ベナン）、チャド、ガボン、中央アフリカ共和国、カメルーン、マダガスカルの 12 カ国。

21　Wauthier (1995) p.23.

22 Touré (1961), p.82. « Nous ne renoncerons pas et nous ne renoncerons jamais à notre droit légitime et naturel à l'indépendance. (⋯) Nous préférons la pauvreté dans la liberté à la richesse dans l'esclavage. »

23 Nyerere (1974). 1967 年の演説。前掲、小田、pp.47-48 の翻訳引用。

24 Nyerere (1970) p.23. "We must, as I have said, regain our former attitude of mind -- our traditional African Socialism -- and apply it to the new societies we are building today."

25 ホブズボウム、レンジャー（1992 年）。

26 「アフリカ統一機構憲章　1963 年 5 月 25 日アジスアベバにて署名、1963 年 9 月 13 日効力発生。第 3 条（原則）3. 各国の主権及び領土保全並びに独立に対する不可譲の権利の尊重。」香西茂・安藤仁介『国際機構条約・資料集』東信堂（1986 年）p.293。その他、連帯、福祉向上、ネオ・コロニアリズムを排除、国連と人権宣言の尊重、非同盟の内容が謳われている。

27 Garthoff, op. cit. 参照。

28 前掲、コルコ、p.118。

29 同、p.229 と p.269。

30 同、pp.141-143 と pp.215-217。

31 同、p.120。

32 同、pp.135-137。

33 同、p.141。

34 同、pp.125-131。

35 Gaddis, op. cit. 参照。

36 Zogoria (1979). ガブション（1982 年）、参照。

37 前掲、コルコ、p.16、pp.17-22。

38 ホスキンズ（1966）p.8、Higgins (1980) p.14。

39 同上、ホスキンズ、p.141、p.154。尚、同事務総長はこの動乱の最中、飛行機事故により北ローデシア（現ザンビア）で墜落死している。

40 同上、ホスキンズ、pp.124-128。Higgins, ibid., p.21。

41 同上、ホスキンズ、p.184。

42 同 p.380。

43 Callaghy (1984). Schatzberg (1988). Leslie (1993). 参照。モブツの独特の伝統創出型統治を「真性ザイール」という。キャラヒは絶対王政のような初期近代国家、シャッツバーグは父権的家族国家、レスリーは個人支配の国家として描き出している。

44 Le Monde 1978 年 5 月 16 日の記事によると、モブツは「アフリカ大陸はイデオロギー侵略の対象となっている。」と西側諸国に支援を求め、同 5 月 18 日の記事では、ジスカールデスタン（Valéry Giscard d'Estaing）仏大統領に電話をかけている。

45 カーター大統領とアメリカ高官の発言については Garthoff, op. cit., p.624. 参照。

46 フランスの対シャバ紛争政策については、浦野（1982 年）による外務次官タッティンガー（Pierre-Christian Taittinger）の 1977 年 6 月 10 日、国民議会における「フランス政府のアフリカ政策」を参照。「われわれは、（中略）二つの大陸の中道政策の採用

によって、超大国間の対立に巻き添えになることを回避しなければならないし、二つの大陸、ヨーロッパとアフリカ間に特別な連帯を築き上げたいと思う。（中略）アフリカとわれわれ自身との間の緊密な歴史的絆により、両大陸の地理上の近接により、アフリカの非常に大きな数でのフランス語の使用により、かつわれわれの経済の補完的性質により正当化されるところの手段の創設を用意することである。（中略）いかなるアフリカの国のための原則的方法としての最近の重要な実例は、軍事援助であり、（中略）それは、フランスが武装分子によるザイールのシャバ地方の侵犯に続く、去る四月ザイールとモロッコへの紛争の拡大において決定したことである。」Journal Officiel de l'Assemblée nationale, Séance du 10 juin 1977, pp.3711-3712.

47　Nyerere, op. cit., (1974) p.57 参照。

48　前掲、コルコ、p.229 p.264。ウェスタッド（2010 年）、p.218-226。ウェスタッドはノルウェー人で、ソ連の冷戦史の資料が豊富である。

49　同上、コルコ、p.266。

50　1948 年選挙のキャンペーンで、国民党指導者マランの演説。「われわれヨーロッパ人種は、将来にわたってその支配、その純潔性、その文明を維持しうるであろうか。それとも南アフリカにおける非ヨーロッパ人の黒い大海のなかを漂い、ついには栄光をもたずして、そのなかに永久に没し去ってしまうのであろうか。(Neame L. E., *The History of Apartheid: The Story of Color War in South Africa*, Pall Mall Press, 1962.)」「国民党は、白人種と非白人種グループを分離するはっきりした政策（アパルトヘイト）を、非白人種グループ相互のあいだにも適用することこそが、各人種の特性とその将来を保全する唯一の基盤であり、またそれを基盤としてはじめて、各人種は自己の民族性、資質を発展させ、神から与えられたその職能を伸ばす方向に導かれうるものと確信する。(Tiryakian E. A., "Apartheid and Politics in South Africa" *The Journal of Politics*, Vol.22, No.4, November 1960.)」前掲、小田の翻訳引用。

51　ウッズ（1990 年）。

52　原題 "Cry Freedom"、1987 年、イギリス映画。ビーコウ役はデンゼル・ワシントン。

53　第一次世界大戦後、ナミビア（当時は南西アフリカ）は南アの委任統治領となった。第二次大戦後の国連は南アの委任統治を無効としたが、南アは実行支配し続け、アパルトヘイト政策を敷いた。ナミビアは、アンゴラ内戦に介入してキューバ兵と対峙するための南アの拠点となった。

54　1975 年の独立当初、マルクス主義を掲げたモザンビーク解放戦線（FRELIMO）が一党独裁を敷いたが、モザンビーク民族抵抗運動（FRENAMO）が反政府組織として南アの支援を受けて農村部で暴行・略奪を働いた。1984 年のンコマチ協定で、モザンビークは ANC への支援を、南アは FRENAMO への支援を停止する合意がなされたが、南アからの FRENAMO 支援は続いたという。

55　林（1987 年）、有賀（1992 年）、参照。

56　遠藤（2009 年）、参照。

57　前掲、ガルトゥング。第 1 章、pp.44-45 参照。

58　中央アフリカ共和国のボカサ（Jean B. Bokassa）大統領は、クーデターで政権に就いた後、ド・ゴール大統領に公私にわたり招待されると « Oh ! Papa… Oui, Papa ! » と繰

り返し、ド・ゴールをいらだたせていたそうである。Wauthier, op.cit, p.163-164.

59　Pye (1962). Van Den Berghe & Welch in Welch (1970). 参照。

60　小田（1967 年）。

61　Fiedland & Rosberg, op. cit. Nabeshima (2004). 参照。

62　Bates (1981).

63　タンザニアの事例。吉田（1987 年）pp.26-29、吉田（1993 年）pp.143-144、参照。

64　Médard (1982). 参照。

65　Bayart (1989). 参照。

66　Médard, op.cit.

67　ナイジェリア人で、1986 年のノーベル文学賞受賞者のソインカ（Wole Soyinka）は、イギリスで文学と演劇を勉強した後、アフリカの仮面劇から発想を得て多くの戯曲を書いた。

68　Le Roy (1988). 参照。

69　マーレイ（2008 年）、p.38。

70　Balandier, op. cit., (1995), pp.150-155. Diop (1987), pp.52-53 et p.69. Le Roy, art. cit. 参照。

71　Diop, ibid., pp. 11-15. 参照。ディオップはアフリカの奴隷を王の奴隷と、母方奴隷、父方奴隷の 3 つに分類している。王の奴隷は兵力として体制に保守的であり、母方奴隷は母系社会の自由身分家庭に同化しているが、父方奴隷は社会から顧みられず、最も貧しい農民となり、社会の反逆要素となり得ると考えている。

72　Diop, op. cit., p.65.

73　Amselle (1990), p.143 and pp.212-213.

74　Iliffe, op. cit., pp.318-334 & p.326. 第 2 章 p. 122、Althabé の議論。

75　Mapolu (1989), p.82. 同論文によると、ウジャマー村の建設は、以下のような統計。

|  | 村建設数（村） | 村住民人口（人） |
|---|---|---|
| 1973 年 | 5,628 | 2,028,164 |
| 1974 年 | 5,008 | 2,560,472 |
| 1975 年 | 6,944 | 9,140,229 |
| 1976 年 | 7,684 | 13,087,220 |

76　Nyerere, art.cit.,(1970), p.20. "Nobody starved, either of food or of human dignity, because he lacked persona wealth ; he could depend on the wealth possessed by the community of which he was a member. That was socialism. That is socialism. (...) Socialism is essentially distributive."

77　Urfer (1976), p.218. によるアリューシャ宣言の引用。«Du fait que l'économie de la Tanzanie dépend et continuera à dépendre de l'agriculture et de l'élevage, les Tanzaniens peuvent vivre convenablement sans dépendre de l'aide extérieure s'ils utilisent leur terre d'une manière adéquate. (⋯) Parce que la terre appartient à la nation, le gouvernement doit veiller à ce qu'elle soit utilisée au bénéfice de la nation tout entière (⋯) Il incombe à la TANU de veiller à ce que le pays produise assez de nourriture et assez de culture de rente pour l'exportation. Il incombe au gouvernement et aux coopératives de veiller à ce que notre peuple obtienne les outils, la formation et les directives nécessaires en ce qui concerne les méthodes modernes d'agriculture.»

78　Touré, op.cit., p.378. « (…) c'est qu'aucun État colonialiste ou impérialiste ne peut plus affirmer ouvertement ses prétentions à la supériorité raciale, culturelle ou économique. Toutes les vieilles philosophies, élaborées jadis pour justifier ces régimes d'oppression et d'exploitation, se camouflent aujourd'hui sous de nouvelles formes, dont la plus dangereuse est le néo-colonialisme qui, sous un aspect paternaliste, prétend contribuer de manière désintéressée à l'émancipation humaine des sociétés sous-développées.»

79　Ibid., p.430. «Le caractère profondément collectiviste,ou plutôt «communaucratique» des sociétés africaines, ce caractère que la domination coloniale n'a pu profondément affecter établit la nature des activités politiques au niveau du peuple, et situe bien la qualité de nos rapports sociaux. Bien qu'il existe des différenciations sociales, les collectivités africaines conservent encore des rapports intimes basés sur une identité d'intérêts.»

80　Chéneau-Loquay (1989). ギニアでは食糧不足で、ブラック・マーケットが横行、1977年に市場で暴動が起こるようになった。前掲、吉田（1993 年）pp.143-144 と、前掲、吉田（1987 年）pp.26-29 はタンザニアの例。

81　Rivière（1978）p.263 et 266. リヴィエールは、ギニアにおいて、国有化された土地が実は恣意的に分配されて「社会の多層化」が起こったことと、異議主張が行政組織により却下される現実から、農民が失意とあきらめで政治的無関心、あるいは当局に言われるまま従属的になったと検証した。リヴィエールはこれを「農民の疎外感（l'extranéité des paysans）」と呼んでいる。

82　Le Roy(1983), p.136.«La réforme a pourtant un mérite, celui d'une politique volontariste simplifiant l'organigramme ancien pour l'adapter aux contingences contemporaines. Mais cela suffit-il à rendre l'institution nouvelle réceptive par le paysan ? Ne s'est-on pas mépris sur l'importance réelle des mutations en cours et ne cherche-t-on pas sous l'objectif de « la participation responsable des groupements socio-économiques » l'émergence d'une nouvelle bourgeoisie rurale ? En visant à recruter une clientèle politique pour le parti au pouvoir, ne joue-t-on pas à nouveau à l'apprenti-sorcier en introduisant des nouveaux antagonismes de classe que personne ne saura contrôler ? »

83　Copans (1989) p.185 et p.209. 参照。

84　Hydén (1980) p.40 & pp.229-230. "Participation in government policy-making is rarely seen by the peasants as an advantage. Efforts to involve peasants in development planning are likely to produce very limited results."
　　Hydén (2006) p. 54, 61 & 64.

85　第 1 章、p.50。

86　第 1 章、p.33。高橋基樹は、経済学の視点から、IMF・世銀の構造調整をヨーロッパ発

祥の合理的な普遍的経済秩序と考えている。そして、政治社会学の筆者とは手法が異なるが、普遍性に異を唱える独自の合理性としてアフリカ農民を描いている。高橋（2010 年）。

87　Banque mondiale（1994）.

88　2004 年、サウパー（Hubert Sauper）監督は、ドキュメンタリー映画の『ダーウィンの悪夢』にて、ヴィクトリア湖の外来魚ナイル・バーチを巡る外資と地元企業の利害と、都市に流入してきた人々、売春婦やストリートチルドレン達の生存をかけた生活を描いた。

89　Bukuku（1993）. 参照。

90　小倉（1993 年）、参照。

91　原口（1993 年）、参照。当時のフランス首相はバラデュール（Édouard Balladur）で、対アフリカ政策の縮小派と言われていた。対アフリカ政策の見直しを主張する一派は、第三世界主義者 Tiers-mondiste と呼ばれ、ゴーリズムの対アフリカ政策に対抗して現れた。アフリカだけを特別視したり、優遇するのではなく、他の地域の第三世界諸国とも関係を親密化させようとした。1981 年、ミッテラン社会党政権下で第三世界主義者のコット（Jean-Pierre Cot）協力・開発大臣補佐が就任したが、アフリカの利害を維持しようとする伝統勢力、いわゆるフォカール一派により辞任に追いやられた。また、ミッテラン大統領も大統領府アフリカ担当局長に実子を据えた。社会党政権はゴーリズムの歴史的な対アフリカ政策に改革を加えきれずに、引き継がざるを得なかった。

92　Himbara（1994）. 参照。

93　Soudan F., "La baraka d'Idriss Déby", *Jeune Afrique*, No.1912-du 27 août au 2 septembre 1997. 参照。しかし、2005 年に反政府勢力による攻撃で再び内戦状態になった。デビ政権は度々、選挙の不正や汚職問題を反体制派から指摘されていた。この内戦中、隣国スーダンのダルフール紛争の民兵組織が介入したり、反政府勢力にスーダン政府が援助していると言われ、隣国との関係により内戦がさらに複雑化した。2010 年、国連による停戦合意が締結した。

94　第 1 章、p.64 参照。

95　Ake（1993）, p.244.

96　Allison（1971）. 佐藤（1989 年）。

97　前掲、永井。第一章、p.51 参照。

98　2002 年、アメリカ映画。

99　Olson（1990）.

100　藤原（2002 年）、pp.237-238。

101　フィクションではあるが、『ブラッド・ダイヤモンド』にシエラレオネのダイヤモンド採掘の現状やそれを巡る RUF の暴力、流通経路などが描かれている。監督はズウィック（Edward Zwick）で、2006 年のアメリカ映画。ディカプリオ（Leonardo W. DiCaprio）はローデシア出身の傭兵役で、ベナン出身のフンスー（Djimon Hounsou）は子供兵にされた息子を探す漁師役を演じている。

102　Bayart（2004）.

103　松本仁一はカラシニコフが旧ソ連で製造された歴史から世界の紛争地域に流布していった経緯を取材している。松本は、独裁体制の破綻国家や失敗国家にはびこる利権争いや治安悪化、武器商人の暗躍、紛争と暴力を背景に、簡易な小銃が子供兵に使用される実

態を実証している。松本（2004 年）。

104　T. Sotinel, «En Guinée, les victimes de la guerre en Sierra Leone se sentent oubliés du monde», *Le Monde*, le 20 mai 1999.

105　梶・砂野（2009 年）、pp.9-30。

106　1951 年「難民および無国籍者の地位に関する国連全権会議」で採択、1954 年に発効。1967 年発効の「難民の地位に関する議定書」第 1 条（2）によって修正。

107　2012 年度版も出ているが、最新の統計は掲載されていない。

108　旧ザイールの難民キャンプの武装化については、本章、pp.211-212。難民キャンプが受け入れ国に負担をかけた事例として、マラウィでは周辺住民に薪不足をもたらしたり、キャンプへの物資輸送のため重積載のトラックが道路を荒廃させ、物流に支障を来した事例を紹介している。国連難民高等弁務官事務所（1994 年）、p.101。

109　ホスケン（Fran P. Hosken）は FGM を、女性の性を恐れる男性が優位に立とうとして、女性から身体的健康を奪い、家に依存させるための手段であると総括している。ホスケン（1993 年）。

　　　筆者はアフリカの NGO から幼児の処置後の状態や、排尿できずに膨れ上がった腹の写真を見せてもらったことがある。しかし、切除した後、患部を癒着させ、尿道と膣の穴を小さくし、結婚初夜にそれを夫がこじ開けるとは知らなかった。石弘之の記述によって知ったのであるが、石はイスラム教やエジプトの信仰など、宗教上の起源は根拠が薄いと考えている。ドゴン族は、人間は両性具有で誕生するので、その後の性別を決める儀式と考えているとの説を聞いたことがあるが、これも石は重視していない。また、FGM を推進するのは保守的年配女性との実態は知っていたが、秘密結社化し、選挙の動向も左右するとの指摘をしたのも石である。石（2005 年）。

　　　尚、筆者がフランス留学中の 1999 年、フランスに移民したアフリカ人社会で、年配女性から FGM を強要されたとして、フランス生まれの移民 3 世の女性が裁判を起こした。筆者が所属したアフリカ研究のいかなるゼミでも、法学や人類学によるこの話題の発表が行われたが、フランス人は国内法に裁く法律がないのでお手挙げとの反応であった。アフリカ人は人権上反対との立場と、現時点で廃止を性急に実施しても、村八分や結婚上の問題があるとの立場に分かれた。筆者は中国の纏足を例に廃止の過程を説明したかったが、当時、中国の歴史の知識もフランス語能力も及ばなかった。

　　　またセンベーヌ（Ousmane Sembène）監督、2004 年映画『母たちの村』参照。同監督は植民地時代、マルセイユで港湾労働者として働いたことのあるセネガル人。同映画は、FGM から逃れてきた少女達を匿った女性の信念と、男性社会の横暴、国際ラジオ放送を通じて外部の視点が入ることによる社会の変化などが描かれている。第 57 回カンヌ国際映画祭「ある視点部門」グランプリを受賞した。

110　母体が陽性の場合の HIV ウィルスの母子感染は、胎盤出血や産道を介した分娩の際と、出産後の母乳哺育によってなされる。母体からの出血で胎児に感染することを避けるため、帝王切開をすることになっているが、途上国では帝王切開ができる医療体制が整っていない。

111　マダガスカル赴任中、在留邦人の中で議論となった話題がある。渋滞で車が止まっているとき、ボロボロの服を着た 5 歳以下の子供が、全く似ていない赤ん坊を背負って、「マ

ダム」と言って手を出し物乞いをする。その場合、果たしてこの子供にお金を恵むか否かを読者に問いたい。

　弟か妹を装っている赤ん坊は、この物乞いの子供とは血縁がなく、金持ちの哀れを誘うために所有者（奴隷購買者）によって宛てがわれただけである。在留マダガスカル邦人の意見は二分した。金を渡すというグループは、渡せばとにかくその日だけは子供は食べ物をもらえるからと主張した。一方、渡さないとするグループは、渡せば所有者を太らせるだけで何も解決しないと言う。この議論を踏まえて筆者は、車中にクッキーを常備して、物乞いの子が来たら「今ここで食べてしまいなさい」とした。一応、子供は何か食べられ、彼の所有者にも金が渡らない。何より、何の対価もなく金を恵むという侮蔑的態度をとらなくてすむ。それでも、その子は稼ぎが悪いと仕置きを受けるであろう。そして、筆者があげたクッキーのせいで、歯磨きもできずに彼は虫歯になるかもしれない。貧困に対する空しさと無力感が残るのであった。

112　前掲、石、p.36。

113　2007 年 7 月 11 日放送 NHK、BS 世界のドキュメンタリー『ザンビア　エイズ多発地帯を行く』（現題：Living with AIDS、制作：Insight News TV 、イギリス、2005 年）参照。

114　セン（1999 年）。

115　クラウゼヴィッツ（1968 年）。ナポレオン戦争の時期、クラウゼヴィッツは「戦争は外交上のあらゆる手段の結果である」と『戦争論』を展開した。国民国家形成にとって軍隊の重要性を説き、第二次世界大戦まで、あるいは現代でもしばしば引用される。

116　Keohane & Nye, op.cit. 第 1 章、p.27。

117　前掲、坂本（1990 年）、参照。

118　納家（2003 年）、pp.57-73、参照。

119　石は元子供兵のリハビリとして UNICEF や、ウガンダの反政府組織「神の抵抗軍」からの離脱者の心のケアをしているグル少年支援組織（GUSCO）の活動を挙げている。前掲、石、pp.137-142。

120　ICRC の原則には、人道、国籍や人種などを差別しない公平性、紛争当事者からの中立性と関係政府による干渉からの独立性、奉仕などが掲げられている。また、実際にICRC で働いたことがあるダンドロー (Guillame d'Andlau) は、デュナンが第一次世界大戦以降に始めた、紛争下の市民や捕虜への人道支援の歴史を紹介し、中立性と現場介入主義、非公開性を説明している。特に、ビアフラ戦争を例に、無国境主義と国家主権との葛藤を検証し、冷戦の代理戦争としてのアフリカの紛争における中立性や、メディアに翻弄される NGO の中立性に問題提起を投じた。D'Andlau (1998).ところが、9.11 後のグアンタナモ収容所の状況を「拷問に等しい」とした ICRC の内部報告書が漏洩してしまったことがあった。

121　本章、p.194。

122　Erny (1994). 参照。

123　Balandier, op. cit.,(1995). Bayart, op. cit.,(1989). Braeckman (1996). Iliffe, op. cit. Nnoli (1998). 参照。

124　Erny, op.cit. 参照。

125　同、参照。

126　Human Right Watch (1994). 武内（1995 年）、Le Monde (1994). 参照。

127　Guichaoua (1995). 参照。

128　Larry et Guillot (1995). Le Monde, art.cit. 参照。

129　ダレールはインタラハムウェの青年達について、年相応の若々しさと表情を失った、野卑な悪魔のようだと語っている。ダレール（2012 年）参照。ダレールはこの虐殺を目の当たりにしたため、心的外傷後ストレス障害 PTSD からアルコール依存症となった。病気を克服後、カナダの上院議員となった。紛争解決や平和維持活動について講演や教育活動を行っている。

130　Larry et Guillot, op. cit. Dallaire (2004). 参照。

131　Nabeshima (1990). 参照。

132　Pabanel (1991). Pourtier (1996). Reyntjens (1994). 佐藤章（1997 年）、参照。

133　国連難民高等弁務官事務所編（1994 年及び 1997 年）、参照。

134　Willame (1998). 参照。

135　Dupaquier (1996). 参照。

136　徳山（2005 年）、参照。

137　ゴーレイヴィッチ（2003 年）、参照。また、その裁判における、ベルギーの国際人道法の国家管轄権を論じたものとして、村上（2003 年）、参照。

138　同上。

139　同上、下巻 pp.10-11。下線は筆者による。

140　Diaw et Diouf (1998), p.269 et pp.283-284.

141　Ibid., p.263.

142　Ibid., p.281.

143　Ibid., pp.265-269.

144　Dioh T., « Ni guerre ni paix en Casamance », *Jeune Afrique L'Intelligent*, nº 2143 du 04 au 10 février 2001, pp.42-44. 参照。

145　Ibid., p.43.

146　Diaw et Diouf, art. cit. p.268 et p.273.

147　Trincaz (1984). 参照。

148　Darbon (1988), p.184,p.266 et p.275.

149　Ibid., p.276.

150　Cruise O'Brien (1992), p.14. « La gestion de la région de Casamance par une administration qui a été perçue localement comme étrangère et dominée par les Wolof, et de plus comme autoritaire et corrompue, a été rejetée avec une acrimonie croissante. »

151　前掲、原口、参照。

152　佐藤章（2012 年）、参照。しかし、佐藤はヒデーンを引用して、一連のコートジボワールの紛争をビックマンによる政権争いとして描いている。作られた民族意識としてはその通りであるが、国家の介入や政治的画策が農民・民衆レベルに至ると考えるのが、本書の政治社会学の立場である。

153 津田（2012年）、参照。同氏は、ウプサラ大学の紛争データベースに基づくと、ケニアにおける 2007 〜 8 年の暴力は国家が紛争の一方の当事者ではないので、「武力紛争」に分類できないと指摘している。そして、同暴動を 2010 年憲法制定に至る包括的プロセスと考えている。こういった正当な政治学的考察に比べ、本書の政治社会学は、社会の暴力と国家政治の因果関係を解明するものであり、暴力の行為主体となり得る社会勢力が政治化する過程をも研究範囲としている。

154 「国境なき医師団」（2004 年 4 月）、及び同報告書（2006 年 1 月）、参照。

155 カーター（Kevin Carter）は、禿鷹が死肉を貪らんと衰弱する子供の死を待っている報道写真にて、スーダン内戦の実情を訴えた。1994 年、ピューリッツァー賞を獲得したが、なぜ子供を助けずにシャッターを切ったかと非難され、カーターは自殺した。

156 栗本（1996 年）pp.278-279。

157 Geertz (1973), P.237. "And internally, removing European rule has liberated the nationalisms within nationalisms that virtually all the new states contain and produced as provincialism or separatism, a direct and in some cases (⋯) immediate threat to the new-wrought national identity in whose name the revolution was made."

158 Gaddis, op.cit., p.28. では、ケナンが地元の共産勢力に対抗するため、対抗勢力の支持に言及したと指摘している。

159 P.-J. Simon, « Ethnocentrisme », *Pluriel-recherches*, cahier nº 1, 1993, pp.57-63, cité par Cuche (1996), p.21. « Chaque groupe pense que ses propres coutumes (folkways) sont les seules bonnes et s'il observe que d'autres groupes ont d'autres coutumes, celles-ci provoquent son dédain.»

160 Id. « L'ethnocentrisme peut prendre des formes extrêmes d'intolérance culturelle, religieuse, voire politique. Il peut aussi prendre des formes subtiles et rationnelles. »

161 Bayard, op.cit.,(1989), P.83. « D'autre part, la question du rapport de l'ethnicité à la stratification sociale et à l'État,(⋯), demande à être éclaircie. L'ethnicité, (⋯), est un processus de structuration culturelle et identitaire, plutôt qu'une structure donnée. (⋯) les appartenances ethniques participent par définition d'un « univers de significations partagées», celui de l'État. Mais ces dynamiques génératives sont elles-mêmes les facettes d'un processus plus large qui les englobe et dont elles sont constitutives : l'émergence d'un nouveau système totalement d'inégalité et de domination.»

162 Nnoli (1998). 及び Diop, op. cit., p.75。

163 Iliffe, op. cit., p.318.

164 Nnoli, art. cit., p.23。

165 Amselle, op. cit, p.143 et pp.212-213.

166 Althabé, op. cit. 参照。

167 カルドー（2003 年）。

168 Ahluwalia (2001). Berman (2004). 参照。

169 Cruise O'Brien, art.cit., pp.13-14. «De fait, il existe une évidente incompatibilité au niveau des intérêts déclarés de ces deux projets, l'occidentalisation si l'on peut dire, contre le maintien de la tradition islamique. Mais il se pourrait par ailleurs qu'il

existât une convergence entre les auteurs des projets rivaux sur un troisième projet, tenu dissimulé celui-là : rester au pouvoir et garder intacte l'hégémonie. »

170　Magassouba (1985), p.145.

171　Cruise O'Brien, art.cit., p.16.

172　Balandier, op. cit. (1971), p.210. «Il (*le tromba*, rituel religieux betsimisaraka) permet de saisir, à partir de l' expérience vécue, la dialectique qui opère entre un système traditionnel (dégradé) et un système moderne (imposé de l'extérieur) ; elle fait surgir un troisième type de système socio-culturel, instable, dont l'origine est liée à l'affrontement des deux premiers.»

## 【参考文献】

Ahluwalia P., *Politics and Post-colonial Theory*, Routledge, 2001.

Ake C., "The unique case of African democracy", *International Affairs*, vol. 69, 1993 April, pp.239-244.

Allison G. T., *Essence of Decision : Explaining the Cuban Missile Crisis*, Little, Brown and Company, Boston, 1971.

Amselle J.-L., *Logiques métisses : anthropologie de l'identité en Afrique et ailleurs*, Paris, Édition Payot, 1990.

有賀貞「南アフリカ政策と『アパルトヘイト』体制」有賀貞編『アメリカ外交と人権』日本 国際問題研究所、1992 年。

Banque mondiale, *Rapport de la Banque Mondiale sur les politiques de développement, L'ajustement en Afrique : réforme, résultats et chemin à parcourir*, Washington, 1994.

Bates R. H., *Markets and States in Tropical Africa: The Political Basis of Agricultural Policies*, University of California Press, 1981.

Bayart J-F., *L'État en Afrique : La Politique du ventre*, Paris, Fayard, 1989.

Bayart J-F., « Le crime transnational et la formation de l'État », *Politique Africaine*, N° 93-Mars 2004, pp.93-104.

Berman B., et al.,eds., *Ethnicity and Democratization in Africa*, Oxford James Curry, 2004.

Braeckman C., *Terreur africaine : Burundi, Rwanda, Zaïre, les racines de la violence*, Paris, Fayard, 1996.

Bukuku E. S., *The Tanzanian Economy : Income Distribution and Economic Growth*, London, Westport Connectical, 1993.

Callaghy T. M., *The State-Society Struggle: Zaire in Comparative Perspective*, Columbia University, 1984.

Chéneau-Loquay A., « La « politique agricole » : un concept vide? », *Politique africaine : Guinée  L'après Sékou Touré*, n° 36, décembre 1989, pp.38-55.

Copans J., *Les Marabouts de l'arachide : la confrérie mouride et les paysans du Sénégal*, Paris, L'Harmattan, 1989.

238

K. クラウゼヴィッツ『戦争論』上・下巻、篠田英雄訳、岩波文庫、1968 年。

Cruise O'Brien D. B., « Le « contrat sociale » sénégalais à l'épreuve », *Politique africaine Sénégal : la démocratie à l'épreuve*, n° 45, mars 1992, pp.9-20.

Cuche D., *La notion de culture dans les sciences sociales*, Paris, La Découverte, 1996, coll. Repères.

Dallaire R., *Shake Hands with the Devil: The Failure of Humanity in Rwanda*, Da Capo Press, 2004. (『なぜ、世界はルワンダを救えなかったのか』金田耕一訳、風行社、2012 年。)

D'Andlau G, *L'action humanitaire*, PUF, Col. « Que sais-je ? », 1998. (『NGO と人道支援活動』西海真樹・中井愛子訳、文庫クセジュ、白水社、2005 年。)

Darbon D., *L'Administration et le paysan en Casamance : essai d'anthropologie administrative*, Paris, A. Pedone, 1988.

Diaw A. et Diouf M., "Ethnic group Versus Nation : Identity Discourses in Senegal", in Nnoli, pp.259-286.

Diop, C. K., *L'Afrique noire précoloniale*, Paris, Présence Africaine, 1987.

Dupaquier J-F. (dir.), *La justice internationale face au drame rwandais*, Paris, Karthala, 1996.

遠藤貢「アフリカと国際政治：国家変容とそのフロンティア」日本国際政治学会編『日本の国際政治学 3: 地域から見た国際政治』有斐閣、2009 年、pp.157-174。

Erny P., *Rwanda 1994*, Paris, L' Harmattan, 1994.

F. ファノン『黒い皮膚・白い仮面』海老坂武・加藤晴久訳、みすず書房、1998 年。

Fiedland W. H. and Rosberg C. G. Jr. (eds.), *African Socialism*, California, Stanford University, 1964.

藤原帰一『テロ後：世界はどう変わったか』、岩波新書、2002 年。

A. ガブション『アフリカ東西の戦場』安藤次男・片岡幸彦・川端正久・菊井禮次・松本詳志訳、新評論、1982 年。

Geertz G., *The Interpretation of Cultures*, New York, Basic Books, 1973.

Ph. ゴーレイヴィッチ『ジェノサイドの丘：ルワンダ虐殺の隠された真実』WAVE 出版、2003 年。

Guichaoua A. (dir.), *Les crises politiques au Burundi et au Rwanda*, Paris, L'Harmattan, 1995.

林晃史『南アフリカ：アパルトヘイト体制の行方』アジア経済研究所、1987 年。

原口武彦「CFA フラン制度とコートジボワール経済」原口武彦編『転換期アフリカの政治経済』アジア経済研究所、1993 年。

Higgins R., *United Nations Peacekeeping 1946-67: document and commentary III*, Oxford University Press, 1980.

Himbara D., *Kenyan Capitalists, the State and Development*, Lynne Rienner Publishers Inc, USA, 1994.

E. ホブズボウム、T. レンジャー編『創られた伝統』紀伊国屋書店、1992 年。

F.P. ホスケン『女子割礼 因習に呪縛される女性の性と人権』明石書店、1993 年。

C. ホスキンズ『コンゴ独立史』土屋哲訳、みすず書房、1966 年。

Human Right Watch, *Arming Rwanda*, London, 1994.

Hydén G., *Beyond Ujamaa in Tanzania : Underdevelopment and Incaptured Peasantry*, London, Heinemam, 1980.

Hydén G., *African Politics in Comparative Perspective*, Cambridge, 2006.

石弘之『子どもたちのアフリカ：“忘れられた大陸”に希望の架け橋を』岩波書店、2005 年。

伊谷純一郎・小田英郎・川田順造・田中二郎・米山俊直監修『アフリカを知る事典』平凡社、1989 年。

梶茂樹・砂野幸稔編著『アフリカのことばと社会：他言語状況を生きるということ』理想社、2009 年。

勝俣誠「多様性と共通の過去：アフリカ（1）」高橋和夫編『第三世界の政治』放送教育振興会、1992 年、pp. 93-101。

M. カルドー『新戦争論：グローバル時代の組織的暴力』山本武彦・渡部正樹訳、岩波書店、2003 年。

国連難民高等弁務官事務所編『世界難民白書：難民保護へのチャレンジ』読売新聞、1994 年。

Haut Commissariat des Nations unies pour les réfugiés, *Les réfugiés dans le monde : Les personnes déplacées : l'urgence humanitaire*, Paris, La Découverte, 1997.

「国境なき医師団」調査報告書「私には喜びも、心の平和もない：性的暴力がおよぼす医学的、心理社会的および社会経済的影響　コンゴ民主共和国東部」2004 年 4 月。

同報告書「生き延びるための逃走：RC カタンガ州中央部で繰り返される住民の避難」2006 年 1 月。

栗本英世『民族紛争を生きる人びと：現代アフリカの国家とマイノリティ』世界思想社、1996 年。

Larry M. et Guillot ph., *Soldats à la rescousse : les leçons humanitaires des événements du Rwanda*, Paris, OECD Development Center.

Le Monde, « La France et le Rwanda : Le rapprot de la Mission Quilès souligne les incohérences de la politique de la France au Rwanda, mais dégage sa responsabilité dans le génocide de 1994 », *Le Monde supplément*.

Le Roy E., « Communautés et communautarisme chez les wolof ruraux du Sénégal », *Recueils de la société Jean Bodin pour l'histoire comparative des institution*, Paris, Dessain et Tolra, 1983, pp.81-138.

Le Roy E., « Communautés d'Afrique noire et protection des droits de l'individu face au pouvoir : problématique, modalités et actualité », *Recueils de la société Jean Bodin pour l'histoire comparative des institution*, Paris, Dessain et Tolra, 1988, pp.37-63.

Leslie W. J., *Zaire: Continuity and Political Change in an Oppressive State*, Boulder, Westview Press, 1993.

Magassouba M., L'islam *au Sénégal : demain les mollahs : la question musulmane et les partis politiques au Sénégal de 1946 nos jours*, Paris, Karthala, 1985.

Mapolu H., «Impérialisme, État et paysannerie en Tanzanie», Amara H. A. et Founou-Tchuigoua B., *L'agriculture africaine en crise : dans ses rapports avec l'État*, *l'industrialisation et la paysannerie*, Paris ; L'Harmattan, Tokyo ; Université des Nations Unies, New York ; UNRISD, 1989, pp.71-88.

松本仁一『カラシニコフ』朝日新聞社、2004 年。

Médard J-F., "The Underdeveloped State in Tropical Africa: Political Clientelism of Neo-patrimonialism?", in Ch. Clapham ed., *Private Patronage and Public Power: Political Clientelism in the Modern State*, France Pinter, 1982, pp.162-192.

Morel E. D., *Red Rubber : The story of the rubber slave trade that flourished in Congo in the year of grace 1906* , 1906.

J. マーレイ『アフリカ（図説世界文化地理大百科）普及版』日野舜也訳、朝倉書店、2008 年。

村上太郎「国際人道法の重大な違反の処罰に関する 1993/1999 年ベルギー法 (1)」『一橋法学』第 2 巻、第 2 号、2003 年 6 月、pp.727-761。

Nabeshima T., «Le mouvement des réfugiés autour des Grands Lacs et la destruction de l' État zaïrois», Mémoire du DEA des Études africaines de l'Université Paris 1, 1990.

Nabeshima T., «La communauté villageoise et l'État dans le contexte de la construction du socialisme africain pendant les quarante dernières années du XXº siècle», Thèse de science politique, Université Paris I, 2004.

Nnoli O., (ed.) *Ethnic Conflict in Africa, Dakar*, Council for the Development of Economic and Social Science Research in Africa (CODESRIA),1998.

 - Mpangala G., "Inter-Ethnic Relations in Tanzania", in Nnoli, pp.311-326.

 - Nnoli O., "Ethnic Conflict in Africa: A Comparative Analysis", in Nnoli, pp.1-26.

納家政嗣『国際紛争と予防外交』有斐閣、2003 年。

Nyerere J.K., *Textes politiques de Julius K. Nyerere*, traduit par Jean Mfoulou, Paris, Présence Africaine, 1970.

Nyerere J.K., *Freedom and socialism, Uhuru na Ujamaa; a selection from writings and speeches, 1965-1967*, Dar es-Salaam, Oxford University Press, 1974.

小田英郎「現代アフリカの政治と軍部」『慶応大学法学研究』第 40 巻第 8 号、1967 年。

小田英郎『アフリカ現代政治』東京大学出版会、1989 年。

小倉充夫「ザンビアにおける農村・都市間問題の変動：東部州ペタウケ県における農村調査を中心に」原口武彦編『転換期アフリカの政治経済』アジア・経済研究所、1993 年、pp.175-202。

Olson W., "The Concept of Small Wars", *Small War and Insurgencies*, Routledge, 1990, pp.39-46.

Pabanel J-P., « La question de la nationalité au Kivu », *Politique africaine 41*, juillet 1990, pp.32-40.

Pye L. W., "Armies in the Process of Political Modernization", in Johnson J. J., (ed.), *The Role of the Military in Underdeveloped Countries*, Princeton University Press, 1962.

Pourtier R., « La guerre au Kivu : un conflit multidimensionnel », Afrique contemporaine, No. spécial 4e trimestre 1996, pp.15-38.

Reyntjens F., *L'Afrique des Grands Lacs en Crise, Paris*, Karthala, 1994.

Rivière C., *Classe et stratifications sociales en Afrique: le cas guinéen*, Paris, PUF, 1978.

E. W. サイード『オリエンタリズム』上・下巻、今沢紀子訳、平凡社ライブラリー、1993 年。

佐藤章「ザイール東部紛争に対する国際社会の対応」『アフリカ・レポート』1997 年 3 月 No. 24、pp.8-11。

佐藤章「『民主化』後コートディボワールにおける民族と政党：『イボワール性』をめぐる各政党の対応から」佐藤章編『振興民主主義国における政党の動態と変容』研究双書 No. 584、アジア経済研究所、2012 年、pp.215-244。

佐藤英夫『対外政策』東京大学出版会、1989 年。

Schatzberg M. G., *The Dialectics of Oppression in Zaire*, Bloomington, Indiana University Press, 1988.

A. セン『不平等の再検討』池本幸生・野上裕生・佐藤仁訳、岩波書店、1999 年。

L. S. Senghor, *Nation et voie africaine du socialisme*, Paris, Seuil, 1971.

H. スタンレー『緑の魔界の探検者：リビングストン発見記』仙名紀訳、小学館地球人ライブラリー、1994 年。

高橋基樹『開発と国家：アフリカ政治経済論序説』勁草書房、2010 年。

武内進一「誰がルワンダに武器を与えたのか」『アフリカ・レポート』1995 年 3 月 No.20、pp.10-15。

徳山喜雄『原爆と写真』御茶の水書房、2005 年。

Touré S., *Rapport de doctrine et d'orientation* présenté au nom du B.P.N., Conférence nationale tenue à Conakry les 14, 15, 16 et 17 août 1961.

Trincaz P. X., *Colonisation et régionalisme : Ziguinchor en Casamance*, Paris, ORSTOM, 1984.

津田みわ「紛争と民主化：ケニアにおける 2007/8 年紛争と新憲法制定」佐藤章編『紛争と国家形成：アフリカ・中東からの視点』研究双書 No. 598、アジア経済研究所、2012 年。

Urfer S., *Une Afrique socialiste : la Tanzanie*, Paris, les Éditions Ouvrières, 1976.

浦野起央『現代世界における中東・アフリカ』晃洋書房、1982 年。

Welch Jr., C. E. (ed.), Soldier and State in Africa : *a Comparative Analysis of Military Intervention and Political Change*, Northwestern University Press, 1970.
- Van Den Berghe P. L., "The Military and Political Change in Africa" , in Welch.
- Welch Jr., C. E., "The roots and Implication of Military Intervention", in Welch.

O. A. ウェスタッド、佐々木雄太監訳『グローバル冷戦史』名古屋大学出版会、2010 年。

Wauthier C., *Quatre présidents et l'Afrique*, Paris, Seuil, 1995.

Willame J-C., « Laurent Désiré Kabila : les origines d'une anabase », *Politique africaine : Les deux Congos dans la guerre*, No. 72, décembre 1998, pp.68-80.

D. ウッズ『ビーコウ―アパルトヘイトとの限りなき闘い』常盤新平訳、岩波書店、同時代ライブラリー、1990 年。

吉田昌夫「タンザニアの経済危機と開発政策」、吉田昌夫編『80 年代アフリカ諸国の経済危機と開発政策』アジア・経済研究所、1987 年、pp.3-38。

吉田昌夫「タンザニアにおける国家セクター」原口武彦編『転換期アフリカの政治経済』アジア・経済研究所、1993 年、pp.131-174。

Zogoria D. S., "Into the Break New Soviet Alliances in the Third World", *Foreign Affaires*,

242

Vol.59, No.4, 1979.

Zuccarelli F., *La vie politique sénégalaise (1940-1988)*, Paris, Le Centre des Hautes Etudes sur l'Afrique, 1988.

# 結　論

　本書で検証できたことと描ききれなかったことをまとめ、結論とする。すると、農村に関する政治的現象を学問大系とする領域が明らかになる。

## 農村政治学と国際政治社会学の確立

　本書では、農村と農民への様々な学問分野のアプローチを描き出した。農業経済学や農村社会学、農村文学などは確立した学問分野である。ところが、これまでの学問大系を辿ったところ、政治学では全くと言っていい程、農民を扱ってこなかった。それは、農民と農村の社会システムが、政治学が扱う国民国家から最もかけ離れた存在であり、参加民主主義のアクターとなるとは考えられなかったからである。ところが、エリートから無力だと見くびられていた間に、国民国家体制からも国際政治経済秩序からも周縁化した農民は、疎外感と恨みを沸々と反逆する力に変えていたのである。

　伝統的慣習は農村共同体の構成員に共有され、農民の精神に深く根ざしている。自然の豊かさに対する畏敬と生まれ故郷への愛着から築かれたものである。農村共同体は家族や氏族などの社会組織から形成されている。そして、学際的に描き出した農民と農村は自己完結的、あるいは自給自足的であったり、時に狂信的でフォークロワであったりする。しかし、農民の牧歌性や閉鎖性だけを論じていては、彼らの破壊力は描けない。一旦、外部勢力の干渉や圧力を受けると、その潜在的な動性（ダイナミズム）が流動的に作用して、反秩序、即ち国家に反逆する存在になったり、過激分子になり得る素養について検証した。しかも、農民は実は国際秩序の脅威にさらされている。

　人類学的生活、即ち先祖や信仰から成り立つ社会が、いつどこから政治化するのかの線引きも政治学としてはたいへん重要である。このような農民を研究対象とするには、文化や生活社会からアクターとしての特徴を抽出する国際

244

政治社会学でないと扱えないと考えた。これまでの権力側の政治学とは異なり、農民が国際秩序から逸脱した「落ちこぼれ」として自己実現を主張し、最周辺から権力の中枢を暴力で脅かす存在となった現代の国際社会を解明する必要がある。さらに、国際政治社会学のアプローチをアフリカの地域研究に応用し、農民を同質単位の説明変数とした比較研究とクロス・ナショナル・スタディの方法論を用いて、アフリカが陥った民族紛争の悲劇を農村史として描き出したのであった。

## アフリカ農村共同体の変容

結局、アフリカの農村はなぜ変容するのか。そもそも、農村共同体とは何なのか。

植民地以前、権力統制が曖昧で分節的な伝統的社会構造では、権力構造を変えて柔軟に対応してきた。帝国や王国の相続争いや、異民族との関係も、同化や折衝で乗り切っていた。これについては、マダガスカルの歴史とアフリカ農民の節をもう一度振り返っていただきたい。アフリカ農民は、決してマルクスのような近代政治経済学が想定した労働者階級ではない。文化と慣習、価値観が彼らの行動様式や社会を統制し、農村への帰属意識を持っている人々である。

では、何が作用して農村の変容を生むのか。換言すれば、どのような危機に直面したがため、農村はそれまでのようには対応できなかったのか。強大な外部勢力がアフリカ農民を脅かし、圧力をかけたのだ。外部勢力は、アフリカの環境から発した価値観や文化、社会システムを全て「未開」で「野蛮」と否定し、服従を強いるので、アフリカの人々にとって憎しみと抵抗の対象となった。アフリカの農村にとって外部勢力とは、独立後の国民国家の制度でもある。

通常、外因の危機に対して、新たなリーダーシップが台頭し、それが暴走したり自滅したり、再生したりする。これが文化変容論であった。しかし、危機的状況が起こると、アフリカ農村共同体のこのような曖昧さと柔軟さは、人々を結集せずに瓦解と流動化を招いた。それは、フランスのアフリカ研究者であるバランディエやバヤールが植民地の経験知から、「社会の多層化」として述べているところである。内部分裂は、アフリカにとって歴史上、繰り返されて

きた悲劇である。まず大航海時代に奴隷と奴隷商人が生まれ、その子孫達には確執が残る。そして、植民地時代にヨーロッパ列強の教育を受けられた者と受けられなかった者が農村の中に生まれ、エリートと「現地人」に分裂し、近代化の中で農民の間で格差が生まれたのであった。近代化から乖離した農民は、農民エリートが自らのアイデンティティーと信頼を寄せていた共同体の伝統を歪めて国家におもねることに反発した。

　国家エリートにとって、独立国家としての国家建設と開発が緊急課題となった。その際、慣習に縛られ、最も国民国家に動員しにくい性質の農民と農村共同体を巻き込まなければ、モノカルチャー経済の中、外貨を稼げる手段はなかった。これはエリート達にとって悩ましい矛盾であり、ジレンマであった。国家エリートと農民エリートにとって、国家建設と開発に反発する農民が最も厄介で、自分たちの地位を脅かす存在であった。故に、言論統制や国家党による動員、農業政策や土地改革による労働を強いて、農民を制約した。これについてはバヤールが、反対派や軍人、宗教権威者などのエリートが一党独裁の成立に妥協する「エリートの同化（l'assimilation des élites）」と呼んでいる[1]。権威主義体制は、大国からの経済・軍事援助により、政権を生き長らえた。本文中では、大国とアフリカ・エリートとの結託と利害を、ガルトゥングの構造的暴力やフォカール・ネットで提示したし、冷戦の三層構造という独自の説明もした。

　いつしか国家は、被支配者である農民の痛みや尊厳を蔑ろにし、農民の自治や価値観、文化を壊す農業政策を組織的に行って国家建設と開発を押し進める「開発独裁」と化した。またそこに、アフリカ的社会主義が登場し、マダガスカルの事例でその特徴を検証した。歴史の局面で、ナショナリズムやパン・アフリカニズムで人々を動員しようとしても、民族や分離独立派、反体制派、サブ・ナショナリズムに、アフリカ農民は拒絶と反抗、陶酔と加担を繰り返して分裂していったのは本文の通りである。

　かくして、アフリカの農村共同体において歴史上、構成員である農民の地位が多層化し、それに伴って存在意義を変容させた事実が明らかになった。それでも相変わらず、アフリカ農民の慣習への執着や、電気・水道も来ていない生活を見て、「彼らは変わらない、変われないのだ」とアフリカの発展の可能性を否定し、野蛮と侮蔑する人々がいる。こういった人々は、農民の悲劇と葛藤

の歴史に共感と理解を示さず、沸々と湧いてきた農村のダイナミズムに気づかない迂闊で呑気な人々である。農村は国民国家とは異なるシステムで機能し、時に国家にとって反逆分子となり、時に画一的で高圧的な近代化に警告を発する。そして、もっと多様で豊かな文化と価値観を呈示することもある。

## 虚構の民族の政治化とアフリカへの寛容さ

　もしも、国家が関わらず、アフリカ農村の動的エネルギーが社会の多様性を確保できていれば、農民の動向はこのように国際政治社会学の対象とはならない。例えば、マダガスカルのフクヌルナは近代化の過程でアナーキーで暴力的になった。伝統的権威や価値への信用も失い、人々を惹き付ける忠誠心の「核」を失ったとも言える。近代国民国家との折衝によって変容して、反秩序のダイナミズムを備えた農民を議論するべきである。

　歴史的に、植民地化から冷戦構造、そしてグローバリゼーションにアフリカが組み込まれた過程を挙げた。危機的状況の中で権利や生き残りを賭け、国家政策と折衝するに至って、はじめて社会団体は政治勢力となる。そして、国家権力や国際秩序の介入によって社会・経済の仕組みと力関係が変容する間に、これまでの価値観や権威、国家への不信が生まれ、新たな「民族」というアイデンティティーが模索されたのである。文化を体現し、自給自足的であった農村は、外部の圧力で国家開発の歯車となり、またそれに反発して崩壊すると、農民は別の拠り所を見つけて生きていくしかなかった。それは、甘言と洗脳で敵愾心を煽る人工的な「第三のアイデンティティー」、民族であった。

　さらに、国家や部外者、異質な者を見つけ出し、敵として捏造して攻撃するに至る。民族紛争は文化や宗教の違いだけで起こるのではない。民族概念とは、歴史の政治・社会構造の中で、外敵を設定し、排他的に作り上げられてきた。これは元来のものでも伝統でもない。新しい社会・政治構造から生じた「思い込み」の帰属意識である。民族はもはや文化的基盤を共有するのではなく、新しい状況に対して自己防衛と排他性を基盤とし、政治的煽動によって暴走するのである。このような政治化と暴力化については、第3章4節のルワンダや、現代のその他の民族紛争に見た。つまり、国民国家によるナショナリズム政策

や、一部の民族への露骨な優遇、権力闘争、経済的利権争い、これらの要素が近代的エリートへの権力集中となって現れたネオ・パトリモニアリズム、グローバリゼーションによる貧困と治安悪化、煽動、狂信がなければ、農村から民族紛争は起こらない。かくして、今日紛争を起こしている「民族」とは、歴史的に変容した概念に基づく虚構の集団である。

　この集団は歴史的に、植民地体制や独立国家体制、グローバリゼーションに翻弄され、周縁化され、貧困と文化の否定に直面した農村から沸き上がってくることも分かった。農村の保守性と流動性こそ、煽動にあったときには大きな暴力となって現れる。アフリカの政治的混迷の際に警戒すべきは、農村が暴力の温床、暴力の起爆剤になる前に、貧困対策や農村政策、多文化理解によって緩和することだと考える。これは紛争予防の一環である。

　こういった農村共同体の歴史を見てくると、農民の暴走の理由が分かり、寛容の念が湧かないか。彼らのような状況にあったら、自分も暴力行為に走るのではないかと自問自答しないだろうか。読者がこの境地に至ったのであれば、本書は一部成功と言える。「アフリカ人は元々野蛮で愚か」という偏見を払拭したことになるからである。しかし一方で、民族紛争という暴力に対して虚無感と怒りを感じないか。これらも感じてもらえれば、本書はさらなる成功を収める。虚無感とは、虚構の価値観を巡って人々が踊らされ、苛烈な暴力に至る現実に対してであり、怒りとは、その残虐性と非人道性に対してである。だが、その怒りをどこに向けるかとなると、たいへん難しい。煽動した政治的リーダーだけではなく、社会的変動と困窮に巻き込まれた一介の農民もそれを犯したのだ。また、国益のために現地勢力を手懐けたり、武器輸出をして内戦を拡大する大国の戦略や、それを阻止できない国際社会の対応を批判することも必要となってくる。

## 今後の課題

　本書の反省点は、目的として設定はしなかったものの、紛争後の国民和解の制度やプロセス、民族間の経済的格差の是正政策、異文化理解の教育や寛容さの醸成などについて言及できなかったことである。近代化による伝統社会と伝

統文化の破壊と変容ばかりを強調したが、近代化をたくましく生き残った文化や社会制度はないのか、と問わなかった。実はアフリカ社会には独自の自治能力があり、国民国家の正統性が疑問視されている今日こそ、国民国家を凌駕する仕組み、制度を模索できるのではないか。グローバリゼーションによる貧富の格差や犯罪率の増加、密輸、暴動などについては批判したが、内外のアクターが国境を超えて連携したときの社会発展に向けたダイナミズムについては、2001年のマダガスカル大統領選挙の例しか描けなかった。

　筆者は昨今まで、JICA ／ JST の地球規模課題対応国際科学技術協力事業で、「アフリカサヘル地域の持続可能な水・衛生システム開発」のプロジェクト（研究代表者：北海道大学工学部　船水尚行教授）に参加していた。乾燥地帯である西アフリカのブルキナファソにコンポスト・トイレを導入する衛生プロジェクトである。これは、現地の研究者と現地の農民、日本人工学研究者、筆者のようなアフリカ政治の専門家が参加し、現地の環境や農民の衣食住、農作方法に適したトイレを開発しようとしている。つまり、アフリカ人が選択するシステムとそのための情報を提供し、現地の人々の要求や協力があって初めて成り立つプロジェクトである。現在、総合地球環境学研究所「サニーステーション価値連鎖の提案：地域の人によりそうサニーステーションのデザイン」（研究代表者：北海道大学大学院こ国際食資源学院　船水教授）の共同研究にて、引き継がれている。

　こういった国際的連携や関係構築を説明しなければ、アフリカには貧困と暴力しか残らないことになってしまう。アフリカ社会はヨーロッパ発祥の国民国家とはそぐわなかったが、だからこそ、近代性への壮大な挑戦となろう。伝統や慣習的価値から発した民意が民主主義を形成することはないのか。人間とその社会制度は、国民国家と経済開発の画一的な戦略から解放される時期ではないのか。人間の文化的・人類学的価値を国民国家と資本主義的利潤以外に認められないのか。これは、消費型経済システムへの反論にもなるし、「我々」と「彼ら」を分離する国民国家とナショナリズムを克服することにもなる。アフリカ独自のアクターの組織化、内外の連携のダイナミズムがアフリカの国家と社会にどのように働きかけるかについては、次の機会にアフリカ国家論としてまとめる予定である。

# 【注】

1　バヤールはグラムシの理論を応用している。Bayart（1989）.

# あとがき

　本書は、筆者がアフリカを専攻してから、実に25年経ったライフワークの中間の集大成となる。本書が出版に至るまでに出会った人々として、まず、東京大学の藤原帰一先生を挙げる。先生とは、筆者が東京大学大学院法学政治学研究科の修士課程に所属した頃から、御助言をいただいている。もう四半世紀も前のことであるが、当時、アフリカを政治学で研究対象とするのは、恐らく研究者として無謀なことだった。しかも、農村問題を扱う反主流の政治学であっても、決してお見捨てになることはなく、度々「面白いね、鍋島さん。」とおっしゃって下さった。「本を書きなさい。」と背中を押して下さったのも先生で、御多忙中、本書の原稿をお読みいただき、書き直しのヒントをいただいた。先生の御指導を本書がうまく取り入れているか、自信がないものの、たいへん有り難かった。

　次に、宇佐美森吉先生は、筆者が所属する北海道大学大学院メディア・コミュニケーション研究院の前研究院長で、出版助成を探しているとき、快く推薦書をお書き下さった。結局採用されず、せっかくの推薦状が無駄になってしまっても、「またの機会を探せばいい」とお励まし下さった。筆者のこの地味な農村研究を認識して、2017年度に北大で設立された国際食資源学院への移籍を促して下さったのも宇佐美先生であった。

　龍谷大学名誉教授の大林稔先生は、アフリカ経済が御専門で、筆者が修士号取得後、アフリカを手がける日本のNGOを手伝っていたとき、先生はその理事でいらした。フランス語を駆使してアフリカ事情を探求する手法と、現地を鋭く分析する視点、そして厳しい環境でも飄々とした楽しい雰囲気は、筆者の目指すところである。先生にも本書の出版助成への推薦状をお願いしたところ、「こんなテーマを手がけているのか。どんどんやりなさい。」と言っていただき、若いときよりテーマが面白くなったと評価いただけたと勝手に解釈している。

　そして本書は、パリ第一大学で博士論文を執筆した際の知識を発展させたも

のである。指導教官をお引き受け下さった同大学名誉教授のエチエンヌ・ル・ロワ (Étienne Le Roy) 先生とは、今でも新年のカードを交換し合い、食資源学院でのフランス人の共同研究者を御紹介いただいた。当時、「フランス語が下手で意見表明ができない日本人学生が、アフリカ研究などできるのか。」と思われても仕方ないところ、よくこの変わり種を受け入れて下さり、根気強く御指導下さった。

　前述の通り、本書の原稿は出版助成や他の出版社からも却下され、途方に暮れていたとき、売れない歌手のように、自分からアピールするしかないと腹をくくって、明石書店に要約文を送った。同出版社から購入した書籍は、ユニークな現地調査や虐げられた人々の目線から書かれたものが特徴的で、本書もそこに入れてもらえないだろうかと思った。すると、兼子千亜紀様から御連絡をいただき、原稿全文をお送りし、明石書店に適した内容との反応をいただき、安堵した。兼子様の御助言で、独立行政法人日本学術振興会科学研究費助成事業研究成果公開促進費（学術図書）に応募したところ、2017 年（平成 29 年）度に採択され、本書はその助成 (JP17HP5146) を受けて出版に至ったものである。その後、具体的な編集や校正などは李晋煥様が御担当下さった。何しろ、25 年間の現地経験なので、デジカメがない時代に撮影した写真をきれいにトレースしたり、下手な写真を効果的に取り入れて下さった。不正確な文章をしつこく校正したが、それにも快く御対応下さった。本当にお二人の御尽力がなければ、出版には至らなかったであろうと思い、感謝申し上げる。

　最後に、これまで出会った名もなきマダガスカル農民やアフリカ難民の人々、ストリートチルドレンに心から感謝する。インタビューをいぶかしく思いながらも、はにかみながら筆者の質問に答えてくれた。政治学は彼らを救うには無力である。なぜなら、彼らが制度の中で生活を勝ち取っていくべきであるから。しかし、彼らの置かれている緊急性はそれを待ってくれない。筆者の使命として、彼らの生活が脅かされている根源を問題提起して、現地社会と国際社会に原因解明と問題解決の提案ができるよう、さらに研究を発展させたい。

2017 年 11 月

鍋島　孝子

# 索　引

254

## き

キクユ族 217

ギニア 67, 76, 106, 163, 177, 186, 187, 198, 200, 231

旧宗主国 24, 68, 106, 107, 108, 116, 117, 123, 164, 175, 176, 186, 198, 208

キューバ 62, 76, 170, 174, 193, 229

教育 14, 24, 56, 67, 75, 104, 123, 155, 157, 172, 180, 196, 202, 204, 206, 210, 235, 245, 247

虚構 77, 141, 153, 159, 162, 165, 166, 247

キリスト教 14, 27, 30, 52, 56, 57, 67, 71, 85, 91, 98, 100, 104, 128, 129, 155, 161, 191, 203, 213, 219, 225

近代化 12, 15, 18-20, 22, 23, 29, 36, 38, 39, 41, 42, 47, 56-58, 67-72, 76, 88, 94, 98-100, 103, 125, 126, 156, 162, 165, 175, 177, 181, 222, 224, 226, 245, 246, 248

## く

クライアンテリズム 100, 101, 116, 169, 178, 179

クロス・ナショナル・スタディ 54, 75, 244

軍事 41, 43, 48, 52, 58, 62, 74, 98, 104, 105, 107-109, 113, 154, 164, 166, 167-171, 173, 174, 176-178, 182, 194, 195, 204, 205, 208-210, 212, 217, 223, 229, 245

軍人 108, 110, 113, 159, 176, 177, 180, 227, 245

## け

ケニア 161, 190, 191, 192, 200, 201, 203, 217, 236, 241

権威（伝統的、もしくは宗教） 12, 19, 20, 21, 22, 23, 27, 28, 30, 56, 91, 97, 102, 122, 126, 162, 163, 165, 174, 178, 188, 193, 197, 216, 222, 225, 246

権威主義 23, 48, 52, 58, 60, 62, 64, 68, 74, 165-169, 171, 175, 177, 180, 181, 189, 190, 210, 213, 220, 221, 223, 224, 245

現地人 99, 155, 156, 245

限定された多元主義 58

## こ

口承文化 202

構造調整 25, 63, 64, 65, 124, 127, 131, 132, 134, 135, 136, 137, 189-193, 195, 196, 211, 216, 225, 231

構造的暴力 44, 175, 245

合理性（もしくは合理的） 29-33, 43-45, 48, 55, 57, 61, 68, 71, 70, 73, 119, 133, 156, 178, 183, 188, 189, 193, 194, 205, 220, 232

コートジボワール 161, 190, 191, 192, 200, 216, 235

コーポラティズム 24

国営・公営企業 178

国際機関 48, 62, 205

国際政治社会学 11, 15, 76, 209, 243, 244, 246

黒人 84, 89, 107, 153, 157, 158, 162, 167, 170, 172-174, 196, 208, 221, 227

国民国家 12, 14, 15, 18, 26, 28, 30, 41, 43, 44, 46, 48, 49, 58, 60, 66, 67-69, 70, 76, 94, 95, 97, 108-110, 115-117, 122, 125, 139, 141, 152, 153, 161, 162, 165, 166, 175, 180, 181, 183, 185, 188, 194, 197, 213, 215, 220, 221, 223, 234, 243, 244-248

国連（安全保障理事会） 175, 205, 211

子供 84, 125, 134, 137, 155, 196, 201, 202, 203, 208, 218, 224, 232-234, 236

米 83, 86, 124

コモロ人 125

ゴレ島 157, 158

コンゴ 154, 155, 168, 169, 177, 200, 208, 212, 213, 217, 218, 227

コンストラクティビズム 50, 189

## さ

ザイール 169, 212, 217, 224, 233

サカラヴ族 85, 89, 91, 95, 97, 102, 105, 125, 136

サブ・ナショナリズム 47, 49-51, 57, 67, 103, 156, 166, 185, 197, 220, 245

三権分立 31, 59, 180, 217

ザンビア 169, 190, 191, 192, 200, 228

## し

ジェノサイド 16, 175, 209, 214

シエラレオネ 153, 196, 200, 224, 232

自給自足 23-25, 33, 34, 44, 52, 67, 71, 86, 121, 123, 125, 181, 186, 187, 243, 246

市場 24-26, 191, 192, 231

下からの政治 196

自治 16, 28, 45, 49, 56, 70, 95, 100, 102, 118, 121-123, 125, 126, 157, 163, 172, 216, 245,

# 【人名索引】

●著者紹介

**鍋島　孝子**（なべしま・たかこ）
北海道大学大学院メディア・コミュニケーション研究院、国際食資源学院、准教授。
在マダガスカル日本国大使館専門調査員を経て、現職。
パリ第一大学第三課程政治学博士課程修了。博士（政治学）。同アフリカ研究 DEA
（Diplôme d'études approfondies）修了。DEA（アフリカ研究）。東京大学大学院法学政治
学研究科修士課程修了。修士（法学）。
専攻は国際政治学およびアフリカ地域研究。
論文に「ルワンダ虐殺にみる紛争予防の失敗：国際政治にとっての民族紛争のリスク概念」
（『メディア・コミュニケーション研究』第61号、pp.35-55）、"Political Participation by
African Peasants as Development Actors of Integrated Water Resource Management
（総合的水資源管理におけるアフリカ農民の開発アクターとしての政治参加）", *Sanitation
Value Chain*, Vol.1, pp.51-62, 2017. 等。

激動のアフリカ農民
　　―農村の変容から見える国際政治―

2018年1月15日　初版第1刷発行

| | | |
|---|---|---|
| 著　者 | | 鍋　島　孝　子 |
| 発行者 | | 大　江　道　雅 |
| 発行所 | | 株式会社明石書店 |

〒101-0021 東京都千代田区外神田 6-9-5
電話 03（5818）1171
FAX 03（5818）1174
振替　00100-7-24505
http://www.akashi.co.jp/
装丁／組版　　明石書店デザイン室
印刷／製本　　モリモト印刷株式会社

（定価はカバーに表示してあります）　　　ISBN978-4-7503-4605-2